大正新教育

学級・学校経営 重要文献選

編集・解説 橋本美保・遠座知恵

第Ⅰ期 高等師範学校附属小学校における学級・学校経営

第6巻 奈良女子高等師範学校附属小学校2

不二出版

凡例

一、『大正新教育 学級・学校経営重要文献選』は、大正期における学級経営、学校経営を論じた重要な文献、論考を精選し、全Ⅱ期・全10巻として刊行するものである。

一、収録にあたっては、執筆者が関わった学校別に分類した。収録内容は別表「収録一覧」に記載した。

第Ⅰ期 高等師範学校附属小学校における学級・学校経営
第1巻 東京女子高等師範学校附属小学校1／第2巻 東京女子高等師範学校附属小学校2／第3巻 東京高等師範学校附属小学校1／第4巻 東京高等師範学校附属小学校2・広島高等師範学校附属小学校／第5巻 奈良女子高等師範学校附属小学校1／第6巻 奈良女子高等師範学校附属小学校2

第Ⅱ期 師範学校附属小学校・公立校・私立校における学級・学校経営
第7巻 茨城県女子師範学校附属小学校／第8巻 富山県師範学校附属小学校・東京府女子師範学校附属小学校ほか／第9巻 公立校（田島小学校・神興小学校ほか）／第10巻 私立校（帝国小学校・成城学園ほか）

一、刊行は第Ⅰ期・第1回配本（第1－3巻）、第Ⅰ期・第2回配本（第4－6巻）、第Ⅱ期（第7－10巻）の全3回である。

一、編者による解説は、各期最終巻（第6巻、第10巻）に附す。

一、収録は、単行本の場合はその扉から奥付（広告頁含まず）までとした。論文の場合は冒頭部分（扉）から末尾までを収めた。削除箇所については、「収録一覧」及び本文中に注記した。

一、原資料を忠実に復刻することに努め、紙幅の関係上、適宜拡大・縮小した。印刷不鮮明な箇所、伏字等も原則としてそのままとした。

一、今日の視点から人権上、不適切な表現がある場合も、歴史的資料としての性格上、底本通りとした。

一、本配本刊行にあたっては、滋賀大学附属図書館にご協力いただきました。記して感謝申し上げます。

※ 本選集中の著作権については調査をいたしておりますが、不明な点もございます。お気づきの方は小社までご一報ください。

『大正新教育 学級・学校経営重要文献選』 第Ⅰ期 高等師範学校附属小学校における学級・学校経営 全6巻

収録一覧

第1回配本・全3巻

巻数	巻名	文献・論考名	著者名	発行元・掲載誌名	発行年	収録範囲・備考
1	東京女子高等師範学校附属小学校1	学級経営原論	北澤種一	東洋図書	一九二七（昭和二）年	序論－六章
		学校経営原論			一九三一（昭和六）年	二－五章
2	東京女子高等師範学校附属小学校2	低学年教育原理と尋一・二の学級経営	坂本豊	目黒書店	一九二八（昭和三）年	
3	東京高等師範学校附属小学校1	自学中心学級経営の新研究	小林佐源治	目黒書店	一九二五（大正一四）年	一－三章、六章（一－六節まで）、一〇－一二章
		学校経営新研究			一九二九（昭和四）年	一－六章、九・一〇章、一八－二三章

巻	学校	論題	著者	出典	年	収録範囲
4	東京高等師範学校附属小学校2・広島高等師範学校附属小学校	生活指導 学級経営の理想と実際	鹿児島登左	明治図書	一九二八（昭和三）年	一－一〇章、一五－一七章
		学級論	佐藤熊治郎	『学校教育』一七五－一七七、一七九－一八一号	一九二八（昭和三）年一－三、五－七月	一－一三（未完、八は欠）
5	奈良女子高等師範学校附属小学校1	学習法実施と各学年の学級経営	清水甚吾	東洋図書	一九二五（大正一四）年	一－一八章
		続 学習法実施と各学年の学級経営			一九二八（昭和三）年	七－一一章
6	奈良女子高等師範学校附属小学校2	学校経営の概観	木下竹次	『学習研究』二巻四号	一九二三（大正一二）年四月	
		学校進動の原理（学校経営論）		『学習研究』二巻五－七号	一九二三（大正一二）年五－七月	（一）－（三）
		学校の経済的活動		『学習研究』二巻九－一一号、三巻一－二号	一九二三－二四（大正一二－一三）年九－一一月、一－二月	（一）－（五）
		学級経営汎論	木下竹次	『学習研究』三巻四号（「新学級経営号」）	一九二四（大正一三）年四月	
		合科学習に於ける学級経営と其の功過	鶴居滋一			
		学習法の実施と学級経営	清水甚吾			
		学級経営案と学級経営	山路兵一			
		学級経営苦	池内房吉	『学校・学級経営の実際』二巻六号	一九二七（昭和二）年六月	
		父母としての教室生活	池田小菊	厚生閣書店	一九二九（昭和四）年	「序」－「教育の方法に就いて」

『大正新教育 学級・学校経営重要文献選』

第6巻 奈良女子高等師範学校附属小学校2

目 次

学校経営の概観

學校經營の概觀

主事　木下竹次

第一、學校の任務

一、第四階級の覺醒　第十九世紀に於ては自然科學が非常に進歩して、人間萬事科學の力を以て解決せうと云ふ勢になつた。所謂科學の世紀は玆に出現した。科學の力で萬事を解決する事は出來ないにしても科學の應用は社會の物質的文明をして驚くべき進歩を爲さしめた。自然力は日々に人力の駕御に歸し汽力電力風力水力の如きは縱横自在に應用せられる樣になつた。鐵道船舶電信機大工場等の建設は著るしく財貨の生産を增加させた。其の財貨は非常な迅速と廉價とで世界に擴布せられる樣になつた。通信交通の術は大に開け眞に萬國は比隣の如くになつた。人類の活動は海陸を制御したばかりで無く遂に空中までも制御する樣になつたのは現時の有樣である。書物も容易に得られる敎育も容易に受けられると云ふ樣になると人類の知識は大に進歩し又大に普及する。人類の大多數を占めて居る第四階級の知識が向上すると彼等は自己に眼醒めて來て何れも人間らしい價値のある充實した生活をしたい樣になる。現時の社會は進歩したとは云ふものの第四階級に對しては決して滿足な社會と云ふことは出來ない。科學の發達の爲めに勃興した産業組織も多くは資本家に利益を與へて第四階級の人々を比較的不利の地位に置いて居る。近來の世界大戰は世界の國民思想に大變革を喚起した。特に露獨二國民に影響した。現時第四階級の人々は或は勞働組合を組織し、或は同盟罷業・サヴォターヂ・直接行動の如き武器を以て資本家を脅威し・勞働時間の短縮・賃金增加を要求し、更に進みては産業管理權を奪ひ、政治上の實權をも收めんとする勢である。爲政者は從來多く資本家と結んだが今は如何にしても多數の勞働者を考慮せねばならぬ樣になつた。又從來は多く對外策に苦心したが今は多く對內策に苦心する樣になつた。今後政權を執るものは假令少數の有識者であるにしても必ず民衆の意向を了解して政務の進行を圖る樣になつて政治的勢力の中心は民衆の間に存することとなるであらう。思ふに第四階級の知識の向上、自覺の發展は社會的活動に對し何等かの變革を捲起さずば止まない。第四階級の敎育の如何は將來の社會改造に大に影響する　第四階級の敎育と學校との關係は如何に考へたらよからうか。

二、婦人の覺醒　敎育の普及上進は更に婦人の覺醒を促進した。最近の世界大戰も亦大に婦人の覺醒を助けた人類の大半を占めて居る多數の婦人が今は漸く自己に眼醒めて人らしい充實した生活をしようと云ふ樣になつた。從つて男子と共に機會均等に敎育を受け、社會的にも政治的にも活動せうとして居る。又單に所謂婦德に拘束されるよりも人として自主的に活動したい樣にもなつた。男子も女子を終生の好侶伴として否寧ろ同心一體となつて人生の目的を遂げようとするには如何にしても女子の人格の上進を希望せねばならぬ様になつた。國家も女子の進歩を企圖しなくては國運の發展を圖ることが出來なくなつた。斯くなると最早爲政者も女子を眼中に置かない譯には行かない。選擧權の如きも多くの國で之を女子に與へるやうになつた。家庭・社會・國家に於ける婦人の位置は日々に高まりつゝある。此の際非常に必要なことは女子の敎育である。現時の各學校は果して女子に正當の地位を與へて敎育して居るであらうか。女子の敎育と學校との關係は今後如何に之を革新すべきものであらうか。

三、國際協同　今では國際關係が頗る密接になつて漸次國際協同の方向に進展することは喜ぶべき現象である。勢力は微弱であるが國際聯盟も成立して居る。ワシントン會議の結果海軍の十年休日も成立して現に着々廢艦して居る。ともかくも此の如きことは有史以來の珍らしいことである。「東西相倚り彼此相濟し列國と文明の惠澤を共に」せんとする國際協同の精神は大に進歩した。今は「萬國の公是に循ひ世界の大徑に仗」らなくては國家の發展を圖ることは困難となつた。此の如く國際協同精神は進歩して頑固な國家主義は姿を隱くすにしても國際競爭は今現に盛に行はれて居る。軍事上の國際協同は出來ても國際的に資本協調が行はれない以上は國家の生存を脅かす原因が排除された譯でないから國際競爭は免れられない。今假りに武力的帝國主義が斃れたとしても資本的帝國主義が強く行はれて居ては國際協同は十分に伸張し得ない。されば國際協同にも國際競爭にも必要なものは國民の實力である。此の實力養成に就いては如何にしても敎育の力を借らねばならぬ。

四、今後の世界　文明の進步と共に從來の弱者の地位が漸次に上進して來るのは事實である。家庭に於ては妻や子供の地位が高くなり、社會國家に於ては婦女子や勞働者の地位が漸次高くなつて來た。國際間に於ても亦此の傾向が無いでも無い。此の如くにして文明の進步と共に人々皆眞の自由平等を得て理想的生活を爲し充實した價値ある生活を遂げるであらうか。從來の競爭の文明が協同の文明に一轉するであらうか。人間が如何にして今日の樣に發展して來たのであるかの問題に對しダーキンは生存競爭を以て答へクロポトキンは相互扶助を以て答へた。ダーキンは人間の本性を殺伐なものと考へ、クロポトキンは人間の本性を非常に美しいものと見た。ともかくも人性には此の兩面があるのだから、婦女子が社會國家に勢力を得れば男子を制壓せぬとも限らない。勞働者が勢力を得れば中產階級以上のものを制壓する樣になる。且つ婦女子や勞働者相互に制壓を加へることにもなり易いから必ずしも樂觀し得ないものがある。併し世界の大勢を察すると社會に於ても國際間に於ても漸次競爭よりも協同に向はんとする傾向が歷然と見える。此の大勢を洞察することの出來ない國民は恐くは國際間の落伍者となるのであらう。人間としても國家としても大に協同の精神を發揮し實力を養成し善を爲すに於ては敢て他に劣ることが無い樣になつたならば恐くは他との競爭に敗れることも無からう。今は世界改造の回轉期である。此の時期に於て愼思熟慮して方針を誤らぬ樣にせねばならぬ。

五、現時の日本　日本人は天皇を以て精神的結合の中心として鞏固に統合し忠誠の精神に富むで居る。

天皇の觀念は縱に三世を貫き横に十方に亙つて居る。近來日本人は自己の能力と天職とを自覺し、模倣的國民から創造的國民に一轉せうとして居る。經濟上では債務國から債權國に一轉した。財力は未だ大なりとは云へないが今後益々進展するであらう。今や日本人は世界的大活動の舞臺に立つて居る。膨脹的氣運は國内に充滿して居る。實は日本國としては進取膨脹より外に道は無いのである。退嬰は決して得策で無い國民敎育の方針も立脚地を玆に求めねばならぬ。併し列强は日本の興隆を嫉視して居る。排日問題は至る所に起つて居る。之と共に國内では勞資協調の經濟問題がある。國民多數の生活の不安がある。年々增加して其の始末に窮する人口問題がある。又普通選擧問題もあれば婦人問題もある。對外策にも對内策にも困難は無いでは無いが何も恐れることは無い。日本と云ふ子は苦しむ内に太るのだ。退嬰は禁物だ。宜しく仁義を四海に布くと云ふ日本民族の大理想を掲げて進取すべきである。せめて亞細亞のことは亞細亞で處理する、其の指導者は日本だ位の覺悟が欲しい。此の際單に日本人を制すると云ふ狹い量見で無しに日本民族の理想を實現したい。それで無くては日本の大發展はあるまい。今後日本の敎育は經濟と道德との調和的發展に努力を要する。經濟を伴はない道德は力が無い。道德を伴はない經濟は人生に益が無い。世界人類の眞の生活改善が出來て我も人も創造的理想的生活の出來る樣にすれば國は治り民は安堵する。外國民は排日問題を起すまい。今後は國史敎育・經濟敎育・殖民敎育・政治敎育・人道敎育の如き特に注意を要するであらう。

六、學校の任務　世界の改造は人類文明の構成要素である教育・宗教・學術・法制・軍備・經濟・交通・殖民等の調和的發展に待つべきは勿論だが就中教育を以て最も根本的要素とする。今後は人權を重んじ人道を尙び人類全體を眼中に置き利己心を排して需要供給の關係を考へ資本と勞働との協調を硏究し大に物質的文明の進步を策すると共に又大に宗教道德の發展を圖り人道的精神を養ひ人類をして何れも皆理想的生活の出來る樣にせねばならぬ。此の要求に應ぜられる人が社會の優勝者となり此の如き國民が優秀な國家的活動をすることが、從來は個人本位の思想によつて自由競爭を爲し、自分の爲めに他人を犧牲とするのも止むを得ぬと考へることが多かつたが、今日は漸次社會本位の思想が強くなつて自分の利益の爲に他を犧牲に供することを避けて相互に助扶して人生の目的を遂げて行かうとする樣になつたことは觀過する譯には行かぬ。勿論超國家主義などに眩惑して國家の發展を忘れる樣なことがあつてはならぬが時代の趨勢に後れると國家に益せんとして反つて國家を賊する樣なことになるから大に注意せねばならぬ。我が國に於ては依然として建國の大精神を國民に普及し仁義を四海に布くと云ふ民族的大精神をかざして突進すべきであらう。

教育には家庭教育も社會教育もあるが世界改造の根本としては學校教育に待つ所が頗る大きい。人類の發展に對し學校の任務は重大である。今や學校の進抄は國民最大の諺となつた。我が國の如き以前は軍備に多大の經費を投じたが今は軍備を縮少して大に教育の發展を圖り得る時機に到達して居る。獨り我が國ばかりでなく世界各國皆大に敎育に留意し國民の義務敎育年限を延長し中等敎育の如きも漸次義務敎育としようとする有樣になつた遂に今日第一等の學校を有するものは明日第一等の國民となるであらうと信じさせる樣になつた。

第二　學校經營の意義及其の研究の必要

一、學校經營の意義　學校は學習者及び學習指導者が自己建設の目的の爲めに、協同する所の一の社會であつて物質的基礎を有するものである。從つて學校には人及び物の二要素がある。學校の發展は學習者と共に敎師の進歩をも意味するばかりで無く其の物的方面の進歩をも意味して居る。學校組織の各部は本質的に相關係して居る。學校は自身の目的に向つて內部から成長發展するから學校には有機的性質がある。又學校には精神的の統一があるから各成員互に影響し統合して學校精神と云ふものが發現する。其の精神によつて學校生活が起る其の學校精神は各成員の意識中に遍在して居る。學校の行動は人的現象であるから學校を一の人格的統一體とするのである。學校の人格の表現したもの卽ち學校の團體精神の發現を校風と名づける。校風を健全に發展させて行くのが學校の生命である。實に學校には生命があつて成長發展もするが之と共に頽廢死滅もする。此の生命を如何に發展させたならば宜しいか玆に於て學校經營の必要が起つて來る。

學校經營は社會學的法則を基礎とする。學校經營法は學校に於ける學習能率を增進せんが爲めに計畫《プラン》し處理《マネージ》する方法である。學校經營は學習生活の要件を設定し學習生活の諸活動を指導するのに重要な任務を持つて居る。

二、學校經營研究の必要　學校生活が現時の文明の各方面に關係し、學校の發展が人類發展の基礎となる上に學校が一定の原理原則に依つて發展するものとしたならば學習者及び學習指導者は必ず學校經營法を研究せねばならぬ。且つ學校の經營も近來は漸次民衆主義的になる傾向がある。人類の發展は自我の發展である。自我の發展したものは民衆主義的に傾くのは蓋し止むを得ぬことである。學校の經營が民衆主義的になると學校の規則は大綱に止めて委細なことは學校の組成員たる教師及び兒童生徒の自治に任せる樣になる。從つて教師及び兒童生徒は自分等の構成して居る學校の目的と之に對する方法とを心得自ら進んで學校と云ふ構成社會の發展を圖ることは勿論更に之を愛護して以て自己建設の大業を企圖しなくてはならぬ從來は學校管理法とか學校經營法とか云へば、其の研究は殆んど學校長に限られた樣な傾向があつたが今後は學校職員は勿論兒童生徒に至るまで適當の範圍に於て學校經營法を研究し學校組成員全體が經營するのでなくてはならぬ。學校經營には一定の方法がある。各經營者には各分擔すべき任務もある。各成員が誠實を基礎として自由と協調とを尙び歡んで學校の經營に參加し各自の責任に屬する事は飽くまで之を遂行すると云ふ風になつて始めて學校の經營は成功する。人は學校經營論を學んで始めて教育又は學習の全體が見える。教育又は學習の眼が開いて來るとも云へる。

第三　學校經營の諸問題

國家に國家學がある樣に學校に學校學があるとしたならば學校經營は其の學校學に相當せうとするものである。學校經營法は新しい、學問で其の定義も範圍も動搖不定であるが之を學習學中の環境整理論に屬するものとしても宜しい。併し見樣によつては學校學習の全體に關係して居る。今は學校經營に屬する新問題を概觀しよう。

一、學校進動の法則　學校が生命を有し成長發展するものとしたならば其の生命の伸展を支配する何等かの法則が無くてはならぬ。學校が如何なる法則に準據して時勢の要求に應じ創造的進化を遂げて行くであらうか、學校組成員の等しく知らねばならぬことである。學校が既に一の社會であるとしたならば其の法則を發見するのにさほど困難はあるまいと思ふ、只學校成員が如何にして此等の法則を體得し駕御して行くであらうかが問題であつて面白い研究である。

二、學校の社會化　學校生活を社會生活の準備とのみ思ひ、學校を知識技能の蓄積所の如く考へて居ては學校と實際社會とは餘りにかけ離れたものになつてしまう。學校生活を將來の準備とみるのは一概に排斥すべきことでも無いが、私は學校生活と社會生活とを同一形式の下に包攝し兩者は時と場合と人とによつて其の內容を異にするものとしたい。學校生活によつて直に實社會に處する生活が出來て「生活によつて生活することを學ぶ學習生活」によつて生涯を一貫する樣にしたならば此の計畫の遂行は別に困難なことでない。如何なる學習組織によつて學校の社會化を行ひ人々皆自主的に協同的に生活して各其の責任を全うし人生の目的を實現することが出來る樣になるかは興味ある問題である。

三 學校の組織 人は學校組織の主要成分である。職員組織論、學級組織論は學校組織の重要問題である。學習を基礎とし學校進動を策せんが爲めに學校組織の此の問題を論ずれば其處に面白い趣きがある。尙學校は物質的基礎を持つて居るが學校設備論は此の基礎を明にする。學習は學校設備の成長を頗る主要視する。

四、學校の活動 學校は如何なる機關によつて如何なる種類の活動をなすべきか。其の活動を學習經濟統制の三とし從來の敎育が動もすると知力的苦役者を作り精神的奴隷を打出せうとすることを避けて別個の新天地を開拓せうと云ふのならば其處に多大の困難と興味とが豫想される。若しそれ學習を基礎として此等の問題を研究するならば面白い果實を得られると信ずることが出來る。

五 學校の擴張 學校は兒童生徒が學習するばかりで無く大人も學習して宜しい。學校を擴張して眞に社會敎化の中心としたならば一は學校自身の發展となり一は社會文化の發展となるであらう。學校擴張を行ひ學校能率の增進を圖ることは必要であらう。

学校進動の原理（学校経営論）

學校進動の原理（一）

（學校經營論）

主事　木下竹次

學校は一の構成社會で有機的人格的の統一體であるから學校は生命を持つて居る。生命を持つて居るものは其の成長發展を痛切に要求する。學校の成長發展は學校精神の進動であつて云はゞ學校が伸びて行くことである。思ふに伸びて行くことは生命あるものは惠まれた本質であつて生の充實は只此の伸びて行くことによつてのみ實現される。又之によつて安立も得られる。學校の進動は學校組成員の各自に遍在する學校精神の進動であるが。其の精神が學校の組織・設備・制度に發現し學校成員は此等の裡に活動し學校の空氣を呼吸して生を持續發展させる。學校の進動には一定の原理がある筈である。其の原理は學校の本質から生れて來なくてはならぬ。學校進動の原理は二つある。一は變化原理で他は連續原理である。二者は密接不離の關係を保持して學校の進動を效果する。

一、學校精神は變化原理によつて進動する。

社會の大勢は刻々に變化し人の心身も亦變化して止まない。殊に現今の時勢は實に急轉直下の趣がある。思想上にも經濟上にも民衆主義的の精神が横溢して自由と平等とは至る所に要求せられ、多數の勢力には殆んど不可抗の偉力がある。此の思想が人心に彌漫し社會國家萬般の施設に影響して發展する所に學校も亦其の影響を免れることは出來ない。學校成員が個人的に變化する上に其の成員たる敎師兒童使丁は常に去來する。此の成員の去來は其の成員に關係のある家族が去來することになるから爲に學校の外社會が變化して來る。學校の老成員去つて新成員之に代るか、或は其の成員に去來は無くとも其の心身を淸新にして常に新成員の資格を具備するか、或は其の心身を退化させるかによつて學校は常に變化する。學校新成員が常に自己を淸新にして能く過去の經驗を繼承し存すべきを存し去るべきを去り加ふべきを加へて學校生活を連續させると學校精神は常に進動する。學校精神は善かれ惡しかれ變化する性質を持つて居るから學校成員が學校の理想に向つて變化する樣に努力すれば學校の創造的進動を圖ることが出來る。此の進動が大なれば大なるほど能く時勢の要求にも應ずることが出來る。敎師兒童其の他外社會の滿足を得ることも出來る。學校の進動が停滯すると他から非難される、飽かれる、忘れられる。遂には存在の意義が無くなつて死滅に傾いて來る。總べて健全なる改進は必ず適切なる保守を伴うて居る。生命のあるものは過去に死んで現在に生きるとは云へ其の間には必ず何等かの關係はある。其の關係の良否によつて生命の發展に大小がある。生活の改進は生活の不易な所を基礎として加へられる。改進と保守とは不離の關係はあるが人によつて改新を好むものと保守を好むものとがあつて學校の進動にも改進の色彩の濃厚なものと保守の色彩の濃厚なものとがある。概して人は自分の習慣に執着する傾向が強いから保守に傾き易いが、創造的改新が自然に强要されて往々社會の落伍者となるのである。又改新に偏するものは保守を忘れて不健全なる改進をして社會の失敗者となるのである。斯くして社會は種種の喜劇悲劇が行はれる。學校も決して此の例に漏れることは出來ない。斯くの如く適當な保守の上に改進が加へられて學校全體が不斷に進歩して行く所は學校の變易相であつて、此の變易相が恒常に行はれて行く所に學校活動の不易相がある。卽ち變易すると云ふ所が不易なのである。此の樣な次第で連續原理が變化原理に協動して學校は健全なる發展を遂げる。

學校精神は複雜微妙で其の表現形式も複雜微妙である。學校は時と所と人とに適應して發展するから學校の精神も制度も此等と共に高尚複雜になつて來る。之が學校進動の增進的側面である。併しながら之と共に漸次に不用となり不適當となつたもの又は病的性質を帶びたものは其の精神作用に於ても制度施設に於ても之を排除せねばならぬ。之が學校進動の減退的方面である。此の減退は學校の進動增進に必要なもので結局は學校進動の目的に添ふものであるから學校全體から見ると進動作用となるのである。其の減退作用が不當で過度であれば適當な保守作用を阻害して學校全體の進動を阻止する。斯くて學校の進動愈急激過度になると制度施設の改廢愈急激過度になつて遂には其の程度を失し學校成員が其の活動に煩鎖を感じ不滿を抱き結局活動破綻となり進動停止となり終には退歩となるものである。學進動に減退作用のあるのは宜しいが、それが學校の理想に遠かると遂には學校を死滅に導くものである。

學校を經營するものは能く此の原理を知つて敎育或は學習の目的と方法と設備と制度とを發展的に構案せねばならぬ。敎育或は學習を動的に進めて行く必要は玆にある。學校成員は能く此の理を知つて自己を建設すると同時に學校の進動を圖らねばならぬ。

社會文明の進步は敎育に對する要求を高尙複雜にするから、之と共に學校の設備、制度、理想、敎育材料、敎育方法に於て何れも高尙複雜になつて行く、之はその樣にせねば社會の要求に應ずる人物を養成することが出來ないからである。學校活動の分化漸く進んで各成員が漸く煩雜を感じ又其の運用が困難になると學校進動が漸次に停止に傾いて來る。併し學校生活に於て各種の作用が統一されて系統が立つて來て學校生活が雰圍となるに從ひ複雜なる學校活動も平易に進行する樣になつて各成員に煩雜の感は減じて來る。運用に困難なことも慣れるに從つて困難の度は減じて來る。分化活動が漸次に硏究されて徹底して來ると徒らに活動を複雜することなく誠に造作もなく簡易に複雜微妙な仕事を仕遂げる。敎師も兒童も他人の驚異とする樣なことを至つて容易に仕遂げる。玆に學校は益進動を高めて行く。學校に於て新制度實施の際は大抵の場合は成員に不平があり小言がある。之は新制度の理解と實行とが困難で煩雜苦痛の感があるからで之は時間の經過と共に減少する。此の狀態は新制度の良否に拘らず發現する。學校經營者は必ず時間を顧慮して種々の解決を行はねばならぬ。短慮は何時でも禁物で忍耐は何時でも重寶である。如何なる人も如何ともすべからざるものを時は之を容易に解決して行くことは見て居て愉らしい位である。思ふに如何なる進動にも必ず相當な時間を要するからであらう。

學校生活の作用からすると分化と統一との進歩した程度が學校進動の程度である。分化徒に進むと進動を阻害すると同樣に統一徒に進むと學校成員の自由活動を妨げ其活動の分化を害し分化減退して遂に單純素朴な活動に退却する。分化は學校活動を特殊する者で統一は之を普遍化する者である。此特殊化作用に依て學校の特色を發揮し時代の進歩に適應し時勢の要求に適する人物を養成する。普遍化作用に依て學校精神を各成員に普及し其實現を容易にし活動を增進する。特殊化は學校活動の奇拔化で普遍とは其平凡化である。如何に奇拔な事でも普遍化すれば平凡である。同じく平凡でも此平凡が大なる平凡である。大なる平凡裏に大なる教育は出來る。偉大なる學習が遂げられる。分化と統一とを如何に調和するかには種々の方法と成員の修養とを要する。寧ろ各成員の發動的參加を必要とする。之と共に如何なる程度に之を實現せるかは學校經營者の頗る苦心する所で明快なる判斷と溫情と忍耐とを要する。變化原理に依て進動する學校に於て現狀維持を策するが如きは極めて愚かな事である。學校經營者は學校の守成的方面に配慮すると共に不斷に特殊化精神を發揮して創造的進動を企圖せねばならぬ。寧ろ學校成員全體に此の考が必要である。人に依ては創業に長ずる者と守成に長ずる者とがある。併し守成は創業的守成でないと成功しない。恰も攻勢防禦で無いと防禦が出來ないと同樣である。創業にも守成的創業が必要である。殊に教育には人類の本質、國民性、地方的特質の如き十分に顧慮せねばならぬ。（未完）

學校進動の原理（二）

（學校經營論）

教授　木下竹次

二、學校精神は連續原理によつて進動する。

一、連續發展の必要　學校精神は變化原理によつて或は發展し或は頽廢するものであるが、其の發展頽廢は更に連續原理に依つて支配せられなくては學校進動が平滑に有效に行はれるものでは無い。學校精神の變化は一は成員變化と他は體制卽組織の變化とに起因する。其の成員變化には成員が組織中から脫退するか或は組織に加入するかの場合と成員そのものには交替は無くて成員の思想と環境とに變化消長があつた場合との二つがある。組織變化にも同一主義の下に變化消長する場合と主義變更の爲めに學校精神が變化消長する場合とがある。勿論此の成員變化と組織變化との間には密接不離の關係はあるがその何れの場合でも連續原理が行はれなくてはならぬ。上述の如く成員變化でも組織變化でも同一主義の下に改善發展が行はれる正常變化の時には誰でも連續原理が行はれ且つ行はれる必要を知ることが出來るけれども主義方針の變更から改善發展が行はれる反對變化の時には連續原理によつて進動する所以の說明を要する。思ふに學校が生存し發展して行く間に往々行詰卽停滯を生ずる。行詰は發展の難關である。行詰つて停滯すると變化原理によつて其處に退步又は逆轉が始まる此の際學校成員は止むなく其の成行に任かせることもあるが大抵は進步發展を企圖する。學校の環境である外社會も學校の停滯を疎通する必要を感ずる。此の場合何れも學校の過去と現在とを考へてそれを基礎として未來の計畫をする。其處で學校の成員と組織との上に反對變化が行はれる、外から見ると何等連續發展が無くて學校は變化する樣に見えても其の精神には自ら脈絡の貫通するものがある。若し此の際に此の脈絡貫通が無くて學校も其の外社會も反對變化の必要を感じて居らず又反對變化の方法を誤ると學校進動はその爲めに阻害されて學校の頽廢を效果する樣になる。此の如き反對變化は最もよく立憲政治組織に行はれる。經濟組織も此の原理で動くのであらうが政治の樣に明白に行はれることが尠い。政治上に於ける政變は反對變化で、政綱の實施には正常變化を必要とする。此の正常變化は非常に必要であるが下手に行うと變節改論となり、遂には反對變化を喚起する。學校進動にも之に類することが澤山ある。學校長の交替の如きは此の反對變化の法則の下に行はれて始めて學校長の爲めにも學校の爲めにも有意義のものとなるのである。從つて交替後の學校長は反對變化の法則を省みて學校を經營しなくてはならぬ。尤も反對變化の必要の無い時に學校長の交替が行はれる時もある。又學校活動は種々の法則に支配されるから實際に於ては種々の變形はあらうが反對變化の法則は學校經營者の深き注意の下に運用せられることを必要とする。其の運用に如何に方法があるにしろ、學校の外社會が如何にあるにしろ、運用の素材は成員と組織とである。

二、制度と人格　學校精神の連續を表示するものは學校制度の連續である。制度は學校精神の骨格とも稱すべきもので學校の進動に伴うて生ずるものであるが、學校精神は制度によつて維持せられ、學校進動は制度を基礎として長進する。制度は學校精神の表現であるが制度の背後には常に熱烈なる人格の存在することを必要とする。其の人格は云ふまでも無く學校成員であつて學習者と學習指導者が其の主なるものである。學校成員全體によつて學校を發展させうと云ふ學校に於ては各成員が制度の基く學校精神を體得して居らねばならぬ。各成員が人格化した制度そのものとなつて始めて學校は有效に進動する。此の如くならなかつたら制度そのものは畢竟尸屍に等しいものである。學校精神の連續と共に學校制度が永續して各成員を統制する樣になると其の制度は成員に對して權威を持つて來る。權威ある制度は如何に變化を好む成員に對しても、又如何に責任を重んじない成員に對しても相應に統一力を發揮し制度に對する服從を餘儀なくする。茲に學校進動を效果する。個人主義に立脚する自由競爭の横溢する發達段階に於ける學校では特に此の權威ある制度を必要とする此の段階に於ては權威ある制度は得にくいが自治制度の實施によつてよく此の難局を救濟することが出來る。

新制の制度は學校進動の必要に應じて生れて來るものではあるが、動もすると其の制度の精神が各成員に徹底せず、各成員に對して統一力を缺き學校進動の原動力となるのには缺ける所が多い。從つて適當に制度を保存して徒らに之を改廢すること無く制度に權威を持たせる事が學校進動には必要である。制度は成文律であると不文律であるとに論なく苟も制度である以上は十分に之を尊重して行かねばならぬ。併し制度に慣習が附くと各成員が制度に執着することが起る。かくなると制度の改廢が困難になつて來る。制度の改廢が自由に行はれないと其の制度が學校精神の進步する外社會の進步にも伴はぬことになり、遂には學校精神の伸展を阻害することになる。制度の維持も新制の設定も共に必要であるとしたならば此の間に如何なる關係を考へて置いたら宜しからうか。此の際學校進動に對する大綱規定の制度はなるべく改廢を行はず、其の細目に關する規定は改廢を容易にし更に各成員の自由裁量に屬する部分を多くし且つ制度の解釋もなるべく時勢と要求と學校精神の進步とに伴ひ與つて解釋する樣にしたならばそれで宜しからう。其の程度と實施の有效とは如何にしても學校統制者たる學校長の手腕に信賴しなくてはならぬ。

二、飛躍的革新　連續原理に依つて進動する學校に於て急激で突飛な飛躍的革新は學校の進動を阻害することが多い。殊に其の革新が屢次度を重ねるに從つて其の害が益甚しい。變化原理によつて進動する學校に於ては遂に變化を免れることは出來ないから其の變化を利用すると共に連續原理を顧みて學校の進動を企圖しなくてはならぬ。學校精神が急がず滯らず平滑に堅實に進動すればそれで宜しい。然らば學校に於て飛躍的革新は企圖してはならぬものであらうか。實際に於ては個人に於ても社會に於ても大なる飛躍的革新を仕遂げることは澤山ある。又飛躍的革新を避けて大膽に改善を圖ることが無かつたならば收得し得る大進歩を逸することがある。飛躍的革新が必要であつて時に成功することがあるとしたならば其の飛躍的革新に何等かの限界があるかを考慮しなくてはならぬ。

等しく急激突飛な飛躍的革新と見えるものでも其の革新に學校精神が流動して發展して居るか居ないかによつて其の性質は非常に異なつて居る。之を要するに學校進動の連續原理に反して居る革新は成功を困難にし遂には不成功に終らせる。急激と云ひ突飛と云うても相對的のもので絶對的でない。外から見て急激突飛でも其の學校に於ては少しも急激で無く突飛で無いことがある。彼の教師中心の教育法から兒童中心の學習法に移るが如きは隨分急激な突飛な反對變化とも見られ得る。又實際に於て學校によつては急激突飛であらう。卽連續原理を無視して學校進動を圖つて居るものもあらう。此の如き學校は恐くは成功しないで幾度か失敗し其の內に機の熟するを待つて革新を圖らねばなるまい。凡そ大なる革新の前には必ず大なる行詰りがある。且つ其の行詰りの時期に長短がある。其の革新すべき事柄に大小もある。何れにしても其の行詰りの間に學校成員は意識的に又無意識的に大體に於て進動方策を工夫する。其の間に舊活動が爛熟して用を爲さぬ樣になり新活動が萠芽して來る。此の間が生みの惱みの時期である。此の生みの惱みには最も適切な時間と程度とがある。其の程度に於て時間に於て苦惱未だ十分ならず、舊制未だ爛熟せず、各成員未だ革新の必要を痛感せず、迷夢未だ醒めない時に急に新制を起せばそれこそ學校精神は連續せず眞に急激突飛な革新となつて遂に失敗に終るのである。幸に統制者に絕大の力量があつて千辛萬苦の後革新は出來たにしても其の爲めに創痍を受ける學校成員は頗る多大であらう。人多く行詰りを恐れる。一應は最もと思はれるが大なる行詰りを制御し得る人で無くては大飛躍大有效の革新は遂げられない。行詰りの解決に個人も社會も創作能を發揮するのである。行詰りを自分一人で解決出來ない時は成員變化によつて解決しても宜しい。要は學校が進動を無限に持續すれば宜いのだから尙更行詰りをさほど恐れる必要は無い。尤も行詰りの出ない組織を計畫して置いて餘り反對變化も行はず無限に十分に正常變化が行へる人ならば別に奇拔な革新が無くて進動が出來るのであるから之は最上に位するものであらうが實際に於ては行詰りの出來ない組織を取ること行詰りを制御することとの二方策を活用するより外に方法はあるまいと思はれる。

學校進動の法則

學校は連續的に變化するものであるから學校進動を策するものは常に變化原理と連續原理とを顧慮すべきことを說いた。學校は此の二原理に從ひ進動して行く時には其處に千種萬樣の活動がある。此等の活動を仔細に觀察して概括してみると連續的に變化するのには幾つかの場合があつて如何にすれば最もよく連續的に變化して行くことが出來るかを知ることが出來る。斯くして得た經驗律を學校進動の法則と名づける。此の法則を盡すことは困難であるが今其の主なるもの六則を擧げる。

第一、學校活動は最少抵抗の線路に沿うて進動する。

自然界に於ても人事界に於てもすべて事物の進行する時には之に對して抵抗がある。抵抗力は進行の原動力に對しては負量ではあるが抵抗力は進行力の作用を可能ならしめる一要因である。恰も鳥が飛行する時には空氣は抵抗するけれども空氣の抵抗があるから鳥は飛翔することが出來るのである。一事物の進行に對する各種の抵抗力中最少抵抗の線路に沿うて事物が進行する時に其の進行が最も有效である。水の流れるのも物體の墜落するのにも最少抵抗の線路に沿うて進むのは事實である。個人の活動でも社會國家の活動にも同樣の事實がある。社會的性質を具備して居る學校も最少抵抗の線路に沿うて進行する時に學校の進動は最も有效である。學校活動の進行に抵抗するものは學校成員の思想感情である。卽ち學校精神に同化しない成員。不平懶怠の成員無能又は反對の主義を有する成員等皆抵抗力を發揮する。又學校の施設經營が不十分であつても、學校活動に反對する父兄、自治團體等が存在しても同樣に學校の進動に抵抗する。如何なる場合の活動にも抵抗はある筈だが餘りに微少であれば成員の意識に上らぬこともある。最少抵抗と云うても相對的のもので固定して動かぬもので無いから假令外から見て相應に大なる抵抗力が存在しても原動力が比較的に尙一層大であれば進動は停止するもので無い。そして原動力が抵抗力に比して大なれば大なるほど進動は益大である。されば學校は常に最少抵抗の線路を選擇して進動すべきは勿論である。併し最少抵抗の線路に沿うて進行することは學校成員中の弱者を壓迫したり、他の弱點に附込んだり、學校成員の弱點を强調したりする意味では無い。此等は德義上皆排斥すべきものである。道義に反することをすれば一時は滑かに進行しても何時かは一層强い抵抗力となつて顯現して來るであらう。

最少の抵抗の場合を選擇すると云うても比較的强い抵抗力を選んで其の方向に進んで行つても其の抵抗力の爲めに原動力を增大させることが出來れば其の進行は必ずしも此の法則に背反するもので無い。何となれば增大した原動力と抵抗力との比は增大以前の原動力と最少抵抗力との比より大きいからである。原動力を以て抵抗力を排除することは勿論であるが斯くては原動力としての勞力を徒費することが多い。寧ろ原動力を大にして抵抗力を萎靡薄弱ならしめるか更に其の發生增殖を阻止して抵抗力がなるべく作用しない樣に工夫計畫するかは賢明な方法である。原動力を增大すること卽ち學校の士氣を旺盛にすることは必要には相違は無いが國家に於ても陸海軍が充實して來るととかく之を使用してみたいが爲めに戰爭を誘發する樣に原動力增大の爲めにとかく之を濫用する傾向が出て來易い。更に原動力を增大して學校の理想を實現せうとするとそれが爲めに抵抗力を刺戟して抵抗力の增大を誘發することがある。斯くては學校の進動を害することが夥しい。それで原動力の性質が優良であつて如何に之れを增殖しても差支の無い時は論外だが、抵抗力を增殖すべき危險性を帶びて居るものは特に注意を要する。原動力と抵抗力との關係は所謂剛柔の關係である。これが亦虚實の關係である。兩方共に剛であれば相剋狀態によつて所謂兩雄竝立たずの有樣となる。學校に於ては此の時は破壞停滯の時期である。相剋になると各成員としても學校全體としても折角能力は持つて居ながら發揮出來ないことになる。學校經營者の注意して避くべき狀態である。個人としても團體としても各自の能力を發揮しないと能力の萎靡を免れない。能率增進の杜絕である。兩柔は相引狀態で學校に於ては無爲停滯の時期である。之もまた避くべき狀態である。之を以て剛に對しては柔を用ゐ、柔に對しては剛を以てすると云ふのが原則である。剛柔相對した時に剛必ずしも柔に剋たず柔能く剛を制することが澤山ある。蓋剛柔は相生狀態で學校は之によつて生々發展するのである。相剋相引は學校進動させる所以の道では無い。剛柔關係は廣く深く人生萬般に關係を持つて居る。獨、學校の進動にのみ適用されるもので無い。

原動力を增大するのに抵抗力との關係を考へることも勿論必要だが更に其の原動力を活用する方法が優秀卓拔で周到確實で義理人情に適つたものであるならば更に有效である。尙學校成員が何れも學校精神を體得して居る全と分との調和統一がよく取れて居れば能率を增進することは疑が無い。斯くして置いて地方に於て嚴に活動力の相殺を戒めねばならぬ。訓練上命令が不一致になつたり、各敎師の間に學習指導の方針が一致して居らない樣では學校の進動上に於て活動力の相殺となることが夥しい。又學習者の方に自治が能く行はれないと同樣に相殺作用が行はれる。要するに原動力の增大と其の善用利用とを加へて最少抵抗の線路に沿うて進むことは學校成員全體の企圖ではなくしてはならぬ。

第二、學校活動は律動的に進動する。

事物は變化原理によつて作用するけれども其の變化は律動的であつて決して一直線に進歩又は退歩するもので無い。風が吹く時には一強一弱交來るものである。兩眼の作用にも左右交互に強弱のあることは心理實驗上で知られて居る。意識の作用にも一弛一張がある。知識技能の修得作用にも一進一滯があつて種々の變化を示すものである。その外社會現象にも律動があつて經濟界には景氣と不景氣とが交互に發現し物價にも常に高低がある。政治界にも宗教界にも常に律動的現象がある。實に事物が律動的に變化することは物理上心理上又社會上の原則であることは誰しも首肯することの出來ることである。されば一の社會現象である。學校活動に於ても律動的變化があつて決して一直線に進動するもので無いことは想像に難くは無い。時には進歩しないで退歩することも勿論ある譯である。若し學校が律動的に變化することを免れることが出來ないとすると學校經營者は其の律動性に順應して經營を進めて行かねばならぬ。之は學級經營に就ても同樣の事である。學校活動は云ふ迄も無く複雜高尚なもので種々の場合がある。時には學校の何れの活動も進歩的傾向を取ることがあるが又何れも退歩的傾向を取ることがある。併し不斷に何れの活動にも進歩的傾向を取らせることは困難であるから、或る活動は退歩的であつても或る活動は進歩的に變化する樣に工夫し組織して學校活動全體としては進動して止まぬ樣にしなくてはならぬ。之が所謂螺旋的進動であつて學校經營者の是非共顧慮せねばならぬ方法である。然るに往往律動的に變化して居るには相違ないとしても其の全體に於て一向に進動の性質を持つて居らぬことがある。恰も池の周圍をめぐるが如く年々同一の活動を反復して單に螺旋的進行を續けて居る事がある。一般の學校經營者は大抵此の螺旋的進行を續ける人がある。若し此等の人が螺旋的進動を爲すことが必要であると悟了したならば之を實行することは必ずしも困難ではあるまい。思うに學校活動は退歩的傾向を取つて進行する間に漸次勢力を恢復して進歩的傾向に轉換する準備をするのである。恰も經濟的現象に於て恐慌が來て經濟界が沈滯して居る間に景氣が恢復して來る樣なものである。さればとて徒らに退歩的傾向に放任するのは宜しくないが或る程度まで停滯又は退歩した時に或る回轉樞軸を發見捕捉して進歩的傾向を取らせることが學校經營者には缺くことの出來ない必要な手腕である。吾々は好んで病氣に罹る必要は少しも無いが病氣も亦人生全體の進歩には缺くことの出來ないものであることを知らねばならぬ。何でも斷えず一直線に進動させやうとすると疲勞倦怠を來し易い。遂には進動窮促して退歩とか停滯とかに陷ることを免れることは出來ない。此の際螺旋的進動こそ一生用ゐて盡きない良法である。

學校活動の律動は學校によつて大小がある。同一學校にても時によつて律動に大小がある。其の律動が大であればあるほど進動は大である。されば進動一頓して停滯し再轉して退歩を招致しても決して失望してはならぬ。一進一頓は時の運で致し方も無いことだから吾々は寧ろ其の失敗頓挫があることを豫想して工夫計畫し、若し頓挫したならば其の間に更に進動の基礎を鞏固に築くが宜しい、或る時期に於ける學校の進動形式には上昇式も下降式もある。又凹字式も凸字式もある。何れにしても其形式に應じて對策を講ぜねばならぬ。併しかく云うても學校經營者が頓挫防止に努力しなくても宜しいと云ふのでは無い。只頓挫があつても再試の勇氣を失うてはならぬと云ふまでゞある。何時でも勇往敢爲の氣象は之を失うてはならぬ。勇往邁進の精神は律動を大にする。小心翼々は失敗を少くすることはあるが律動を小にして進動を小にすることは免れがたい。學校經營者は特に此の點に留意することが必要である學校經營者の律動の描き方は獨り學校の進動如何に關係するばかりでなく幾多の學習者の生涯の生活に大なる影響を及ぼすものである。膽を大にして心を小にせよとは勇往奮進に如何なる障害も何ともせぬ精神と共に水も洩さぬ周到な注意とを要求したものであらうが何時になつても名言である。

律動がだん〳〵小となることは活動が圓熟に近づいて來た證據であるが進動が愈小となる譯である。律動の小さい活動は圓滿に近いが豪宏痛快の趣が乏しい。小活動の圓熟はあまりほめた事では無い。少少缺陷はあつても大活動がほしい。變化原理によつて動く學校活動に於ては連續原理に背反せぬ樣にして如何にしても平板活動を避けねばならぬ。變化を要求するが爲めに時には少々改惡の活動に陷つても活動停滯を避けねばならぬことがある。恰も音樂家が不協和音を活用する樣なものである。よしや或る活動が圓熟しても全體としての學校進動が段々小さくなると時勢の進歩急激なる今日に於ては往々時勢に取殘された學校となり、或は後進學校の爲めに鼎の輕重を問はれる樣になり遂には他の學校の下風に立たねばならぬ樣になる。之が學校の行詰りである。行詰りの解決については既に述べた。

動あれば反動のあるのは數の免れがたい所である。徒らに反動を恐れて活動を小さくし學校の進動を小さくするのは頗る拙策である。學校の各成員は學校長を輔佐して學校長が大活動を爲し得る樣に努力しなくてはならぬ。學校長の大活動とは其の形式は如何にあらうとも結局は各成員をして個別に又共同に大活動をさせることである。共同連帶が茲に行はれる筈である。勿論抵抗によつて原動力の增殖を來すことはあるが之は云ふまでもなく權道であつて常道で無い。權道は踏まねばならぬことがあり又選んで踏むことがあるが之は大力量底の人でないと危險に蹈ることが多い。それで餘りに放膽に活動して大きな反動を惹起し進動力を減殺するのも拙なことである。常に動あれば反動のあることを豫期して豫め之に備へて居て反動が起つたならば適當の時期に之を緩和し剛柔の關係も考へて活動し多少の退步は免れないにしても終局に於て學校の進動を效果する樣にせねばならぬ。

社會的淘汰を經た從來の學校進動方法は多少の缺陷はあつて不滿足に思はれるのでも尙慣習的勢力となつて學校內に堅牢なる基礎を持つて居る。又其の方法も周到に備はつて居て之によれば大なる失敗を來すと云ふことは無い、從つて他から非難を受けることは尠い。之に反して革新した學校進動方法は假令大體に於て進歩して居る所があり其の效果も決して小さくないにしても社會的淘汰を經て鍛錬されて居ないから方法も周到に具備して居らず思はぬ所に缺陷が伏在して居る。又其の運用にも拙な所がある。世人の感情にも合致して居ない。云はゞ其所に大きな律動が描かれる譯である。從つて進動も大であらうが其の革新した方面に缺陷が大きく出て時には大に他から非難されることがある。

當該學校以外に於ける批評的模倣者は大體に於て學校の進動を援けて吳れるけれども盲目的模倣者は其の革新的方法に偶然に又本質的に具備して居る缺陷を大きくして大なる反動を惹起し學校の進動を妨害することがある。同一學校に於ける各學級又は各成員間にも之と同一なる現象を發現することが澤山ある。此の盲目的模倣者は多くは賴みとするに足らないが反つて大なる反對者の內に大なる味方を得られることがある。反對者の中には大に贊成せんが爲めに意識的に又無意識的に反對するものがあるから此の如き結果になるのである。抵抗力と原動力との關係で學校に對するあらゆる批難が學校の革新方案を完全にし又隱れたる精神を顯現する機會を捕捉させて多くの味方を得しめ彼是相輔けて學校の進動を助けて吳れることがあり、之と共に敎育の學理に貢獻することも出來る樣になる。されば學校經營者は敎育の革新方案そのものを完全にすると共に大膽小心に之を實行し或は其の反動を利用し或は其の反動を緩和し長歩の螺旋的進動を期して邁進せねばならぬ。此の際常に念頭から離してならぬことは稚氣を去ることである。純眞無雜の精神で勇往することである。(未完)

學校進動の原理（三）

（學校經營論）

教授　木下竹次

第三、學校活動は順應と創造とによつて進動する。

學校には環境がある。環境とは學校精神に影響する所の外圍である。その外圍には自然と社會とがある。自然には自然物と自然力とを含み社會には國家、社會、自治團體、家庭、組合等がある。學校は環境に順應すると共に之を創造することに依つて進動する。人文の發展と共に自然は日々に人力の駕御に歸する樣になり社會の要求は日々に變化し進轉する。學校はその社會に於ける政治的、經濟的、道德的、兩性的の四大要求に順應する所が無いと學校の存在を無意義にするばかりで無くその成員に不幸を與へる。今では善政主義の政治より民衆主義の政治を要求する樣になり、資本主義の經濟組織は漸く行詰つて社會主義の經濟思想が漸く擡頭する樣になり、自我の觀念は強く各人に意識せられて來ると共に社會と個人とを同體二面と觀ずる樣になつた。それに兩性關係の觀念は漸次變改されて眞に意義ある生活をするには從來の考を變更せねばならぬ樣になつて社會の理想的要求は著るしく進轉して來た。學校は此等の理想的要求に順應すべきことは勿論であるが、世は樣々であつて學校は此等の理想的要求に突進することの困難なことがある。學校は理想的發展を害せざる範圍内に於て此の非理想的なる現實的要求にも順應することを考へねばならぬ。現實的に順應すると云うても勿論邪路に進むのでは無い。時には斷乎として此の非理想的要求に反對する必要があつて其の爲めに學校經營者が痛手を負ふことも止むを得ないことがあるけれども現實的要求に反對するが爲めに理想的順應を根柢から破壞し學校進動を阻害する樣なことは大に考慮を要する。現實的要求に順應すると云うても多少理想的順應の時日を延期するとか其の程度を緩和すとかで事足ることが多い。或は其の現實的要求に對して或る手段を講じて其の要求を緩和し變改し終熄せしむれば宜しいのである。現實的要求に順應すれば暫有的便益はあるが結局理想的に進動することは困難である。學校經營者は各種の要求を顧慮して各自の所信に突進し盡すだけは盡して成否は之を天に任かせるより致方は無いが方向を異にする二要求が同時に作用した時は學校活動は對角線的に進むより外に途は無いことを知らねばならぬ。之は實に自然界と社會とに通じて行はれる理法である。併し異方向の二要求の力量を變化することに依つて矩形の對角線を如何樣に描くかは全く學校經營者の手腕に存して居る。

學校が環境順應に終始して居ては學校の任務を十分に果たすことは出來ないから必ず環境創造にまで進まねばならぬ。社會的環境は勿論自然的環境も創造出來る。或は修學旅行、遠足により、或は學校成員の心身の改造により、或は學校各般の施設經營により學校成員の環境を擴張し發見し構成して環境創造を仕遂げる。學校成員が各自の住する社會を改造することは各成員の自己創造となり及ぼしては學校の進動となるのである。學校が其の成員に對して知識技能を修得させて之を貯藏せしめ必要に應じて之を使用させようと思うて知識技能の修得にのみ努力するよりも此の環境創造に苦心させる方が遙に個人及び學校の任務を果たす上に效果はあらう。學校活動が各成員を通じて各家庭に影響せぬ樣なことではその效果薄弱と云はねばならぬ。之が爲めには學校に於て先づ學級と云ふ社會の改造を圖らねばならぬ。

社會の理想的要求と現實的要求とは著るしく相反することがあるけれども其の現實的要求の中には未だ多くの人の氣付かない理想的要求を含むで居ることが多いことに注意を怠つてはならぬ。殊に自分の主義を確守して時勢の推移人心の變化に感得することの出來ないものは大抵此の新たらしい理想的要求を非理想的要求として觀過し又は厭惡する。斯くては學校として環境順應も環境創造も出來ない譯である。初老を越えた學校經營者は特に戒心を要する。彼等は往々社會の新要求を觀過する。さればとて徒らに新を趁うて走るのは勿論宜しくない。學校經營者は眼を高所に着けて徐々に學校進動を策せねばならぬ。善かれ惡しかれ社會の新要求を最も早く表示するものは文藝的作品である。學校經營者は實際に社會を讀むことは無論必要であるが文藝的作品に親しむことを忘れてはならぬ。文藝から暗示を得ても更に之を實現するには更に幾多の學問的研究が無くてはならぬ。三十年間一書を讀まずと誇り得る偉人はともかく吾々は各種の方向に心を配り眞劍に邁進せねばならぬ。

第四、學校活動は競爭と協同とによつて進動する。

生物界には生存に關する生物的競爭がある。社會に於ては優勝を占めんとする社會的競爭がある。學校は人を以て主要なる組成分とする一種の構成社會であるから、その中に競爭的活動の出來て來るのは勢免かれることの出來ないことである。競爭で學校の進動することは事實である上に學校が結局競爭から逸脱することが出來ないとすれば學校に於ては人格陶冶の優秀に於て優勝を占めんとする敎育的競爭の行はれる樣にしなくてはなるまい。競爭の形式には個人競爭と團體競爭とがある。學校に於ける個人競爭は敎師の側にも兒童の側にも行はれる。その團體競爭としては其の單位に種々ある。或は一分團又は一學級を以て單位とすることもあれば或は一學校を以て單位とすることもある。或は更に進んで一郡一府縣又は一國の學校團體を單位と考へることもあらう。社會と云ふ競爭場裡に於ては競爭單位が漸次個人より團體に移り、その團體中でも漸次小團體から大團體に移つて行く傾向がある。併し今日に於ては各種單位の競爭が相並行して行はれて居る。競爭には危險も弊害も伴ひ易い。競爭單位が小なれば小なるほど其の危險も弊害も痛切に感ぜられる。併しながら各學校に於て人格の優秀なる學校成員を得ようとする所謂生產的競爭を爲す樣になると比較的危險も尠く弊害も大きくない。更に進んで學校の各成員が道德的法則を愛護し恪守し進んで善を爲す競爭卽ち君子の爭を爲す樣になつたならば我も人も相共に生の目的を遂げようとする樣になつて社會的協同が能く行はれる樣になる。此の協同を實現することに於て優勝の地位を占めることを競爭するに至つたならば實に面白い競爭が行はれる様になるであらう。世界大戰以來個人主義は漸く衰へて人心は著るしく社會的となつた。學校の競爭の內容も自ら變化する所が無くてはならぬ。獨占は競爭を緩和するけれども、獨占は利益を壟斷して動もすると人をして横暴に陥らせる。そればかりで無く外部からの刺戟を杜絶して小成に安んぜしめ且つ改良を怠らせる。教育上の獨占は效少くして害が多い。

協同は競爭の放棄を意味して居るから競爭の正反對の地位に立つものである、競爭と相對して學校の進動には缺くことの出來ない作用である。現時の文明は個人主義の上に立つて自由競爭を行ふた結果出來たものであるから云はゞ競爭の文明である。國際間には或は武力或は富力或は知力に於て盛に競爭して居る。國內に於ても同様である。併しながら其の反面に於ては國際協同主義は大に高潮されて既に戊申詔書に於ては東西相倚り彼此相濟し以て福利を共にし文明の惠澤に浴すべきことを諭されて居る。今では不十分ながら國際聯盟も成立して居る。個人間にも團體間にも漸次協同して人生の目的を遂げようとする思想が高潮して來るにつれて競爭の文明は漸次協同の文明に轉換する様になる。現に其の傾向が著るしい様である。人或は競爭を無くしたならば人類の文明が退歩せぬかと心配する人があるかも知れないが人類互に協同して人らしい生活をせうと云ふのには大なる努力を要することであるから決して人心の緊張を害する様なことはあるまいと思ふ。時勢に伴ふ教育の進歩は人をして徒らに競爭し人力と生命とを浪費するの愚を悟らせたのであるから文明進歩の方向は何とか變化が起らないでは止むもので無からう。從來とても協同は社會に行はれたが團體競爭を有效にするが爲めに團體員が相互に扶助協同した傾向が強い。矢張その基調は競爭にあつたと思はれる。今後とても競爭を絶對に廢する譯には行くまいが協同を基調として善を爲す競爭を爲さねばならぬ。其處に協同の文明は進歩し協同の精神に富むものが社會に優勝の人となるであらう。斯くして始めて社會的競爭に優勝するのである。

今後は學校も協同を主として大に進動することを企圖せねばならぬ。之が爲めに徒らに他を模倣し各自の特色を發揮することを忘れ進取的精神を失ふ樣なことがあつてはならぬ。學校成員は自主獨立の精神に富み誠實に自己の職業を盡すと共に又能く他人を理解し彼此相濟うて文明の進歩を圖る社會的全人となることを心掛けて行つたならば恐くはそれが學校の進動そのものになるであらう。

第五、學校活動は自覺によりて進動する。

學校の各成員が何れも皆其の學校組成の一員であつて學校と利害休戚を共にして居ることを悟り此の協同生活に於ける理想を認識し其の實現に努力する樣になつて始めて學校は自覺のある學校となつたのである。自覺は此の如きことを明確に意識し十分に之を統一して之に情意が協同し更に之に身體的統一を伴うた精神狀態である。卽ち自覺は身心の統一から出來て居て其の中心となつて居るものは自我である。學校成員は自覺して始めて完全な組成員となるのである。個人の活動が自覺によつて增進する樣に學校も自覺に入つて始めて偉大なる進動を爲す樣になる。學校成員は自覺が漸次に徹底して來ると學校の發展を圖らうとする念慮が漸次熾烈になつて各自の本分を果たすことに努力するばかりで無く、他成員が迷謬に座して十分に活動しないのを見ては之を救濟せねばならぬと云ふ慈悲心を起して來る。之と同樣のことは宗教にもある。他人を救ふのは結局自分を救ふことになるのであるが學校成員が自覺の上に立つて此の慈悲心を起し相互に扶助協同し學校精神の實現に努力する樣になると學校の進動が益大となるのである。學校成員の中には未だ自覺に這入れないものもある。自分は自覺して居ると思うても自覺の程度の頗る低いものもある。自覺の程度は必ずしも學力に比例するものでは無い。何れにしても學校は各成員を自覺に導くことを工夫せねばならぬ。之が爲めには各成員をして學校の自覺的空氣を呼吸させて漸次に自覺に導くと共に學校精神を明瞭に理解させねばならぬ。其の上に其の精神を實現させることは勿論更に其の精神を反復再現させて情意竝に身體活動を協同させることに努力せねばならぬ。學校に關する各方面の知識は豐富透徹であつても自覺の乏しいが爲めに學校進動を效果することの出來ない成員は澤山ある。自覺の程度の高い學校成員は假令知識技能に於て缺乏する所があつても學校進動を效果することに於て敢て人後に落ちるもので無い。其の行動往々人をして感動せしむるに足ることがある。

第六、學校活動は特殊化と普遍化との調和によつて進動する。

學校活動の特殊化作用は學校組成の個人に淵源して起つて來る。其の普遍化作用は學校の組織《オルガニゼーション》に淵源するものである。學校の各成員は學校の儀式、制度、信仰、意見、施設、感情等を變改し時としては全く之を清新にすることがある。學校の教化、統制、經濟の各活動に變易作用を加へて學校の進動を效果するには如何にしても其の淵源を成員である個人の力に待たねばならぬ。

何れの成立學校に於ても皆風俗習慣がある。學校成員は多くは盲目的に之に模倣する。偶成員中に思想の進歩したものがあると其の風俗習慣に對して新意見を樹て新行爲を爲すものが出て來る。此等は新しいとは云ふものの何れも皆習俗を基礎として學校の理想的要求と暗示とに從ひ自分の思想感情を背景として批評的に之を特殊化したのである。特殊化作用によつて得た思想感情及び行動を暗示と模倣と教育とによつて各成員に普及し更に社會的遺傳によつて次代に傳承されるのである。此の特殊化作用は革新創始の作用であるから學校は之によつて漸次に改造されて行くのである。併し此の特殊化作用が甚だしく行はれると其の特殊化を行うた成員は或は突然だと云はれ或は他成員に危險視せられ遂には學校に容れられないで校外に排除せられる。然らざる時は學校の進動を阻止する。時には全く學校を破壞する。此の如く特殊化作用は學校進動の內容を供給するけれども時としては學校退歩の內容を供給することもある。若し成員中特殊化を欲するものが特殊化作用を實現することが出來ない時には不平に陷り悶々の情を禁じ得ないことがある。此の感情が漸次に傳播して成員各自が革新を要求する樣になると遂には自分立に他人の特殊化した思想を普遍化することがある。或は特殊化の必要を各成員に痛感させて遂には特殊化作用を誘發することもある。

　個人の特殊化作用が起つて居てもそれで直に學校全體の進動が效果するもので無い。其の特殊化によつて得たる内容を更に各成員に普遍化して之を實現しなくてはならぬ。學校が此の普遍化を行うには其の特殊化の内容を各成員に普遍させて其の創始者の誰であるかを忘れさせて恰も學校共通の精神であると思はせねばならぬ。特殊化の内容が餘りに獨創奇拔であつて餘りに時代と掛離れて居るか、或は學校成員の發達程度が低級で其の特殊化の内容に順應力を缺いて居るか、或はその内容に對して餘りに價値を感じないかして其の爲めに特殊化を喜ばない時は普通化作用の進行は妨害される。或は特殊化作用をした創始者が學校成員中に重要な地位を占めて居ないか又は他の成員にその創始者が嫌忘せられる性格を持つて居るか、或は普遍化の仕方が拙劣で學校成員の反感を受けるかして遂に普遍化が失敗することがある。此の普遍化作用が行はれないと折角の創始的特殊化作用が學校進動に影響を及ぼすことが薄いばかりで無く反つて學校進動を害することがある。故に學校進動は特殊化に淵源し普遍化に效果すると云うて宜しい。之を以て特殊化は普遍化せられんが爲めの作用で無くてはならぬ。尤も特殊化は必ずしも普遍化を豫想して行はれるので無くて必要上自然に行はれることが頗る多い。

　學校に於ける各成員は皆特殊化作用の主體となることが出來る。教師ばかりで無く兒童生徒もなれる、小使もなれる。學習本位の學校では最も多く特殊化作用を行ふものは兒童生徒でなくてはならぬ。勿論敎師が指導するのであるが特殊化の必要を痛感し特殊化を行ふものは兒童生徒であると云ふ樣になれば學校進動は最も堅實に行はれる。普遍化の作用も實に兒童生徒の努力に待つことが多いのである。從來の敎師は此の特殊化と普遍化との兩作用を殆んど自分の任務に限られて居る樣に考へて居たが今後は更に深く兒童生徒を考慮の中に加へなくてはならぬ。學校長は自ら特殊化作用の主體となることは差支無いばかりで無く實に必要なことであるが、それよりも敎師兒童生徒を奬勵して特殊化作用を行はせると共に其の普遍化作用を高めることに最も努力を傾注せねばならぬ。講堂訓話、職員會、學校で發刊する雜誌類、學藝會其他の種々の會合等を利用して之を普遍化の機關とすることは頗る大切なことである。學校から出してその學校の兒童生徒に讀ませる雜誌は十分に其の學校の改良意見を述べたものであつて宜しい

總じて特殊化の內容を普遍化するには各成員に其の特殊化した內容の精神を普及させると共に各成員の之に抵抗する精神作用を排除しなくてはならぬ。尤も特殊化した內容の價値は普遍化によつて增進するもので無くて寧ろ普遍化して居る間に漸次に平凡化して價値減退を來すのが普通である。彼の多數によつて定められたものは多くは平凡で獨創奇拔の點に於て缺けて居るのは之が爲めである。併しながら平凡化するので無いと成員各自の自己の生活に緣遠いものとなつて自分のものとして實行することが乏しいから平凡化するにしても普遍化は必要なのである。また假令奇拔なものでも普遍化すれば其の成員

には平凡に感じられるのである。ともかく平凡化によつて創始者の誰であるかを忘れると共に尙之を實行するのは必要であり學校の名譽だ自分の本分だと思はれる樣になつて學校の革新事業が熱心に實施せれるのである。又普遍化して居る間に奇拔な點は失はれるにしても種々の缺點は補充せられ實行上の工夫は增進するともあつて便益も澤山ある。普遍化漸く行き亙つて實行も可なり進んで時日を經過するに從ひ學校活動に淸新味が缺けて沈滯狀態となり各成員に何とか局面を囘轉するの必要を感じさせる樣になる。玆に再び特殊化作用が喚起される。幸に都合よく特殊化作用が行はれ學校活動の革新案を得られると復之を普遍化する必要が起つて來る。學校は此の如くに特殊化と普遍化との二作用を交互に反復して進動する。學校活動に於て普遍化が勝つて特殊化が起らないならば學校の改良進步が無くなつて漸次に社會の進步に後れて行く。之に反して特殊化が勝つて普遍化が伴はなくては學校の進動は覺束ない。故に學校進動は此の兩作用の調和によつて成立すると云ふのである。之を適當に調和して行くことは大に學校長の苦心の存する所であるが。出來るならば學校成員全體が此の理法を心得て苦心する樣にありたいものである。各成員の心掛如何によつては之は何も困難なことでない。國家の法令は一方からは此の調和に益するが一方からは此の特殊化作用を妨害することは決して尠くは無い。從つて國立又は公立の敎育硏究所が出來ると特殊化には便利である。併し此等の如何に拘らず學校では以上の兩作用に就いては十分に配慮し十分に硏究し實現に努めなくてはならぬ。(完)

学校の経済的活動

學校の經濟的活動（一）

主事　木下竹次

第一、序說

一、學校活動の種類

社會競爭が結局人物競爭になつて各社會が競うて優秀な人物を得ようとする傾向から漸次敎育の必要が痛切に感じられて來ると、何も敎育は學校だけで行はれるものでは無いけれども、如何なる種類の學校を增設に增設を重ねて、各社會は學校の爲めに莫大な經費を使用し、各人は敎育の爲めに尠からぬ費用を使はねばならぬ樣になる。かかる學校の經營には一定の原理と理法とに基づき其の實行方法を定めて取掛からねばならぬことは勿論のことであるが從來何故か此の原理と方法との硏究が乏しくて十分に學校の能率を擧げることが出來なかつた樣に思はれる。私は既に本誌に於て學校運動の原理と法則とを論じたから今度は學校運動の方法に論及せうと思ふ。

學校を以て一個の人格的統一體と見るならば其の活動に知情意の三方面のあることは勿論である。學校の活動が原理原則に合し、穩健でしかも强勤なる感情が之に協同して努力的に遂行せられるならば之に依つて歩々に學校進動の目的を實現し得ることは申すまでも無い。此の學校活動を具體的方面から觀察すると實に千差萬別ではあるけれども大要之を左の三種に區別することが出來る。

1. 經濟的活動

2. 學習的活動

3. 統制的活動

學校本義の目的から考へてみると學習的活動は學校活動中の主なるものではあるが、此の學習的活動は他の兩種の活動と相待つて其の效果を全うするものである。學習的活動は學校成員が十分に各其の本性を發揮して適當な學校成員となると共に社會の一員として適當なものになる活動である。經濟的活動は學校成員が學校進動の目的を遂げんが爲めに財貨と時間と勞力とを經濟的に使用する作用である。統制的活動は學校成員が有機的に調和統一して活動し校風發揮を圖る作用である。

此の三種の活動が調和的に進行し學校進動の原理原則が能く行はれる所に學校は進歩して止まない。

二、學校活動の機關

學校活動は機關によつて發動する。此の機關の運轉を圓滑にするので無くては學校の進動を效果するもので無い。學校活動の機關は三種あれば宜しい。

1. 計畫機關

2. 執行機關

3. 監督機關

學校は法令上では寧ろ單獨制の官府で合議制の官府では無い。從つて右の三種の機關も明瞭に獨立して居る譯ではない。互に相錯綜して居る。學校に關する一切の事は學校長の責任であるから學校長が自ら計畫し自ら實行して宜しい譯であるが、學校は一の構成社會であつて近時時勢の進運は學校の活動を益自治的にせうとする傾向があるから此等の三機關が各獨立して其職能を發揮するのも面白いが、法令上學校を合議制にしないのも敎育行政上の理由があることだから學校と市町村又は會社とは十分に區別して置かねばならぬ。そうなると此等の三機關が互に相錯綜して運轉する所にも妙味があると云はねばならぬ。

計畫機關は學校の經濟的學習的統制的活動の進步について計畫企圖する機關で只今の處では其の主なるものは職員會である。職員會は特異の立案を普遍化する所で學校の革新的活動はこれから始まるのである。研究委員會、事務打合會、敎務委員會、評議員會、各部主任會、理事會等の如き各種の委員會は何れも職員會の補助機關であつて或は委任事項を審議計し畫或は職員會に附議する議案を作製する。

學校長は云ふまでも無く責任を以て種々の計畫をする。首席敎員も各敎師も亦皆計畫をする。敎師ばかりで無く自治的の學校では兒童生徒も大に工夫計畫することを必要とする。此等は自己のみに關することか或は自己に委任せられたことは自ら計畫し自ら實行もするが學校全體に關することは一應職員會に附議して普遍化作用を行ふことを至當とする。

法令上では職員會は學校長の諮問機關であり補助機關である。職員會は議決機關では無いから學校長を束縛するものでも無い。併しながら學校長が學校と云ふ社會の進歩を圖る爲めには自己だけで計畫の出來ないこともある。假令其の計畫か出來るにしても自分の計畫を普遍化して職員全體が責任を帶びて實行する樣にするのには、學校長は職員會議の發動を圖ることが如何にしても必要である。此の點から考へると計畫機關を職員だけで組織することは如何のものであらう。兒童生徒の代表者を計畫機關組織の要素とすることが必要と思はれる。勿論兒童生徒の年齡の如何と計畫事項の內容如何とによつて種々の場合を考定して置く必要はあらうが、將來學校が一層自治的になるに從うて此の事は決して輕々に觀過することを許さぬであらう。現在に於ても運動會、學藝會、寄宿舍の如きは兒童生徒の自治に任せる部分が非常に多い。學級にも級會其の他の自治機關がある。卒業式の如きも漸次其の執行方法が變化して來るであらう。學校の活動全體に亙つて兒童生徒の自治に任かせることも敎師と兒童生徒とが相談して實行することも將來は一層多くなるであらう。之は必要から來るので斯くせねば有爲の人物が出ないのみならず學校の活動を圓滑に有效に進めて行くことは困難であるが爲めである。

敎授でも訓練でも養護でも敎師中心で進行した時代は自ら官僚風になり專制的になるのは止むを得な

いが現時の如く兒童生徒の自律的活動を中心として進行し敎師が其の環境とならうと云ふ時代に於ては學校長や職員會が獨り學校活動の進歩を計畫すべきで無からう。學校が兒童生徒のもので彼等によつて彼等の爲めに學校活動が進行し、其の進行を十分にすることによつて敎師が價値ある生を遂げるものとしたならば此の變遷は蓋し至當であらう。斯く云へばとて決して學校活動を自治にしてしまふと云ふのでは無い。自治體にも法規がある。自治行政に對して官治行政もあることも思はねばならぬ。又學校活動を自治的にするにしても兒童生徒の能力と年齢とは考へる必要がある。專制的に慣れた敎師は兒童生徒の自治能力を低く觀すぎる。思ひきつて自治をさせぬ所に學校秩序が反つて亂れることが多い。敎師は時代の趨勢と兒童生徒の自治能力とを誤認してはならぬ。

學校の執行機關は學校長で各敎師及び兒童生徒の役員は其の補助機關である。學校成員全體が其の執行事項の實行に努力すべきは申すまでも無い。敎師の兒童生徒の中には種々の委員とか役員とかあつて學校の計畫したことを執行する。又敎師には職務として當然執行すべきこともある。此等の執行の中心は學校長であるが大なる學校になると首席敎師各部主任と云ふ樣なものが最も執行に努力し學校長が之を統治するので無いと學校の能率は擧らない。

執行機關の運轉に最も障害を與へるものは學校成員中各自の本務を果たさず責任を重んずる念の乏しいことである。懲罰の如きは之を實行することは妙で無いのみならず自ら進んで制裁を執行するものが尠い。或は横着者を觀過し或は相共に本務の實行を怠らうとする樣になる。此の際成るべく優良な輿論を喚起して各成員が社會的制裁に服する樣にしなくてはならぬ。

監督機關は執行の如何を監督する機關で學校長及び職員會は其の主なるものである。各教師はその補助機關である。兒童生活の役員も監督機關の性質を持つことが出來るけれども現今の學校の自治組織はここまで進んで居ない。此の監督と云ふのは指導の意味をも含むものと解して宜しいが被監督者の思想と年齡とが進むに從うて此の指導の分量が漸次輕少になる。又時勢の進步如何にも關係して居る。自治行政團體に對しては近來は監督官廳の指導は漸次尠くなる。之は一は指導を好まないのと一は指導の必要が漸次無くなるとの爲めである。學校の監督には指導を多く含むのは事實だが之が爲めに兒童生徒の自律獨創を害する樣なことがあつては指導が無意義になることを思はねばならぬ。

學校の監督機關としては右の外に監督官廳がある。學校の監督機關としては主として監督官廳を指して居るが私は學校と云ふ社會の中に監督機關を認めたので前の如く述べたのである。市町村立小學校には尙此の外に市町村長と云ふ管理者がある。之は無論監督者では無い。

第二、經濟的活動の意義及び性質

一、經濟的活動の意義

經濟的活動と經濟とは同義の語である。通俗には經濟の語は隨分廣く使用される。さきに經濟の對象を勞力、時間、貨財の三つに分けるのも實は便宜上の分類である。斯くすると經濟を廣い範圍で論議するのに都合がよい。嚴密に云へば吾々が生活の欲望を充たさうが爲めに一定の方法に依つて貨財を獲得使用する秩序的活動を指いて經濟的活動と云ふのである。吾々が此の世に生存して人生の目的を實現して行くのには我も人も種々の欲望を調和統一して充足することが必要である。其の欲望充足の爲めには必ず貨財を必要とする。貨財によつて欲望充足を爲すのには先づ財を使用して之を消費せねばならぬ。財を消費せうとするのには更に其の前に財の獲得が無くてはならぬ。之には財を生成取得する作用を要する。此の作用が生産である。貨財が人の欲望を充足し得る性質を效用《ユケリチー》と云ふならば生産は貨財の效用を生成し增殖することで消費はその效用を消滅させる作用である。貨財の交易と分配とは生産と消費とに隨伴する作用であるから經濟的活動と云へば消費と生産との反復である。それで消費と生産とは元素的經濟現象である。しかし生産にも必ず生産的消費を要するから經濟的法則は之を消費の法則と云うても宜しい。

經濟的活動は單に生産と消費との作用を反復するものでは無くて必ず一定の原理に從つて進行せねばならぬ。その原理を經濟的原理又は經濟主義と稱する。經濟主義の最少の勞費を以て最大の欲望滿足を得ようとするものである。此の原理は人間行爲の各方面に亙つて準據せらるべき法則であるけれども經濟的活動には特に嚴密に守られるから經濟的原理の名が附けられて居るのである。

數多の欲望を如何に有爲有效に充足して行かうかと研究するのは經濟學で、その欲望を統御して如何なる態度で之を充足して行くべきかを研究するのが倫理學である。欲望そのものの性質を研究するのが心理學で、欲望增進、欲望充足の能力を如何に養成せうかと研究するのが敎育學、欲望を美化し淨化して行くのが藝術である。此等の學問と藝術とは互に密接な關係を持つて居るから經濟的活動を研究するものの深く注意すべき所のものである。

貨財の生產にも消費にも之に從事する人の心身の活動を要する。此活動を勞働と稱する。貨財の經濟を論ずるならば自ら其の中に勞力經濟を含む譯であるが現今經濟學上で論じられる勞働は著るしく限定されたものである。大仕掛の生產を統一的に行ふ爲めには勞働を器械的執行的の一方に偏せしめた。從つて勞働とは悉く他人の爲めにする力作の謂である。今日の勞働者の勞働には創意、立案、指導と云ふ活力の動源を加へることを許して居らぬ。勞働者は企業家の創意し計畫したものを執行するに過ぎない。勞働問題の發生する深き原因は此處にある。斯の如き器械的勞働は之を眞の器械の作用に委せて人の勞働は創意、立案、指導を含むだ人格的享樂的のものにせうと云ふのが勞働問題解決の方針であるが今日の經濟組織と人類進步の程度とではとても出來ないことである。併し漸次之に向つて進んで行くことは事實である。學校に於ける學習活動は之を直に經濟活動と見ても差支は無い。學習に於ける勞働は經濟學上のものとは異なつて其の範圍も廣く其の性質も大に異なつて居る。學習者と學習指導者との注意如何によつては器械的執行的勞働よりも更に進んで創意計畫を含むだ人格的享樂的の勞働とすることが出來るのである。又其の樣にせねばならぬ。此の如くすることによつて今後の勞働問題の解法の端緒を得ると云ふよりは寧ろ解決の根柢を作ると云うても宜しからう。吾々は此の意味で學校に於ける勞力經濟を取扱うて行きたい。

時間を離れて勞働は成立しないから勞力經濟は同時に時間經濟となることが多いから勢力經濟の外に別に時間經濟を論ずる必要は無い樣であるが勞力と時間とは同一のもので無いから兩者の研究が多少重復するにしても二者の經濟を別々に研究することによつて學校の經濟的活動を進歩させることが多からうと思はれる。

欲望充足は人の經濟的活動の目的であるから貨財を正當に使用することで經濟的主活動で、貨財を豐富に獲得することは經濟的副活動である。即ち消費が主で生產が副である。之は明瞭なことであるが從來は學理でも實際でも共に生產を重視して消費を輕視した。折角進步した自然科學の研究も主として生產方面に利用せられるだけで人は恰も生產の器械の樣になつた。實に極端な產業主義で作り上げた現時の文明は人間味の沒却された文明である。少數のブルジョアは文學藝術其の他から趣味を享受することが出來るけれども、多數のプロレタリアンは此等の趣味を享受することが出來なくて人類生活の享樂と慰藉とを離れて居る。人類の生活が人格の最高部分を形成して居る感情と懸離れる樣になつては誠に悲慘である。今後は第三階級のものばかりで無く第四階級のものをも加へて人類全體に人間味を享受させせる様にせねばならぬ。人類の知識的道德的藝術的宗敎的生活を向上させることを文化運動と稱するならば此の如き企圖は深く文化運動に參するものである。之には經濟生活殊に消費生活を背景とせねばならぬことは勿論である。實に生きる爲めには何物かを消費せねばならぬ。生きることが消費することであるならば消費の研究が無くては文化運動は進步しない。人は何人も生れた最初から消費者である。彼等は消費に就いては相當に經驗もあり工夫もある筈だが消費の研究は頓と進步して居ない。消費の研究は生產の研究に比して研究の困難と云ふことは十分に認めねばならぬが歸する所は人々が生きることを尊重しないから研究が進步せぬ。今は「お金をためる恐ろしい神樣」が跋扈して「お金を使ふ新らしい神樣」の勢力が甚だ弱い。人々が生產者から消費者に變態する樣になると此の新らしい神樣に尊敬を移す樣になるであらう。

能くお金を使ふことは收入の低い人に必要なばかりで無く、收入の多い餘裕のある人にも非常に必要である。富者は富を正當に使用しないで或は不德者となり或は生命までも危險に陷れる。貧者は富の消費宜しきを得ないで生活の能率を低くし、疾病を得、精神を荒廢させる。遂には不德不義に赴く。實に消費の研究は何人にも必要である。消費の研究は必要であるが之を實行するには人間各自の修養に待つ所が甚だ多い。修養がなくては其の生活享樂に到達することの出來ないのは勿論である。人は到底精神活を顧慮しないで物質的生活だけで滿足の出來るもので無い。

近來漸く消費の科學的研究が行はれる樣になつたが、まだ其の研究は幼稚である。今の經濟學では器械、勞働、給金、物價、通貨、銀行、交通、地代、利潤等については種々詳細な研究があるけれども、裝飾、建築、音樂、文藝等に關する研究、書籍、新聞、被服、飲食物、旅行等の選擇、買賣、又は料理社交等に關する研究が十分で無い。之は主として家庭について云ふのだが學校についても同樣である。

現時の學校敎育は生産重親の立脚地の上に立つて居るが今後の敎育は消費能力を養成する爲めに生産的仕事を課するのだ位に考へる場合が多くならねばならぬ。獨り家事科ばかりで無く敎育全體に消費重視の考を入れて改造したならば恐らくは面白い結果が得られるだらう。

家庭でも學校でも消費の目的は結局人間生産である。人は財を消費して、財は人を生産する、人は財の消費によつて自他の社會的敎育的宗敎的發達を遂げて行くのが第一で金錢の蓄積は勿論第二である。本末を轉倒してはならぬ。

學校成員が何れも自己の本務に卽して個人的に又團體的に遺憾なく經濟的活動を遂げる習慣が出來るのみならず、經濟的活動の趣味を感ずる樣になつたら學校進動の目的を遂げる一要素はそれで具備したものである。(未完)

學校の經濟的活動（三）

主事　木下竹次

第三　經濟的活動の成立

經濟卽ち經濟的活動は一種の有意的活動である。從つて經濟的活動には主觀的要素と客觀的要素とがある。其の主觀的要素となるものは目的及び方法の觀念である。目的觀念とは有形財又は無形財の生産又は消費を目的とする觀念で方法觀念とは生産又は消費する方法を指すのである。此の方法は勿論經濟主義に適うて居らねばならぬ。經濟主義から出た幾多の經濟的法則がある。其の經濟的法則を適用するには吾人生活上の事物に關する科學的知識と健全なる常識とが無くてはならぬ。此の科學と常識とが無くては假令經濟的法則を知つて居ても十分に能率を擧げて行くことは出來ない。而して實際の場合に於ては此の目的觀念も方法觀念も同時に多種竝起することがあるから十分之に思慮を加へて自己の理想實現に適する經濟活動を選擇せねばならぬ。此處で一通り目的と方法とが定まつても活動が直ちに實現するもので無い。其の實現には更に以前に經驗した運動觀念と其の活動に伴ふ結果の觀念とが連絡して來ねばならぬ。此等の諸觀念が漸次に明瞭になると共に之に伴ふ感應が强くなる。之と同時に他の反對觀念は沈靜し遂に識域下に這入る。此の内運動中樞の興奮が起つて遂に客觀的作用に移つて行く。

吾人日常の行爲は自然に經濟的行爲に合致して居ることもある。又吾人は常に自分の行爲を有效にせうと努力するものであるが經濟的法則に暗いから經濟學的に思慮決定することが出來ない。又假令經濟學的に思慮決定することは出來ても經濟的活動に趣味を有つものが尠いのと時には苦痛を伴うことがあるので遂に不經濟活動をすることが多いのである。不經濟に活動することは不道德であるから極力之を避けねばならぬであるが、學校成員の多くは經濟的活動の結果には損得を感ずるのみで同時に道德上の責任を感ずるものは極めて僅少である。之は大に猛省を要する所である。

主觀的要素既に具備しても發動の時機を得るまでは之を心中に保持して置かねばならぬ。その保持されて居るものが一旦發動の時機に到達すれば客觀的動作は其處で發現する。動作が發現するとそれに結果が伴うて來るが其の結果は主觀的要素中の目的を現實に現はしたものである。之を當然の結果と稱する。動作發現の際は思慮の不備・決意持續の薄弱・體活動の不完等によつて結果を不良ならしめることが澤山ある。それだから平素經濟的活動を出來るだけ數多く實現して此等の缺陷を除き經濟的結果を學げることに努力する必要がある。經濟的活動に於いて目的、方法、運動結果の四種の觀念が能く調和統一し强い感應が之に伴うて更に客觀的要素は具備して來ると自由に經濟的活動を實現することが出來るが憾むらくは人力に限りがある。又人力の如何ともすることの出來ないものがあつて偶然の結果を惹起することが尠くは無い。道德に於ては偶然の結果は善惡の對象となるものでは無いが經濟的活動に於ては常に其の結果に就いて評價を下すものであるから偶然の結果が算入されることは普通である。然れども如何に經濟的活動であつても當事者に不注意の無い限りは偶然に不良の結果が現はれて來ても其の活動を不經濟的だと言ふのは穩當で無いと思はれる。

第四　經濟的慣習を修得する要件

經濟的慣習の修得要件には心理的生理的及び外部的の三要件がある。

心理的要件は經濟的活動の基礎的要件である。實に經濟的活動は心身全體の作用の發現であるから此の心理的要件も更に分つて知的情的及び意的の三要件とすることが出來る。

一、知的要件　常に經濟的理想を認め理想實現の方法を考へ行爲の際は能く直觀思慮の作用を活用して經濟的法則の範圍外に逸出することを防ぐのが知的要件である。行爲の結果を有效ならしめて能率を增進することは何人も欲する所であるけれども、多くの人は十分に經濟的方法を具備した經濟的目的を缺いて居るから經濟の結果が擧つて來ない。それに經濟的法則を適用して有效なる經濟的活動をするのには獨り經濟學に通じて居るばかりで無く廣く各般の知識を有する上に更に社會の變遷發達に對して高邁なる見識を持つて居らなくてはならぬ。更に現時の學習材料中には經濟に關するものが尠くない。尙其の上に練熟した經濟的慣習を持つて居る學習指導者が甚だすくない。之は現時の敎育界の缺陷である。

二、情的要件　經濟的行爲を尊重し之を遂行するに濃厚なる趣味を有することは經濟の情的要件である。思ふに經濟的結果を獲得することは人間自然の要求であるから人は容易に經濟的趣味を持つことが出來るのであるけれども種々の原因があつて經濟に無頓着となり遂には經濟を輕蔑し甚だしきは經濟に反感を抱く樣になつたのである。人間の行爲は何時でも經濟的法則に支配せられるのであるけれども從來の經濟學が主として有形財の生產に限つて經濟の語を使用して居るから有形財の生產以外に興味を有つて居るものは自然に經濟を疎外し經濟に趣味を有たぬ樣になつた。

舊經濟學は經濟は人間の利己心を基礎として成立すると考へた位に人は經濟的に活動すると有形財の獲得に囚はれて動もすれば吝嗇となり遂には貪慾から不道德を平氣に行ふ樣になるものである。從つて以前武士敎育では成るべく武士を經濟から遠かる樣にしたものである。其の樣な原因から人も我も經濟的に活動することを卑下する樣になつた。併し人は結局經濟と絕緣することは出來ないものである。正當に經濟的活動をすることの出來ないものは各自の發展を妨げるばかりで無く陽に道德を裝ひ陰に卑劣な行爲を爲すことが多い。思ふに經濟は人の向上的生活には缺くことの出來ないものである。經濟に對する十分の趣味を養成することは學習上實に大切なことである。

三、意的要件　經濟的に活動せんとする決意を牢乎に保持し決意を弛緩させる心的作用を排除し經濟的活動の目的に到達するまで最初の決心を持續して漸次に經濟方案を實施する精神が意的要件である。

經濟的活動には自ら進んで各種の欲望を抑へ困難に堪へ缺乏を忍び勤勉勞苦すべきことが多い。且つ細心の注意を以て大膽に活動するので無いと其の有效なる結果に到達出來ぬことが多い。然るに動もすると人は自分の情慾に動かされることがある。外間の壓迫によつて初心を飜さねばならぬこともある。或は臆病で大膽に活動を續けることの出來ないこともある。從つて自己の決意を弱める原因は非常に澤山あるばかりで無く其の程度も隨分强烈である。その上日常の行爲で經濟的意義を廣義に解すると殆んど經濟に關係の無いものは無い。何人も餘程堪久的努力心を以て進まねば一々經濟的活動を有效にして行くことは困難である。實に意的要件は經濟活動の一大要件である。偉大なる經濟的效果を擧げることは固より天才に待つべき所が多いけれども日常の行爲を經濟的に遂行することは學習の如何によつてはさほど困難なことでも無い。只現時の學校學習に於て經濟的活動を顧慮することが甚だ不十分であるのは三省の價値がある。

經濟的慣習を修得する生理的要件としては生理的法則である所の物質交換則と作業則とを嚴守して體的活動を營むことが出來る樣にすることである。體格が偉大强健であつて其の機能が健全であれば體力は增大し作業は永續して大なる作業量を得ることが出來る。之に作業的鍛錬と技能的熟練とを學習させると其の體的作用は的確敏活であつて且つ精緻である優秀なる作業質を得られる。此の上體力を集注して秩序的に整濟に活動することが出來たならば玄く體力を節約して有效な作業結果に到達することは申すまでも無い。是の如くにして體力を使用すると疲勞するから適宜に睡眠休息して體力を恢復し更に又之を增加し一層大なる作業を爲し得る基礎を開いて行く。體の保養は獨り之を身體の側面からばかり考へずに心的方面からも考へて行かねばならぬ。概して安易の氣分は大に體の疲勞恢復を助けるものである。安易の氣分で働けば困難な作業を爲ながらも疲勞することは尠いものである。經濟的活動に生理的要件が具備しないと心理的要件に波及して之を妨害し人々の經濟的活力を減殺することが頗る大なるものがある。

經濟的活動を向上させる爲めには學校成員各自が自ら進んで工夫創作すべきは勿論であるが自己以外の外部的要件を具備することも必要である。外部的要件とは輿論・學習の指導敎師・學友・經濟的偉人及び父兄等である。此等が何れも經濟的活動を尊重し經濟的に實行しそれ等の住する社會には經濟的趣味が横溢して居る樣になれば學校成員が經濟的學習をするのには實に重大なる助力を得ることが出來るのである學校の經濟的活動と云うても各成員の經濟的精神に觸れなくて宜しいものは一つも無い。

學校は其の校風に於て、家庭は其の家風に於て、社會は其の風習國家は其の國風に於て各健全なる經濟的輿論を有するならば其の中に生活する各成員は知らず識らずの間に其の影響を受け自然に經濟的活動に慣熟する樣になる。經濟の學習に於ては其の間接的影響に留意することが頗る大切である。又父兄學友、指導敎師等の衣食住に關し或は平素の行動に關して發現する所の勞力時間及び財貨の經濟的處理は強く兒童生徒に影響するものである。經濟的偉人の傳記なども經濟の學習には益する所が大きい。現實の經濟的偉人に感化を受けることも大切だが傳記によつて私淑することは其の人物の弱點を見ないで其の偉大なる點にのみ接觸の出來る便利がある。偉人との精神的交際は經濟學習上は大なる效果がある。

以上の各要件を具備して經濟の學習に努めたならば何人も大抵は所期の目的に到達することが出來ると考へる。

第五　經濟的活動と技能及び道德の關係

吾々が社會に生活して其の向上を圖るのには種々の意志的活動を必要とする。此等の各意志的動作は之を種々の方面から觀察して評價を附することが出來る。吾々は活動の主目的によつて同一活動を種々に命名して或は經濟的活動と云ひ或は道德的行爲と稱し或は技能的動作と名づける。凡そ意志的動作で經濟的法則と道德的法則と技能的法則とを適用し得ないものは無い。勿論意志的活動の際善惡を意識せざるものには道德上の責任は無い。又經濟的效果を考へないもの技能的熟練を要求しないものには經濟的技能的評價を附與することは穩當を缺くけれども、凡そ吾人が意志的に活動する時には必ず此等の三種の法則を考へて自己の統一を行はねばならぬものである。若し之を考へなかつたとするならばそれは不注意である。人は不注意であれば道德上の責任を免かれることは出來ない。各場合の意志的動作を三方面から評價することは不當でも無く不必要でも無い。されば經濟と道德と技能とは別箇に存在する活動では無くて寧ろ同一活動に對して見方を異にした命名である。此の三方面は密接不離の關係を有し相互に影響して意志的活動は其の主目的を完了する。

一、經濟と技能との關係　財貨の生産消費には巧拙があるから經濟は技能を要すると考へられる。技能優秀であれば經濟的目的を達するのに便益が多い。之は時間及び勤勞の消費にも同様に云へる。又技能によつて技能品を獲得せりと云ふのには必ず經濟的法則に準據して活動する所が無くてはならぬ。純藝術品の製作に際しては往々經濟的法則は適用し得ないもの丶樣に考へられて居るが決してさうで無い。勿論其の經濟の爲めに主目的を犧牲にするのは宜しくないが時間勞力や財貨を經濟的に消費することを實行しないで如何にして立派な藝術品が得られるであらうか。その樣なことは考へることは出來ない。技能的活動に際して工藝品製作の場合はともかく純美術品の製作に對しては財貨や時間勞力などを吝むで其の製作に限定を加へるのは宜しくないが何れの場合でも必ず時間と勞力と財貨とを濫費せず用具の使用法の如き最も經濟律に適合して居らねばならぬ。

二、經濟と道德との關係　財の生産消費と云ふ經濟的活動は結局人間生活を向上させるが爲めである。從つて經濟的活動に於て人生の本務に違背し道德に背反する樣なことを爲したならばそれは要するに經濟の終局目的に違反して居るのである。誠實と勤勉とは主要なる道德であるが之が經濟的活動の效果を擧げて行くのには缺くことの出來ない性質のものである。それで誠實と勤勉とは之を經濟的道德とも稱へられて居る。然れども往々道德に背反して偉大なる經濟的效果を擧げることも無いでは無いが、之は或る種の道德を缺いて居るので決して悉く道德に背反して居るのでは無い。彼の成金として他人に卑下されるものでも自勞自活自主自律の精神に於ては多くは普通の人より比較にならぬ程優秀であることを發見することが出來ることが多い。勿論或る種の道德も之を缺いては宜しくないことは勿論であるが經濟が背反して成功するものと思ふのは蓋し誤りである。

道德の目的は社會我の完成を圖ると共に社會の進步發達を圖るにあるとして其の社會の進步發達には必ず經濟的活動が伴はねばならぬ。經濟的能力に缺けて居るものは不道德に陷ることが多い。よしや不道德なことをせぬまでも經濟的能力の無いものは如何に道德的に活動しても社會改造の原動力を有して居ないから思ひながら社會の進步を圖つて其の功績を表はすことが出來ない。其の行爲は道德的であるにしても自他を救濟することが頗る貧弱である。仁義は崇高であるが其の背後に之を實行するに足る實力が無かつたならば仁義畢竟人生に益する所は無い。彼の徒らに實利を卑下する樣なものは未だ人生を達觀して居らぬのである。實利は勿論人生の第一義では無い。實利に反して道德は存在するけれども實利を圖ることの能力の無い道德家は畢竟積極的に社會の進步を圖ることは困難である。此の實利的活動は經濟的活動である。經濟的活動は凡百の活動に參する。此の經濟的活動を習慣に導くのは道德發展の上に於て實に缺くことの出來ないことである。思うに道德と經濟とは常に相伴うて同一意志活動に表裏して居るから同時に修練を加へることが出來る。

第六　經濟的活動を向上させる方法

經濟は日常行爲の間に於て有意的に又無意的に行はれる。廣く考へると經濟的理法は精神界にも行はれて居る。學校成員は常に經濟的方法を考へ自ら進んで經濟を實行せねばならぬ。斯くて反復實行し困難苦痛に打克ち經濟的習慣の確立するまで努力すべきである。

經濟度に過ぎて吝嗇となり小膽となり卑屈となる更に進んでは道德を無視する樣になる。此等は何れも人生の理想實現を無視した過誤で經濟其のものの過誤で無い。併し經濟は此の過誤を招來し易いことは事實である。此の過誤を救濟するのには二方法がある。一は經濟の本義を悟つて更に經濟的能力を養ふことである。他は道德的方面から一意專念して日常生活の向上を圖り自己を發展させる樣に努力することである。

經濟を無視しても經濟上の困難を回避するにしても其の結果は浪費的活動をする樣になる。彼の徒らに努力を吝んで其の爲めに失敗を招き更に大なる勞力を消費せねばならぬ場合の如きは亦一の浪費である。浪費は經濟的破綻の基である。更に之が德性破壞の根源ともなる。平素極力浪費を避け經濟的習慣を樹立することに努力を吝むではならぬ。

學校の經濟的活動（三）

主事　木下竹次

第七、時間經濟

一、生活と時間　個人的生活にも團體的生活にも必ず時間を要する。時間を離れては何等の生活も無い。生活には質と量との二側面がある。生活の質と量とは種々の關係を有つて居る。生活の質が優良になつたが爲めに其の量が增加することもある。又生活の量が增加したが爲めに其の質を優良にすることもある。併し生活の質と量との增減の方向は反對になることが多い。何れにしても生活の質を深遠にし量を廣大にすることが生活の向上である。此の生活の向上が學習であるから學習の成長發展を圖る爲めには必ず時間を顧慮しなくてはならぬ。時間の經濟は終局は學力の經濟となり學習の成長發展を圖ることが出來るのであるが、從來何故か時間の經濟は多く顧慮せられることなく學習の改善案は多く時間不足の理由で排斥せられた。併しながら時間經濟の方面から學習を改善し學校生活を進步させうとすることは頗る有效な方法であつて吾々の深く省察すべきことである。時間經濟には二方面がある。一は或生活に對して時間を節約する事で他は一定時間内で生活を進步させることであるが終局は一定時間内で生活の質と量とを增大すれば宜しいのである。我が國の義務敎育年限の如き之を延長することは極めて必要であるが其の延長の如何に拘らず吾々は一定の修業年限内に於て十分に時間の節約を圖り現時の六個年内に於て從來の七個年又は八個年間に學習したのと同一の結果を擧げる樣に大に工夫せねばならぬ。此の如き事は何れの敎育者も希望して居ることであるが吾々は必ずしも荒唐無稽の希望で無いと信ずる。學習生活の改善を圖るには種々の着手點があるが若し時間經濟を着眼して改善を工夫したならば學習生活の全方面に向つて改善を加へるのに便利且つ容易であると考へる。

二、學校組織の改善　學校の精神は最もよく制度に表はれる。制度は極めて廣義に解して國家の法令も學校の規則も自治の規約も其の他暗默の裡に行はれて居る不文律も皆之に含めておく。學校の理想的精神が能く各成員に普遍し學校の制度が十分に實行されて茲に校風が出來る。殊に各成員が時間を尊重し一分一分の生活に全力を用ゐ相共に時間を節約利用して學校の發展を圖る樣な校風が出來ると各成員は容易に時間經濟を圖ることが出來る。學校の制度は各成員が各自に創造的生活を遂げられるもので無くてはならぬ。且つ各成員が誠心誠意學校の發展を圖つて活動する時は多くの場合は期せずして其の制度に合致し得るもので無くてはならぬ。ともかく各成員が制度を尊重し又能く之を知り責任を以て實行するので無いと大に學校能率を低下させる。各成員が制度を尊重せずして其の學校に社會性を缺如して居る事は現時の通弊であらう。之では時間經濟を圖ることは困難である。

優良な成員を以て學校を組織することが學校の發展に益することは申すまでも無い。中でも兒童生徒の方はともかくとして敎師の方は如何にしても優良な敎師を以て組織せねばならぬ。之が爲めに優良な敎師を養成する樣に工夫するのは別として各學校が等しく優良な敎師を得ることは困難である。從つて各學校では其の成員たる敎師をして常に發展させる方法を講ぜなくてはならぬ。之には種々の方法があらうが學校が從來の敎育法を實施するよりも學習法を實施することにすれば大に此の目的を遂げることが出來る。學習によつて師弟共に成長發展し學校能率を增進するがよい。之と共に學校の設備も師弟双方の要求によつて漸次に成長する樣にするが宜しい。

今後の學校には漸次專制的形式の活動は尠くなつて自治的活動が增加して來るであらう。自治的活動は師弟双方の側にある。又其の協動の側にもある。學校に自治的制度が有效に實施されて各成員が公共心獨立心協同心に富む樣になり之と共に自治機關が容易に運轉される樣になつて全成員を協同して學校の發展を圖る樣になつたならば學校の能率が增進するに違ひない。學校の經營は獨り敎授だけで仕遂げられるもので無い。斯くして各成員が十分に各自の責任を果す樣になつたならば彼の形式的劃一的の時間割を廢して各成員各自に或る規定內で時間割を立てて學習する樣にしても差支が起らない樣になるであらう。時間割は學校の活動を規制する重要な標準である。各成員が各自に時間を嚴守して學校の時間經濟は發展する。

學校に生活向上の學風が出來て敎師も兒童生徒も相共に有效に學習する様になつたならば學校學習は空間的に擴張して各成員の家庭及び社會の生活に影響し彼等は獨り學校で學習するので無くて家庭でも社會でも學習する様になる。之を時間の上から云ふと學校學習の時間以外にも自ら學習する樣になつて學習の範圍が非常に擴張される。之が及ぼしては學習時間の經濟となり修業年限の節約となるのである。

三、學習材料の改善　如何なる方法を取るにしても學習の材料は之を兒童生徒の環境に需めるより外に途は無い。從來は大抵敎師の方から學習材料を選擇し排列して之を兒童生徒に與へた。之は止むを得なかつた爲めでもあらうが斯くしては兒童生徒が自ら如何に生活すべきかを選定する能力を殺ぐばかりで無く自然に學習を敎室生活に限定する樣になつて彼等が學習する時間があつても之を使用しないで時間を徒費する樣に導いた。彼等が何時でも適當に學習材料を自ら取つて學習し得る樣にすれば時間を大に經濟的に使用することが出來る。從來の敎育は兒童生徒を敎師の學校出勤時間で制限し敎育の場所で制限し敎育の材料で限定することが餘りに嚴重であつた。之を兒童生徒が獨自に任意に學習し得ることを多くしたならば時間經濟に益する所が多い。

敎師が敎育材料を選定することになると自ら傳統的な無用の材料も這入つて來る。兒童生徒の現在の生活から見て餘り必要で無いものも這入る。又其の材料が自ら劃一的になつて學校各成員に適合したものを選定することが困難になる。遂には或る學習者から云ふと能く知つて居る事能く實行出來ることまで一般に强ひて教授したり學習させたりする樣になる。斯くては時間の不經濟も甚しい。吾々は功利を第一義として學習を進行させうとは思はないけれども人類生活の進步に役立たないことを因襲的に學習させるのは罪なことだと考へる。兒童生徒に學習材料を選定させても必ずしも卑近な實用的方面だけに學習を限るものでは無い、彼等は科學の爲めに科學を求め藝術の爲めに藝術を求める樣なことも澤山ある。只吾々は人類の進步に役立つと云ふことを更に强く考へて兒童生徒の環境を整理し彼等が各種の生徒を爲す樣に卽ち各種の學習材料を自ら取つて行く樣にしたい。それで學習時間は經濟的になる。

從來は各學年の間に又各學科の間に餘りに嚴重な限界を置き過ぎた。兒童生徒の生活を强ひて分解して其の渾一を破壞した。爲めに其の間の連絡を破り學校又は學級の社會性を滅殺した。其の結果同一事實を時と所とを異にして無益な重復した學習を爲し其の上强いて生活を分解したから多大の學習時間を費しながら一向に生活の向上を圖ることが無かつた事が多かつた。今少しく學習の方法を變更して數學を學習して居る事が同時に理科手工裁縫等の學習となり、或は理科の學習が同時に數學圖畫手工家事裁縫等の學習となる樣にしそれが同時に修養ともなり身體修練ともなる樣にしたならば如何に學習時間を經濟的に使用し得ることであらう。よしや合科學習にならずとも同科的精神で各種の學習を遂げる樣にしたならば宜しからうと痛切に考へられる。此の如きことは決して困難なことでも無く無謀なことでも無い。只現在では其の指導教授を得るのに少々困るが之も之に處する方法の無いことは無い。

四、學習方法の改善 學習材料の取り方に深い研究のある教師に指導せられて兒童生徒が自ら學習細目を作ることが出來る樣になるとそれで餘程學習時間の節約が出來るが彼等は更に經濟的學習法について體得する所が無くてはならぬ。經濟的學習について第一に考ふべきは時間割である。從來の形式的劃一的時間割を廢止するにしても或は之を改善するにしても時間割に關しては先づ獨自學習と相互學習との時間を如何に定立するかを考へねばならぬ。之は Supervised study と Socialized recitation との關係と云うても大體に於ては近いものである。之を如何に定立するかに就いては人によつて又場合によつて一樣では無いが私は兩者が融通の利く樣に定立することを便利だと考へる。斯くして兒童生徒は或材料の相互學習に這入るまでには必ず其の材料について獨自學習を遂げて置くことが必要である。其の獨自學習の材料には進度にも範圍にも敎師から制限を加へないことが時間經濟に大に關係がある。勿論獨自學習とても敎師の直接間接の指導の下に行はれることは勿論である。次に兒童生徒は許されたる範圍內に於て時間割を立て自己の仕事を豫定して學習することが必要である。學習の仕事は多くて學習の時間は少いから兒童生徒は餘程工夫して學習時間を作り出さないと學習の仕事を仕遂げることは出來ない。學習時間は拾ひ取ると云ふよりは寧ろ發見して行くのである。閑暇が出來たら讀書せうでは生涯讀書の時は得ないのであらう。

時間を使用するには或る仕事に時間を纒めることが必要である。それで無いと能率が擧らない。併し一回に纒めて多くの時間を取ることは大抵の場合は不可能であるから吾々は平素零砕の時間を集めて或る仕事に纒めて使ふことが頗る大切である。之は修養の出來た精神統一の出來る人で無いと困難なことであるが零砕の時間を利用することは一の大切な修養である。又毎日或る仕事を定めて必ず之に一定の時間を充當することも時間使用の大切な一の方法である。時間を尊重すること時間利用の必要を痛感することと等は多忙を經驗した人で無いと困難である。學習上多忙を感じて何から着手せうかと茫然とする樣な事のあるのも必要なことである。實に時間の利用は之から進歩する。尤も如何に多忙でも自分に大きな理想を有し仕事を自己に統一して自ら按排計畫して努力する人で無いと多忙だとて必ずしも時間の利用に進むもので無い。人は學習上役立たない苦役は必ず之を避けねばならぬ。徒らに實利的思想に囚はれて活動するのは避くべきことで利害の打算を離れて活動するのは學習上大切だが苦役は飽くまで之を避ける必要がある。

材料自由と方法自由とを要求する學習に於ては一見恰も學習者の苦役と見える場合が決して尠くない又指導教師に於ても個別指導に於て奔走に疲れる樣な場合もある。然れども苦役と見える學習的活動が環境に對する深い注意となり眞の學習活動の發達段階となるならばそれは苦役で無い。只指導者は之が爲めに學習の興味を減殺して學習の進歩を害することのない樣に注意すべきである。教師が個別指導に於て困難するのは學習指導の方法と心得ないが爲めで容易に之を除去することが出來る。

算術に於て無暗に運算の迅速を要求し、或は思考作用を練る爲めに生涯學習者の數量生活に關係なき問題に沒頭させ、技術に於て徒らに製作の方法を暗記させ又無暗に數多く反復度數を重さね、地理歷史理科に於て徒らに事實の暗記を强要し、修養に於ては徒らに煩瑣の道德法則を與へて之を暗記し實行さ せうとするが如き不必要な學習は現時に於て頗る澤山あるであらう。此等は徒らに學習時間を消費することになるから除去したが宜しい。其の他實事實物に就いて學習すれば容易に學習の出來る事を設備不十分の爲めに徒らに說明に依つて理解に導かうとするが如き睡眠と營養が不足して精神の亂れて居るものに徒らに學習を强要するが如き環境が惡くて學習の出來ないものに徒らに學習の不成績を責むるが如きは何れも無效有害のことで學習時間の浪費となるものである。現時の敎育全體に亙つて此の如き時間浪費の事項を摘出するならば更に澤山の事實が擧るであらう。猛省すべきことである。

學習の環境が整理されて學校の設備も相應に發展して行つて學習者の身體的條件も外圍の事情も學習に適合して居る上に學習者が學習法を修練を積んで居るならば學習の條件は餘程具備して居る。其の上學習動機が旺盛で學習に熱中するならば自然に學習の目的も方法も確立して有效に學習が出來時間の經濟も十分に成立するであらう。

時間經濟で論ずる範圍は餘りに廣いがこれ位にして置いて次號では學力經濟と財物經濟とを研究してみよう。(未完)

學校の經濟的活動 (四)

主事　木下竹次

第八、勞力經濟

一、勞力の意義　人類が各自の欲望充足に用ひる身體及び精神の活動を總稱して之を勞力と云ひ又勞動と稱する。凡そ勞動は何れも體力と心力とを要するものであるけれども比較的其の體力使用に偏するものを勞役と云ひ心力使用に偏するものを勞心と云うて居る。普通に勞働と云へば此の勞役を指すが茲には勞役と勞心とを合せて勞力の語を使用する。勞力は其の性質によつて種類も多いが概して多く心力を要するものを高等の勞力とし經濟的價値を高くして居る。彼の企業家の如きは多く心力を勞し所謂勞働者は多く他人に使役せられて體力を勞するものである。勿論所謂勞働者の内にも特殊の技能を要する習熟勞働者と特殊の技能を必要としない不習熟勞働者とがある。近來は追々筋肉勞働の經濟的價値を高めて漸次精神勞働に比敵せんとする傾向がある。何れにしても體力と心力との併進が必要で今後は勞心者も大に體力增進を企圖せねばならぬ。

現今の生産に從事する所謂勞働者は悉く企業家の創意立案したものを執行する勞役者力作者である。

從つて勞働に苦痛が多いが獨立勞働が殆んど雇傭勞働に變化した今日に於ては此の如き勞働も止むを得ないことである。將來十分に器械が發明せられ使用せられて所謂勞働者の爲す樣な生產上の器械的仕事は大抵器械が爲て吳れる樣になつて勞働卽藝術の天地が開けたならば人々は何れも創意立案の獨立勞働を爲し得る社會が出現して人々皆人生を樂しむことが出來るであらう。吾々は此の目標に向つて突進すべきは勿論だが今日でも其の人の心掛如何によつては家庭勞働の如きは創意立案の藝術的勞働に進むことが出來る。其處で學校成員の各自が創作性を創作的に活動させて行く藝術的勞働に住することは其の完否はともかく非常に望ましいことである。勞働は資本よりも重要である。勞働の質が優秀で量が宏大であつて所得の多い國が眞の富國である。學校に於て各成員の勞力を經濟的に使用するが爲めには勞力增大法と勞力節約法と能率增進法とを講ずべきである。勞力の增大と節約とは結局能率增進になることは勿論だが今は說明の便利上此の三項にわけて論步を進めようと思ふ。

二、勞力增大法　勞力を增大するには先づ心身を健全に且つ調和的に發展させ之に適當の鍛錬を施して其の堪久力を增すことに努めねばならぬ。心身の活動は其の過勞を戒め常に過勞に至る前に活動を止めて適當の休息を取ることは能率增進の方法には相違は無いが學習生活に於ては時々過勞を忍びて活動することが必要である。それによつて心身の堪久力が養はれ勞力を增大させることが出來る。又自分が活動してみて如何ほどまで活動することが出來るかを自認することは大に勞力增大に關係がある。假令一度にても過勞を忍び大なる活動を取つた經驗を持つて居れば其の後の活動を爲す上に於て大なる助となるものである。八歳の兒童が電話機の製作を思ひ立ち食事もせずに六時間も活動を繼續して遂に製作を終へた實例がある。人は自己と環境との關係如何によつて神祕と思はれる程の力量を顯すことが出來るものである。學習指導の敎師の力量は兒童生徒を導いて如何ほど各種の活動に興味を持ち其の活動を如何ほど深く長く續けさせることが出來るかと云ふことで定まるのである。現時の學校に於ては多くは形式的劃一的の時間割に依つて活動させるから兒童生徒は一定時間内に最大の能率を擧げることの練習は出來るけれども希望の時間に亙つて或る活動を繼續して勞力の増大を圖る練習は殆んど出來ない。併し合科學習などになると此の缺點を免かれることが出來て思ふ樣に活動繼續も休息も出來る。尤も過勞も時には又必要だと云うても虚脱に陷る樣なことは勿論避けねばならぬ。殊に每日疲勞恢復が出來ないで幾分かづゝ疲勞が重なつて行く樣なことは十分に警戒せねばならぬ。又心身の發達未だ十分ならざるものが過度の鍛錬的動作を爲し神妙な活動をして名譽に狂奔する樣なことは注意して之を避けねばならぬ。之が爲めに遂に夭折する樣なことは往々弱年の大運動家に見る所である。兒童生徒を適當に整理された環境裡に生活させて彼等をして思ふ存分に活動させてしかも其の程度を誤らせぬ樣にするのは指導敎師の大なる責任である。勿論兒童生徒それ自身にもそれ相當の注意は無くてはならぬ。尚生命を出來るだけ永續させて其の間に十分勞働能力を發揮し生涯の勞働量を高くすることは個人に對しても社會に對しても共に必要なことである。

勞力は分量的に增加するばかりで無く性質的に之を增大することを努めねばならぬ。卽ち學習に依つて知的作用の程度を高め道德的品性を高尙にし勞働を精巧迅速にすることが必要である。學校成員は何れも興味のある所から行動に這入つて常に興味の擴張發展に努力するが宜しい。其の間常に自主自營の精神を鼓舞して活動し各自の享有して居る心身の作用を十分に發揮する。之が勞力の增大法である。併し各自は獨自活動の外に協同活動がある。此の際に於て人々が協同心に富み協同の方法に長じて互に協力することが出來ると勞働效率を增加するばかりで無く能く各自の人格を發展させることが出來る。獨自活動にては如何にしても出來ない大事業も協同活動に仕遂げられる。協同活動に於ては一人にて爲し得ることを幾人にも分割して各人が各其の異なつた仕事を引受ける分業もあれば一人で爲し得ないことを幾人も力を協せて仕事する協業もある。又性質上關係のない生産行爲を一人で兼ねる兼業もある。幾人かの分團で一の實驗實習をする時には所謂作業分業が行はれ、一人で出來ない運動をする樣な時には協業の形となる。各種の學習を爲す時には兼業の形となるのである。勞働の分合によつて勞働組織を樹てることは生產經濟上に於ては大切なことであるが之に類することは同樣に學校內にも行はれるのであるから學習の指導者には勞働組織の研究が欲しいものである。

勞働は人力使用に限つたもので無い。人力使用を助けるものとしては自然力と器械力とがある。自然力を駕御し器械力を利用するのは文明人の得意とする所であり希望する所であるが、之に依らなくては偉大なる勞力增大を圖ることが困難である。自然力と器械力とを利用することによつて世人の驚歎する樣な仕事が出來る。彼の新聞事業の如きは其の一例で彼の大量生產が短時間に出來るのは全く器械力のお蔭である。從つて學校成員も平素器械を工夫發明し有效に器械を使用して能率を增進することに慣れねばならぬ。勿論器械使用のみに努めて手工業を閑却するのは學習生活には弊害がある。又器械使用にも種々の弊害が伴ひ前項に述べた勞働の分合にも弊害がある。如何なるものにも利弊はあるが此等の勞力增大法は文化生活には缺くことの出來ないものであるから學習生活に於ては師弟共に此等の點に留意する所が無くてはならぬ。

三、勞力節約法　勞力の增大は同時に勞力の節約になることは勿論であるが更に節約の方から勞力を觀るのも必要である。勞力の節約には深き思慮と周到なる注意とを以て自分の仕事に對して一定の計畫を立てて活動せねばならぬ。それに一旦活動を開始したならば强固に決意を持續せぬと能率は擧らない。注意の集散が容易となつて反對意識の發現が弱くなり遂に無關心となり雜念に離れることが出來る樣になつたならば事に臨みて心力相殺を減じ勞力を十分に發現することが出來る。又注意の作用が發展して來て、身體の作用が精確になり其の上に技術的熟練を增大して來ると身體が精神の命の儘に活動し體力の相殺を減ずることが出來る。又心身の活動は律動的のものであるから勞力使用に韻律的に適ふことが必要である。彼の蓄音機を使用して勞力の催進を助けて行く樣なことも意義のあることである。感情を激發させたり心身の律動を無視する樣なことを爲ては勞力の節約を圖ることは出來ない。彼の學習生活に於て自由に學習材料を選定させて自ら仕事の方法を立て豫定を作り自律的に進行することを奬勵するのはやがて此の勞力を節約すると共に勞力增大を行ふ練習である。學習を生活化することに依つて此の如き學習を小學校の初學年から實施することが出來る。

僅少の勞力でも之を徒消することなく有效に之を使用せねばならぬ。とかく零碎時間の勞働は之を閑却し易いものである。勞力し得る時に勞働せぬのは勞力の浪費になる。零碎時間の勞働を尊重しないのは能率增進の必要を感じない人には有りがちの事であるが、其の尊重すべきことを知つても修養未熟で注意を早く集注することの出來ない人は僅少勞力尊重の實を擧げることは出來ない。殊に從來の學校の如く形式的器械的の時間割によつて兒童生徒を受動的に活動させて居ては尙更此の如きことは出來難いが自律的學習を實施する學校に於ては注意如何によつては大に此の目的を遂げることが出來る。

分業も協業も勞力の節約となるものである。如何なる勞働に於ても各自に許されたる範圍內に於ては創作的學習の精神によつて進行することは勿論必要であるが此等は何れも協同を條件として居るものであるから仕事の指揮者の節度に服し共同の時間割及び規律に服從することは必要である。學校の自律的學習は決して無制限に獨自活動を許すもので無い。必ず社會生活に於ける協同の實を擧げることを要求するものである。

勞力の節約は勞力の增大を目的とするので無いと意味が無い。勞力を愛惜するのは宜しいが勞力使用の吝嗇は決して之を許すことは出來ない。人には苦を避けて樂に就く天性がある。さればとて勞を吝み樂をせうと思ふのは短見である。之が爲めに勞働を强迫するのも宜しくない。從來の敎育は勞働を强迫して遂に義務遂行に導くことが多かつたが學習に於ては義務を愛して義務を行ふ歡喜的努力を痛切に要求する。之は必ずしも不可能なことで無いと信ずる。勞力の吝嗇はそれ自身に於て不道德である。働けるだけ働いて自己と社會との成長發展を圖ることは人間の義務である。且つ勞力を吝むでは勞力の浪費となり能率の擧がらぬことが多い。勞力を吝み不熱心に活動しては使用の出來る勞力を使用しないで勞力の浪費となるばかりで無く折角使用しても有效な結果に到達し得ないから結局勞力の浪費になる。學校の成員は極力樂をせうとの考を去り有目的活動に突進せねばならぬ。樂をせうと思うて樂が出來ないのは皮肉と云はゞ皮肉だが此の理を悟ることが出來なくて勞力を吝み歡喜的努力に滿ちた生活の出來ない人は實に氣の毒な人である。學習生活に於ては何れの場合でも活動に伴ふ快感を十分に體驗せねばならぬ。兒童生徒の訓練に嚴肅主義を執る人は多くは此の理を閑却する。

四、能率增進法　勞力を增大し其の使用に節約を施せば其の結果自ら有效となり能率增進に歸着するのは當然であるが、尙二三の硏究すべきものがある。能率を增進するには先づ勞力を集注し得る習慣を養はねばならぬ。如何に勞力に富み之を如何に節約して使用しても之を集注しないと畢竟勞力の浪費となり其の效果を顯著にすることは出來ない。勞力を集注して活動するのには第一に其の活動者が愛と誠とに充ちて居らねばならぬ。衷心眞理を愛し道德藝術を愛し又よく自己を愛し他人を愛し社會を愛するならば自ら其の爲す仕事に對し精神統一を行ふことが出來る。之に身體を修練して丹田が出來て來ると勞力集注が非常に容易になる。此の如きことは學校成員が漸次學習に徹底するに從つてだん〳〵出來る樣になる。

長時間永續して或る仕事に勞力を使用することは合科學習などには澤山現はれる場合であるが從來の學校時間割ではその樣なことが無い。寧ろ之を避けた傾がある。生活本位の學習は之を避けるものでは無い。その何れにしても大なる仕事は必ず幾囘かの勞働效程の積集である。如何に零碎の時間を惜み勞力を節約しても周到なる勞力計畫があつて各場合の勞働が或る目的に向つて朝宗するので無いと能率は擧らない。學校成員の內には敢て努力しないのでは無くて常に勞力を使用して居ながら一向に效果を擧げられぬものが澤山ある。此等は勞力の使用法が不經濟だからだと云へばそれまでだが、ともかく仕事の目的を定め方法を創作して常に有效な結果に到達することを期せねばならぬ。

學校成員は敎師と云はず兒童生徒と云はず小使に至るまで何れも皆勞力の經濟律を奉じて各自の仕事に勤勞したならば學校の經濟的活動の進步することは勿論であるが、今から少しく學校の經濟的活動を具體的に考察してみよう。兒童生徒の學習生活に於ける經濟的活動は前に度々述べたから今は之を略して直に敎師の勞力經濟について述べる。敎師の生活は兒童生徒を直接に取扱ふ活動と學校全體に關する分擔上の活動と學校及び家庭とに於ける個人的活動との三つに分けることが出來る。師弟共に學習に興味を有つ樣になると自分の擔任する學級又は學科の學習的活動には他から需めないでも漸次努力する樣になつて多忙となるから自ら經濟的活動を工夫する樣になる。次には之に伴うて自分の修學修養等にも努力する樣になるが學校の事務分擔にはとかく粗造になりがちである。從來敎師には往々事務を俗務と稱して輕侮する習慣がある。之は餘りに知識技能そのものを尊重して統一した生活そのものを輕視したが爲めであらう。學習は向上的生活であつて學習には環境整理が非常に大切なものであることを知つたならば學校の事務に對する思想は變化するであらう。その上自分や自分の擔任して居る學級や學科ばかりでなく廣く學校と云ふ社會の全般に着眼する樣になり各學級は有機的關係を保ちて互に孤立する樣な傾向が無くなり更に各學校成員が誠實に各自の仕事を努める樣になつたならば學校の經營法ももつと大膽に其の進行を圖ることが出來て學校の能率を擧げることが出來るであらう。學校成員が痛切に學校全體の發展に注意し全體を顧みつゝ部分の職務を忠實に遂行しその上他人の利益に均霑せうとする考を弱くするならば小學校はともかく中等以上の學校に於ては今日よりも一層敎師に自由活動の時間を與へ彼等自身の學習に專念させることが出來るであらう。敎師が兒童生徒に對して敢て勞力を吝むでならぬことは勿論だが學習指導の教師としては教師の學習が痛く學習指導に影響するのだから教師は大に自身の修學修養等に努めねばならぬ。教師の實力が不足し教師の思想が陳腐であるが爲めに伸び得る兒童生徒を伸ばし得ないことは痛切に經驗出來る。今後學校成員は更に眞劍になつて學校統理者が大膽に學校革新の實を擧げられる樣に努力し補佐して教師は一層日々新たになることを工夫せねばならぬ。社會は社會成員全體で發展させることは勿論であるから其の社會の發展計畫には全體が參與しても宜しいが其の計畫を實行する執行者には十分の信頼を置いて十分に其の手腕を伸ばさせるが宜しい。徒らに他人の行動に容喙することを立憲的行動だと誤解してはならぬ。弱點を有つて居るのは人間の常だが學校成員は互に誠實に立脚して互に信頼して行きたいものである。

勞力經濟はこれ位にして置いて次號には財物經濟觀を披瀝する。

學校の經濟的活動（五）

主事　木下竹次

第九、財物經濟

一、經費の收入　學校の進動に對する施設經營を爲すに當りて先づ必要なものは經濟である。學習組織に關して如何に卓拔優秀な意見があつても之に伴ふ經營を得ることが出來なくて其の意見の實現を思ひ止まらねばならぬことは非常に澤山ある。學校經營上特異の見識を有し之を實施して能率を增進せうと思ふものは必ず之に伴ふ經費について甚深の配慮を拂はねばならぬ。學校長が學校經濟上に卓越した手腕を有し學校成員が各自の職能を發揮せうとする時に經濟的原動力を供給することに於て遺憾が無かつたならば其の學校は優秀な成績を擧げるに違ひない。學校の經濟的活動としては學校の進動に對して必要なだけの經費を收入することと其收入した經費を最も有效に支出することを目的とする。尙其の經濟的活動を學校自身としての活動と學校成員各自としての活動との二つに分けてみることが出來る。

學校の豫算は學校活動の方針を示すもので學校に取つては頗る重要なものである。學校の事業の內容は大體豫算等に於て決定するのである。豫算によつて經費を收支することは立憲政治の通義であつて豫算に無い經費は如何に必要なものでも決して支出することは出來ない。尤も豫備費もあれば更に緊急缺くべからさる經費であれば臨時に豫算の議決も出來る。併し此の如きことは容易に得られないことで豫算は其の流用すら困難な場合が多い。豫算は大別して人件費と物件費とする。人件費殊に俸給に對しては其の經費を吝んでならぬことは論議を要しないが物件費も亦決して之を輕視してはならぬ。學校に於て教師が優秀であれば大に物件費の不足を補ふことも出來るが物件費が貧弱であれば師弟が學習に依つて伸びることを妨げ殊に音樂や圖畫などに關する藝術的環境整理を忽にすると學習者が年長じて後其の缺陷を補充することの出來ない樣なことが起る。それで無くとも師弟共に歡喜的努力を繼續することが出來ない樣になる。從來は兒童生徒の學習に深く留意せず學習に於ける環境整理を重視しなかつたから物件費の不當節約を敢てして其の恐ろしい害毒あることに氣附かず寧ろ其の節約を手柄とする有樣であつた。誠に不心得と申さねばならぬ。

學校が單に兒童生徒の學習所であるばかりで無く大人の學習所となり眞に社會教化の中心となつたならば今後學校豫算は更に增額することが出來るであらうが學校所要の經費も時勢の進步と共に增加するから將來とても十分に學校の豫算を得ることは特に何か計畫を爲ない以上は困難なことであらう。特別な計畫とても種々ある。其の一は個人又は團體からの寄附行爲を設定することである。教育者が迷うて居る世の富豪を教へて社會奉仕をさせることも必要なことである。其の二は學校の基本財産を設けて收益を圖ることである。之が爲めに殖林を爲すが如きは面白いことである。其の三は學校に購買部を設けて學習の便宜と收益とを得ることである。尙此の外にも澤山あらうがともかく此等の計畫から學校經費の收入増加を圖るには相當な法令上の手續を蹈まねばならぬことは勿論である。

如何に豫算を増加しても學校成員の學習費を悉く支出することは到底困難であらう。又その樣なことをする必要もあるまい。從つて學校成員は各自に學習費を負擔するのは當然なことである。各成員が自分の學習費を支出する時に其の中の幾分を學校又は學級の共同學習費として支出する事も必要である。學校各成員の學習費は近來は漸次に増加して來た。中には贅澤な學用品を使用するものも可なり澤山ある。之が爲めに學習費節約の聲も高い。獨り各成員について云ふばかりで無く學校の豫算を緊縮して教員の定員を縮少せうとするものすらある。經營の節約には勿論反對はせぬが不當節約に陷らぬ樣に注意せねばならぬ。經費を増加して環境整理を十分にすることが出來ると學習成績の上進が著るしく又學習年限も短縮出來ることは最早今日に於ては明瞭であるから一方に於ては冗費を省き他方に於ては積極的に經費の増加を圖る工夫をせねばならぬ。此の増加した學校經費で學校成員各自の負擔に屬する學習費をも支辨して學習者の學習に支障の無い樣にすることが必要である。理科裁縫家事圖畫手工等の各科の材料費又は各教科の參考書の如き到底兒童生徒の負擔費では支辨が出來ないから學校から之を支辨して彼等の學習を助けることが極めて必要である。現時に於て自由に學習させる學校の兒童生徒は右の材料費の負擔に堪へないで伸び得る力を伸ばし得ないことが實に多い。將來此等の材料費を潤澤に供給することに依つて彼等の學習成績が更に更に上進することは疑を容れない所である。

尙裁縫手工等の製作品を適宜に處理して材料費を補充することも一概に排斥せず十分に考慮してみる價値がある。斯の如きことは兒童生徒を利益收得の幻惑に導く危險ありとするも之を徒らに恐れるのは封建時代の武士の遺風を暗々裏に繼承して居るのではあるまいか。假令如上の危險ありとするも適切な方法を設定して之を處理したならば反つて兒童生徒が經濟的修練を得るよい機會となるのであらう。現に左の如きことを實行して何等の弊害を示さない學校も澤山ある。今の學校敎育は概して金錢經濟には無頓着であるか或は金錢に伴ふ弊害を恐れ過ぎて成るべく之に遠からうとして居る。共に感心した態度と云ふことは出來ない。兒童生徒が共同學習費を處理することも金錢經濟の修練をする重要なる機會である。帝國議會に於ても法律案の議定と豫算の議定とは二つの大仕事である。生活によつて生活の向上を圖らうとする學習生活を爲す學校に於ても各般の學習をなす際に物品經濟の修練と共に金錢經濟の修練の機會を作り經濟と道德との融和を圖ることは非常に必要なことである。金錢を恐れず金錢を卑しまず金錢に無關心で無く十分に金錢を支配して行くことの出來る人物となる樣に學習生活を仕向けて行かなくてはならぬ。

經費豫算の增額を得ることは學校に取つては重要事であると共に隨分困難事である。臨時費にしても經常費にしても其の要求理由が大分であつて且つ其の學校が相當に成績を擧げ更に一般から其の學校の進歩を要望される樣になると比較的豫算增額を得やすい。それにしても當局の方では經費多端であり、他學校との權衡があり、加ふるに學校活動革新の內容が十分理解出來ないので大抵は前年度の豫算を踏襲することになるのである。從つて學校の內容改善を計畫しても前年度の豫算の各費目について一方を削減して他方に增額することが既に困難である。ましで經常費中の物件費を增加するが如きは甚だ難事である。只學校としては情と理とを盡して每年根氣よく豫算增額を要求すべきである。徒らに又無限に豫算增額を要求すべきで無いことは無論だが學校が十分に活動するに足るだけの豫算は得たいものである。ともかく從來の各學校の豫算には整理革新すべき餘地が澤山あると思はれる。

學校が豫算要求の意志表示を爲す時と豫算が成立して經費が支出出來るまでには少くとも滿一個年の間隙のあることは學校經營者には可なり不便を感じさせる事實である。不幸にして其の豫算が成立しないと更に一個年も二個年も待たなくてはならぬ。其の間に時勢の要求は勿論學校の要求も進歩する。斯くて何時でも不滿足な學校經營を爲し學校の連續的發展に支障を來すこと夥しい。此の點になると私立學校の方が公立學校よりも便宜が多い。私立學校が社會の要求に迅速に自由に適應して常に革新的活氣を帶びることの出來るのは之が爲めであらう。私立學校は其の經費さへ潤澤に得られるならば學校經營に多大の便益と趣味と進歩とがある。

二、經費の支出　經費には種々ある。學校豫算に基く經費、學校或は學級に於ける共同學習費及び學校各成員の學習費等を一括して論歩を進める。

學校も學級も一種の協同組織であるから學校成員は各自其の分に應じて豫算を保護し豫算の運用に對してそれぞれ貢獻する所が無くてはならぬ。豫算の運用に經濟學的法則を適用すべきことは勿論であるが之と共に學習學の法則を十分に顧慮しなくてはならぬ。豫算の運用には學習生活の必要に應じて痛切に學習動機を高め全我的活動を爲すと共に欲望代用の法則を利用して餘り欲望節制に苦しむことなくして欲望充足が出來る樣にせねばならぬ。

財物の購入には同一の價格で出來るだけ大きな消費者餘剰を得ることを原則とする。吾々は此の原則によつて市場價格卽ち交換價値のなるべく小であつて使用價値のなるべく大なるものを購入せねばならぬ。購入者は財物に對する鑑識眼を具備し消費者の欲望の種類と傾向とを知つて財物購入を行ふので無いと使用價値を高くすることは出來ない。從つて學校成員たる各消費者が學習生活の必要上痛切に購入を要求する財物であつてしかも其學習に適切なものを購入出來ると大に使用價値を高くすることが出來る。學校經營者が他日の消費を豫想して財物購入を行ふことは十分の戒心を要する。尙此の原則は財物購入になるべく市場價格の低いものを購入せよと云ふのでは無い。其の高い低いと云ふよりも購入の目的に適切なものが最も宜いことは申すまでも無い。

財物の限界利用は其の供給が增加するに從ひ遞增するものもあるが結局は遞減するものである。從つて財物金錢に種々の用法があるか時を異にして使用し得るか或は種々の財を選擇按排して使用し得る時には各部の限界利用を均等にするのが最も經濟的である。此の限界利用均等の法則によつて財物を購入消費することが必要である。學校の經濟的活動に於て他に妨ぐる事情の無い限りは常に其の費す所の財の限界利用の合計が最少であつて其の得る所の財の限界利用が最大であることを圖るのが最も妙を得た方法である。一定の經費によつて學習生活材料を購入するには財物の選擇按排に注意し其の使用に際しては種々の有效使用法を考へねばならぬ。

一時に多量購入を行ふか又少量購入を行ふか時々必要量を購入するかは財物の性質と消費者の消極的修練の程度如何によつて定まることである。多量購入を行うても價格に差異の無い場合もあるが多量購入の際は大抵卸問屋を利用することが出來るから經濟上の利益がある。學校などの會計當事者は多くは法規を守つて正當に購入することを主とし經濟的に購入することを從とする傾向があるが其の何れにも配慮しなくてはなるまい。

學校に於て財物を購入したならば之を兒童生徒の學習用に提供することは勿論であるが直接彼等の學習用に關係の無いものは學校としても彼等に其の財物の性質鑑識を爲させることを怠るが兒童生徒も一向之に注意しない。每年學校は採暖用の木炭を購入するが其の木炭を學習に利用して良否を鑑別させる様なことは無い。其の使用法を學習させることも多くは行はれない。此の如きことは今後の學校では學校の方からも兒童生徒の方からも注意すべきことである。

三、財物の消費　財物は學校の所有であつても學校成員各自の所有であつても同じく國家の重寶である。之を有效に消費して消費者餘剩を多くし文化の創造を行ふことは經濟的の行爲であると共に道德的の行爲である。財物の性質に從ひ科學の力を利用し道德的精神を以て之を愛用し最も有效な消費を爲すことは吾々の本務である。財物の虐使濫用浪費は單に不經濟的であるばかりで無く實に不道德である。吾々が眞に道德的考察を以て財物を消費して始めて眞に有效な經濟的消費が出來て國家の財力も之が爲めに增加するのである。財物を經濟的に道德的に消費する修練をするのが大切な學習である。財物消費を單に知識技能を得る方便と思うて居るのは實に短見である。

財物の消費者は其の保存法、整理法、加工法、修繕怯、貯藏法等を心得て財物を消費せねばならぬ。學校に於ける財物は動もすると法規に合せて保管整理することが主となつて財物の消費其の物が學習の重要なる方便であることを忘れられることがある。公有財產としては整理保管を法規で規定するのは止むを得ないが師弟共に法規を尊重すると共に財物消費の修練によつて自己を向上させることに遺憾の無い様に工夫しなくてはならぬ。

財物は之を人爲的に使用しなくても自然的に消費するから之に適當な豫防設備をすることが必要であ

る。又財物の價値は財の效力と人の欲望とによつて生ずるものであるから財物の所有主の主觀的變化によつて財物の價値は上下する。それで財物は主觀的に消費されると云へる。財物使用に際しては自分の主觀の如何によつて財物の效力を十分に發揮しなくてはならぬ。不用の財物を購入して自然の消費に委するのも財物購入を誤つて自分の欲望に副はないで其の效力を發揮することの出來ないのも一種の浪費である。

適財選擇の法則により財物の種類品質分量の選擇宜しきを得て學校の學習的活動に適合する財物を購入消費することが出來たならば廢物も出來ず浪費も無くなり社會的餘剩を增加することが出來る。既に適財を選擇し得たならば更に之を適當な時と場所とに於て消費し十分に財物の效力を發揮しなくてはならぬ。交換交通の路開けて財物を適所に消費することが出來、節約貯蓄貯藏の路開けて財物を適時に消費することが出來る。

限界效用均等の法則によつて財物を消費する所から財物分用の法則が出て來る。財物分用は財物を種種の用法によつて使用することにもなり時を異にして使用することにもなる。手工や家事の料理の時などに財物分用の法則は最も多く適用される。

財物は多人數が共同して其の能率を發揮する。圖書や器具器械の共用は勿論庭園や美術品も共用によつて其の效用を增加する。校舍の如きも晝夜共に使用し年中休暇なく使用することによつて能率を增進する。

財物は適當に配合して之を消費すると大に其の效力を發揮する。學校及び家庭の裝飾、食品獻立の作成、衣服の着付等に於て何れも財物の調和を必要とする。例へば鹽の如き單獨に之を用ひては消極的效力しか表はさないが他と調和させると大に積極的效力を表はすものである。

人の欲望も多種多樣で之を滿足させる手段も多種多樣であるから强ひて或る財物を使用ずることなく澤山の財物中から經濟的に選擇して使用することが必要である。人は幼少の時から消費變更の法則に從つて或る財に代へて他の財を使用することに慣熟せねばならぬ。又或る財の代用品を考へて置くことも必要である。技術品製作の學習などに於て消費變更の法則を適用し得る場合が多い。

欲望代用の法則により經費を要する有形財の消費の出來ない時に精神的欲望の充足を以て之を補充する事がある。粗末な學用品も父母教師の親切に感謝すると頗る愉快に滿足に使用出來る樣なものである。

財物の購入消費は豫算により一定の計畫の下に實行することであるけれども決算の際に過去を回想すると其の行動が學習の法則にも經濟の法則にも適合して居ないことがありがちである。之には種々の事情もあつて一概に云はれないけれども十分に反省の價値はある。世人は一般に豫算には注意するけれども決算に注意を缺くことが多い。決算によつて每月又は每年の會計を考査し理財の巧拙、節約の方法、收入增加の方法等を十分に考慮すべきである。

四、消費の修練　生活によつて生活を向上させる學習に於ては經濟的消費を頗る重要とする。實に生活することは消費することである。然るに從來學校に於ては生產を重視して消費を輕視した。卽ち繪畫を生產しても繪畫の消費によつて生活することは殆んど無かつた。音樂の生產はあつても音樂の消費は無かつた。生產は勿論大切だが其の生產財を消費して人物を生產することに於て意義があるのである。人物生產の學習に於て消費の修練は非常に大切である。

消費的修練の第一としては欲望の統御である。欲望を統御して全我的活動が出來るので無いと適當に財物を消費して經濟的生活を完了することは出來ない。第二は消費に關する經濟的知識を修得することである。消費の方法に暗いと不當消費をすることが多い。欲望を陶冶して其の種類を多くすれば種々に欲望滿足の方法を講ずることが出來る。第三は日常の學習生活を經濟的にすることである。財物の購入消費、時間及び勞力の經濟的消費は注意すればそれで生活は經濟的になる。第四は經濟的生活が道德的生活及び宗敎的生活とに調和することであり。此等の生活は何れも人生の目的を遂げる方便であるから互に調和することが出來る。

以上に於て一通り學校の經濟的活動を說明した。學校成員が悉く經濟的活動に勘能となつて學校の經濟的活動が始めて全くなる。學校成員は種々あるけれども協同して其の經濟的能力を進轉させる所に學校の進動は效果する。（完）

学級経営汎論／合科学習に於ける学級経営と其の功過／
学習法の実施と学級経営／学級経営案と学級経営

學級經營汎論

主事　木下竹次

第一　學級經營の意義

一　教師が兒童生徒を個人的に教授し訓練することは不經濟不能率であるばかりで無く教育的に見ても十分とは云はれない。そこで兒童生徒を團體に組織して教授し訓練する學級的取扱と云ふものが工夫された。此の時學級と云ふのは教師が同時に教授し訓練する兒童生徒の一團を云ふのである。此の學級教育が大に教育者に推奬せられて世界を風靡した。今日の多くの教育者は學級教育の效果に殆んど心醉して居る。彼等の心の奧底にまで泌み込んで居る。然るに近來は其の效果に漸次疑問を挿むものが出來て種々の改案が顯はれた。バタヴィア式の如きは學級教授に個人教授を加味したものである。分團《グループシステム》式の如きは學級教授を基として分團教授を高調し之に個人教授を加味したものである。更に最近に於ては教師の意志を中心として兒童生徒を直接に支配する教育或は教授よりも寧ろ兒童生徒が自分の意志を中心として教師指導の下に自ら自己建設を行ふ所の學習が重んぜられる樣になつた。從つて個人的に活動することが重視せられることは勿論のことである。プロゼクト、メソッドは學習材料を定める所に個人の自由を認め、ドルトン、プランは學習の方法に於て大に個人の自由を認めて居る。併し共に未だ學級教授の臭を脱することが出來ない。此等の方法を採用する人は學習教授を存續することを寧ろ誇として居るのかも知れない。彼等は教育又は教授と學習とを二元的に見て採用して居るのである。私は學習一元で自己建設を行はうと云ふので、其の學習の中に教授と云ふ直接指導の場合を認める。同樣に訓練を認める。卽ち教授訓練は學習の一側面と見るのである。併し所謂學級教授を行うて新らしい學習材料を處理する所から學習を始めることを正則とはしない。學習には獨自學習と相互學習とがあつて新材料の學習には何時でも獨自學習から始めて相互學習に進み更に必要があると獨自學習を再び行ふのである。**獨自學習は其の名の示すが如く單獨で學習することで必ずしも團體を組織して居らねばならぬことは無い。され**

ど學校に於ては兒童生徒で學級と云ふ團體を作つて置いて其の中で獨自學習又は相互學習を行はせることが便利であり且つ必要である。斯くして置いて時には學級を解放して純個人的に學習させることも勿論必要である。從來の教育組織に於ては此の學級解放と云ふことが殆んど無かつた。斯く云ふと學習組織に於ける學級は教師指導の下に協同的に自主的に學習する所の兒童生徒の一團である。學級內の獨自學習は自主的に生活進行を續けることは勿論であるが孤立して學習するのでは無くて學校內又は學級內に於て他の兒童生徒と協同的生活を遂げて學習するのである。學級內の相互學習に於ては協同に學習することは其の名に依つても推察が出來るが此の際學級成員は何れも獨立の意志を以て自主的に相互學習に參加するのである。此の點に於て從來の學級教授とは根本に於ては性質を異にして居る。

二　學級は人と物との二要素で組織せられる。學級は團體的活動單位で又教育行政上の實行單位である。學級は一種の構成社會で一の生命を持つて居る。從つて成長發展もすれば頽廢死滅もする。學級は學校と同樣に自身の目的に向つて內部から成長發展する有機的性質を有し精神的に統一されて居る。其の精神は學級成員に普遍して居る。之を學級精神と稱する。學級精神の發現を級風と名づける。云はゞ學級の品性である。級風の樹立は學級の生命である。級風を樹立するには學級活動の全體を包含して進行せねばならぬ。每日每日の學級各成員の活動と學級の團體的生活とを按排して級風を發揚する。玆に學級經營がある。學級經營とは學級自ら計畫し處理し成長し發展することである。學級を經營するものは學級の成員全體であるべきである。然るに從來は學級經營は教師のみの仕事であつた。兒童生徒は只々教師の指示に追隨するものであつた。之では眞の學級經營とは云はれない。學習の立場から見るとよしや之で級風が樹立されても不滿足なものである。學級各成員に取つて學級は一の環境とも云ひ得る。學級成員が此の環境を成長發展させて行く所に大切な學習が成立する。そしてそれに依つて強く自己を社會化して行くことが出來るのである。各兒童生徒は誠實に自律協同し自ら進んで歡んで其の分に應じて學級經營に參加しなくてはならぬ。之が爲めには學級各成員は各自の修學修養又は自體修練について努力し相共に工夫計畫して學級精神の伸展を圖ることは勿論學習室内の清潔整頓も時計の始末も破損修繕の如きも自ら進んで之を實行するので無くてはならぬ。

三　學級は學校を構成する要素である。澤山の學校兒童生徒を分けて學級を組織して之を一の活動單位として置くことは學校の發展に缺くべからざることであるが各學級に自立、協同の精神の無くてはならぬことも明かである。現時の各學校に於ける各學級は互に敵視すると云ふことは無いにしても餘りに無關係である。學級の限界を撤して協同に修學することも尠なく又協同して學校自治を行ふことも殆んど無い。之では如何に級風が發揚されて居ると云はれても決して十分とは云はれない。私は學級に於ける成員相互間の關係の樣に學級相互の間に關係が成立して學校全體が有機的に成長發展することを痛切に要求する。學級を組織して置くことは必要だが時には學級を解放して學級を超越した協同活動が行はれ或は各學級が協同して修學修養修體する機會の多くなることを望む。兒童生徒が社會を發展させる修練は此處に開展する兒童生徒が所屬學級内にのみ止まりて學習せねばならぬことは無い。時には上學級にも下學級にも這入つて其處で學習することを許しても宜しい。從つて他學級擔任の教師又は他學科受持の教師に十分指導して貰うて宜しい譯である。斯くして兒童生徒は各教師の長所に就いて學ぶことも出來る。各學級の教師や兒童生徒は各自の成長發展に留意すると共に學級全體の爲めに努力せよ。學級全體の爲めに努力すると共に學校全體を考へ學校と學級とは全と分との關係であることを十分に味うて居らねばならぬ。各社會間の關係も國際關係も如上の味得によつて能く悟了することが出來る筈である。實に從來の教育は團體的取扱を大に尊重して居ながら社會をその中に發見することは出來なかつた。それと共に團體中に個人を發見することも出來なんだ。不徹底極まる。學習は社會と個人とを認めて組織を立てる。

第二　學級に於ける環境整理

一、學習組織に於て環境整理は頗る重要なる位置を占める。環境の成長發展を圖ることは學級成員の學習そのものであるが同時に學習指導者の重要なる任務である。而してその學習指導者そのものが實に重要なる環境である。從來の教育に於ては此の學習指導の位置にある教師なるものが餘りに働き過ぎて他の幾多の環境を無視した。それで教師しかも學級擔任の教師一人で學級に對する教育の全體を負擔せうと努めた。從つて教師は學級成員の全體に總べてを教授し總べての訓練を行はうとした。其の志は賞すべきも其の方法は誤つて居る。此の如きことを爲しても學級を十分に成長發展させることは困難である。教師最大の努力は學級に對する總べての環境を活かすことである。換言すれば學級成員全體に遺憾なく環境創造を行はせることである。環境順應の如きは當然その内に含まれる。教師の努力する要點を斯く考へると教師は如何に働いても働き過ぎると云ふことは決して無い。教師の間接指導の尊い價値を存することは勿論だが、成るべく避けて居る直接指導も此の意味に於て活きて來る。直接に教授し訓練することも決して絕對に排斥すべきことでは無いが其の場合と程度とを適當ならしめることが重要であり困難なことである。實際の工夫としては直接指導は全廢する位の意氣込で間接指導を有效にすることを考へないと直に直接指導が多くなつて間接指導が灰滅する樣になるのである。直接指導は從來の教師が考へて居る程有效なものでも無く、假令有效であつても兒童生徒を受動的にする。

二、學習指導者が健康で理財の能を有し徹底的に眞を愛し美を愛し善を愛し人間の不完全その儘で安立することが出來て自分の生活全體を自己建設の機會とし之と共に學級に對する總べての環境を活かさうとする人であつたならば其の人は當該指導學級の至寶である。斯の如き次第であるから教師は眞に自己の職務を愛することに依つて全自己の發展を圖るべきであるが、それと共に常に自己の不完全に顧みて自分の力を過信してはならぬ。自分の長所のみを發揚して徒らに短所を隱蔽すると兒童生徒は教師の犧牲となることが多い。教師も一時の名聲を得素人を感歎させることも出來るであらう。併し之が爲めに兒童生徒は全的發展を遂げることが無いから畢竟は自分が十分に學習指導に生きることが出來ない。斯くするよりも寧ろ自己の短所を救濟する方法を講じたが宜しい。之が爲めに常に學級全成員に全環境を善用利用させることと他學級擔任の教師と相互扶助を爲すこととを忘れてはならぬ。斯くすることは決して教師自身の學習を怠つても宜しいと云ふのでも無く又教師自身の威嚴を損し品位を落す所以でも無い。教師が學習に徹底し眞に兒童生徒を愛し宏量を以て學級に對するならば學級は自ら發展して行くものである。

三、家庭は學級に取つて亦重要なる環境である。出來るならば學級成員の家庭は單調でなく種々の異なつた生活を遂げるものであつて欲しい。何れの家庭も農家であり或は商家であることは時には便利なこともあるが學習には面白くない。兒童生徒は各家庭が異なつた生活をするから學級に種々異なつた學習資料を提供することが出來るのである。爲めに社會的に眞に協同する人となれるのである。學級成員の家庭が單調であるならば何等かの方法で其の缺陷を補ふ所が無くてはならぬ。併しその單調であることは共通の學習資料を得るには便利の多いことは疑ひを容れない。從來の教育は此の家庭を利用することに氣づかず教育に關する施設を盡く學校内に求めた。それに概して學校經費が貧弱であるから支障が多かつた。學習資料を各家庭から取ることにしたら便益大なるものがあらう。

學校と家庭との連絡の爲めに父兄談話會を開き一家庭から父母は勿論成るべく多數出席して貰つて懇談を遂げる樣なことも勿論必要であらうが、それと共に學級成員の學習生活を學校と家庭とに通じて一貫させることを最も根本の策とする。之が爲めに學校が社會教化の中心となることも出來る。飜つて考へると學校と家庭と能く連絡出來て學校は家庭から有形無形の扶助支持を受けて學習能率を高めることが出來るのである。

學級成員は家庭に住むと共に社會及び國家に住して居るのである。家庭が學習の背景となるならば社會も國家も學習の背景となるのである。此等の各種の社會が背景となつて學習を扶けることは同時に學級成員が此等の社會の發展を圖ることを意味して居る。此の如き學習に於ては兒童生徒が自由に學習材料を取つても彼等が日本人の本質を發揮しない譯は決して無い。而して學習の本質が進歩的のものであるからは日本人の生活を進歩させられることも勿論である。教師は適當に學級の成員を解放して學校の外に導き各種の社會の人と物とに接觸させることが必要である。斯くすれば教師は兒童の保護に心配は多い。兒童生徒も悖德の行に導かれることも勿論多いが他方から考へると之が爲めに學級全體が非常に豐富な學習資料と學習機會とを得られるのである。品性は激流中に成ると云はれて居るのは意味深長である。

四、學級の環境としては更に自然と人工的設備とを考へねばならぬ。鄕土は偉大なる學習場であつて自然を含み家庭を含み其の他種々の社會的施設を包含して居る。實は學校も其の中にあるのである。此の鄕土を利用し學級各成員が鄕土に直面して鄕土と交渉し敢て其の間に教師を挿まないことが必要である。只教師は其の鄕土と學級成員との直接交渉を扶助すれば宜しい。學級成員を解放して鄕土に直接交渉を行はせるが宜しい。之がやがて彼等と宇宙の萬象と直接交渉を爲す基礎を作るのである。只此の種の解放には面倒がある、困難がある。危險がある、責任が附き纏はる。それに新たらしい施設としてくだらない非難が伴ふ。此等の難關に對しては教師も兒童生徒も十分細心大膽に之を突破する覺悟を持たなくてはならぬ。時には互に堅く握手し、時には相共に涙を呑み、時には忘我の境に入つて大に伸びて行かねばならぬ。

學校内の設備又は學習室内の設備にのみ依賴して其の他を顧慮しないとは宜しくは無いが、さればとて此等の設備を忽にしてはならぬことは申すまでも無い。我が國從來の傾向は此の設備を重視して居らない。從つて此の種の研究も乏しい。時には反つて設備費の不當節約を得意氣に吹聽するものすらある。大に誤つて居る。學習の全方面から考へて符號形式の方面にも實事實物の方面にも十分に設備を爲したいものである。修學修養修體の設備としても餘り狹く考へないで遊ぶ道具も睡眠に必要なものも又直接に從來の所謂敎育に關係の無い樣なものも設備するが宜しい。今之を詳論するは紙面の許す所で無いが、忘れてならぬことは此の設備を連續的に成長させることを怠つてはならぬことである。あらゆる工夫をして設備をするのは宜しいが設備されたものを使用することのみに腐心せず之と共に設備を成長させること特に學習者自身の力によつて成長させることが學習の仕事として大切なことを悟らなくてはならぬ。設備を靜的に考へないで飽くまで成長的に考へて行きたい。設備を成長させるのには購入のみに依つてはならぬ。製作、拾集。採集、借入、持參、等幾多の方法を利用せねばならぬ。

設備の利用には其の方法を知るべきは勿論必ず之に感謝と愛護の念とが伴はなくてはならぬ。其處で始めて誠實に設備を利用出來る。學習の眞義が此處に初めて發揮せられる。

五、學用品の使用について贅澤をすることの宜しくないことは多言を要せぬ。學用品を一定することに依つて學習上經濟上管理上に利益のあることは決して否定することは出來ない。併し其の反面に不利のあることも知らねばならぬ。學用品を一定し其の上不當に節約を加へることは學習の發展上大なる弊害が伴うて來る。劃一的敎育を打破した學習組織に於ては學用品を一定することは出來ない。學習相應の學用品を使用するので無いと學習上偉大な效果は得られない。パステールも使用せず油繪具も使用しないで圖畫の發展は望まれない。手工や裁縫も之と同じく材料を餘り限定しては大なる發展は覺束ない。從來は之に氣附かず一向に節約に留意した。父兄とても子供の學習成績がめきめきと上達すると小言を云ふことは尠い。又父兄も子供の學習の爲めに特に努力して經費を提供しても敢て差支へる譯でも無いが如何にしたものだらう强迫敎育を行ふ小學校に於て學習相應の學用品を使用出來ないものがある。之に對しては父兄後援會の樣なものを作るか、豫算を增加するとかして如何なるものも機會均等に學習の出來る樣にすれば宜しい。適當な學用品を得られないが爲めに伸びるものを伸ばさないで置くのは國家の爲めにも家庭又は個人の爲めにも大なる不經濟であり不幸である。只斯くすれば如何にしても贅澤に陷りやすいと云ふ非難はあるけれども學習組織が立てられ敎師に經濟の考があれば指導はさほど困難では無い。節約は飽くまで美德であるが行き過ぎて常に貧弱なる經濟的根性と經濟的施設で學習的行動を執らせるのは決して得策で無い。現に此の弊が多い。

第三　學習態度の養成

一、學習態度は學習の習慣を云ふのである。學習は自己建設の生活上疑つて解いて行く作用である。學習態度を養成するには指導者は先づ其學級と學級各成員との環境と心身狀態とを詳にせねばならぬ。更にそれ等の歷史を知る必要がある、斯くして其の學級が以前の擔任敎師によつて如何に指導せられたかを調査し又學級各成員の家庭狀況から資產の多寡に至るまでも之を知り學習指導の根柢を築かねばならぬ。併し此の研究調査から得た概括思想を基礎として學習材料を選定し提供し其の學習方法を指示せうと云ふのでは無い。此の概括思想は極めて大體の方針を樹てる爲めには役立てるが學習材料は敎師の指導の許に學習者の自選に任かせ其の方位も學習者に創作させることを本體として各學級成員に生活せしめ其の生活の過程について具體的に指導せうと云ふのである。

學習態度を養成するのに或る敎科例へば指導者が特に勘能なる敎科から始めて他の敎科に及ぼすのも便宜の方法ではあるが之は寧ろ變則で止むを得ない時に用ゐる方法である。學習の根本方法は各敎科に共通することは勿論修養にも修體にも共通であるから兒童の生活全體に通じて學習形式を採用する方が效果を收め易い。一敎科から他敎科に及ぼさうなど考へるのは兒童の生活を强いて分けて考へる餘臭を未だ脫しないものである。

一學級內の全體について右の如く考へる外に更に學校全體の生活を考慮しなくてはならぬ。學級は單獨に之を經營するよりも學校經營を基礎として之に步調を合せて行くことが得策である。學校生活全體が學習的になつて學習的氣分が兒童は勿論敎師にも小使にも又其の父兄にも充滿する樣になれば學級生活を學習的にすることは容易である。假令學校全體が其の氣分にならずとも學校全體が步調を合せて進むことに努力すれば成功し易いことは勿論である。此の時にも或る學級から始めて漸次他に及ぼさうとすることがあるが之とても變則たることを免れない。變則であつても特別に適當なる敎師と兒童とを具有する學級があつて他の學級は學習的生活をするのに甚だ不適當である樣な時は效果がないとは云はれない。學校に於て何か改革案を實施せうとする時は全校步調を合せることは頗る必要であるが之は困難なことが多い。それで止むを得ず一部分からでも着手するのである。一部分から漸次改革案を實施して或る程度まで效果を收め漸次他に及ぼす方法は一氣呵成の成功は收められないが改革案の實施に障害が尠くて全部的に實施するよりも反つて早く改革案の實施に成功することがある。從つて改革案を全部的に實施するか部分的に實施するかは時と所と人とを異にすることによつて大に考慮を費さねばならぬ。槪して云ふと學校は部分的に學級は全部的に改革案を實施するのが得策である。

二、初學年の合科學習から學習態度を作れば比較的に學習態度は作り易く又能く作れるが高學年に於て學習態度を作り始めると困難が多い。何れにしても學習態度を作るには學習者が依賴心を拋棄せねばならぬ。之を拋棄せよと云ふよりも拋棄せねばならぬ樣に環境を整理するが宜しい。指導者としては兒童生徒が依賴して來るのを突放すのは忍び難いことではあるが彼等が結局に於て悲觀せぬ樣に之を實行せねばならぬ。學習の環境が能く整理せられて居て依賴せずとも學習生活が出來る樣になれば論は無いが、その樣にならぬと學習者は敎師を離れて他に依賴するやうになり徒らに他人から敎示を受ける樣になつて自ら工夫することに努めない樣になり易い。之は學習を始めた初期に起り

易い難關である

特設學習時間を設けて兒童に學習をさせる事は教師及び兒童生徒をして學習に慣れさせるのには極めて宜しい。特設學習時間では兒童生徒が自ら材料を定めて獨自學習を爲すことを本能とする。此の時間では教師は主として學習の仕方を指導するので勿論知識技能を與へることを主としない。特設學習時間に學級を解放して教科別に學習させるか或は學級を纏めて擔任教師の下に學習させるかは學習態度の進歩の度に應じて之を定めねばならぬ。又學校の事情にもよる事である。特設學習時間を毎日又は毎週に幾時間取るか或は一日中の如何なる位置に之を置くか、或は學習時間全體を合科學習の學級の如く全部特設學習時間的にするかは學校と學級との事情によつて之を定めねばならぬ。併し斯くすることによつて相互學習を全廢するのでは無い。學級別學習ならば斯くしても容易に相互學習の機會を得ることが出來るが、教科別學習にすると相互學習の時間を各學級に定めて置くか或は其の都度學級成員に依つて之を定められる樣に方法を立てて置く必要がある。相互學習者が各學級同時で無いと教室に餘裕の無い學校では相互學習の學習室を得ることが出來ない。尤も相互學習を學習室外に行ふならば之は問題にならぬ。又相互學習の時間を特定して置いても之を行ふ必要が無い時は勿論獨自學習を行うて宜しい。

三、指導者が詳細にして且つ最も進歩したと思うて居る學習方法又は學習順序を學習者に示すならば學習の型が早く出來て一見學習態度が立派に出來て居る樣に思はれる。往々斯の如き順序方法が詳しく印刷されて兒童の參考書となり或は其の順序方法が表示されて前方壁面に貼附されたりする。此の方法は速效を收めるのには宜しいが速成法として認められるだけで學習態度養成の本體では無い。斯くすると學習者の方法創作は行はれないから早く進歩が停止する。それよりは始めは下手な學習法でも宜しい。漸次に之を改良して學習方法を進歩させるが宜しい。學習方法が進歩すると其の結果も進歩して來る。玆に學習の興味がある。勿論多少は速成法を加味しても宜しいが主として速成法によると學習の本質たる進歩的特性を失ふことになるから注意せねばならぬ。多くの指導者は速成法を學習態度養成の階梯とするが之には行詰つて失敗することが多い、よしや多少の教示はするにしても根氣よく學習方法の進歩を體驗させる樣に努めねばならぬ。或は指導者の示す所が學習者の仕方を示すにしても更に兒童がその上に工夫を凝らす所が無くてはならぬ。云ひかへると指導者が工夫する資料になるので無くてはならぬ。

學習の初期に於ては學習方法が創作出來ない爲めに不經濟な作用を爲すものがある。それで指導者は速成法を取らうとするのであるが、師弟共に學習態度の養成に苦心し其の失敗に困るのも宜しいことである。學習方法も完成に急ぐよりも不斷の進歩を取らねばならぬ。完成と云うても其の時に指導者が理想として考へて居る事に過ぎない。完成よりも無限に進歩することを目標とするがよい。

彼の家事理科等の學習に於て指導者から指導書を示すことがある。指導書《ディレクション》が詳細であれば兒童生徒創作の餘地が乏しい。又指導書には問題を多く記述することにしても其の問題を考へ出すことが學習者の大なる仕事であることを忘れてはならぬ。指導書はなるべく簡單に書いてしかも役立つ樣にせよ。結局は指導書を與へなくても宜しい樣にせねばならぬ。若し指導書を與へるならば學習方法の幾分かを示し他は學習者自ら工夫する樣にせよ。

四、如何にしたならば創作的學習を遂げる樣に導かうかは何れの指導者も苦心する所であらう。そこで大抵の人は教へて或は命じて創作させうとする。從つて深く創作の過程を考へる。其の仕方は理窟に合つて居る樣であるが多くは成功しない。それよりも教師から最初に教へるとを止めて學習者の工夫で創作せねばならぬ樣に導くが宜しい他方に於ては兒童の興味をそそつて大に學習動機を高めるが宜しい。意志ある所必ず道ありで目的遂行の熱誠あれば方法は自ら生れて來るものである、學習組織が樹立せられて居れば環境が整理されて居るから創作は仕易いのである。創作は想像作用で出來るのであるから想像資料と想像心象の構成作用とによつて創作を遂ぐべきは無論である。尚創作には着想又は着眼の鋭敏、透徹、斬新、奇拔なことが必要である。之には理知を通ほした鋭敏な直覺が特に必要である。文學藝術にも理科數學にも着想着眼の優秀性を高めることは非常に必要であるが何故か從來の敎育は之に注意を拂はず學習者が努力して着想着眼すべき所を敎師から之を敎示するを常とする。現今の敎育が平凡敎育だと稱せられるのは此の點にある。着眼着想の高邁な所が養はれないでは何の發明も發見も無い。ニウトン以前に幾度も林檎は落つた。併し之に着眼して思をこらすものは幾人あつたであらう。

次は創作には努力を要することである。模倣必ずしも容易でないが比較的創作の方は困難で失敗が多い。幾度失敗しても工夫に工夫を重さねて進み創作を完うすることは大精進大勇猛心あるもので無くては出來ることでない。之にも構成的想像と實行的意志の鞏固とを要することが甚だ大である。今一つ注意すべきことは兒童の創作した結果を敎師の型にあてはめて徒らに訂正せぬことである。訂正するよりも訂正すべき所を悟らせ訂正の能を高めさせるが宜しい。敎師が訂正を加へて自己の意志に忠順ならしめ樣とすると兒童は自然に創作の愚を悟つて敎師に迎合するか自暴自棄するか又は邪徑に走つて順當に進むもので無い。それればかりで無く指導者が學習者の長所美點である優秀な萠芽を摘み取ることが多い。

如何なる生活に於ても自分の所有せる創作性を創作的に活動させて創作的生活をするならば生活を藝術化したものである。斯かる生活を爲すことによつて換言すれば此の如き自己表現によつて各種の學習は遂行せられ自己建設が出來るのである。此の如くにして修身科に於ては道德を創作することを學び國語科に於ては他人の文章を讀み談話を聽くことによつて創作的なる自己表現を行ひ、歷史科に於ては史實を通じて歷史を創作することを學び地理科に於ては地球表面に於て創作的なる地理的活動をすることを學び、理科に於ては自ら理科的發見を爲す態度を以て學習して理科生活を高めることを學び數學に於ては自ら工夫して數量的生活を高めることに努力し各種の技術に於ては創作的に自己表現を行ひて技術品を製作することを學んだならば凡ての教科に於て常に自己の建設に觸れた活動を爲すことが出來る。各學習の極めて一部分を取つて見たならば模倣もあらう。意味のない反復もあらう。單に記憶に屬することもあらう。併し學習全體に於ては發動的に創作的學習を爲す色彩の極めて濃厚であることを痛切に要求する。

概して云ふと創作的學習に於ける最大要件は學習者に自由を與へることである。自由とは一方から云ふと外間から束縛を受けないことである。同じく束縛と云うても時代思潮の束縛の如きは意識に上らない、又因果律の如きは之を脫せんとするも到底脫し得ない束縛である。此等の束縛はあつても自由意識を害するものでは無い。此の外に外間の束縛は澤山ある。殊に因襲的教育法則があつて學習者を束縛して居ることが非常に多い。又學習者が無意識的に束縛せられて居る。從來の教育法則でも時代思潮でも事實上彼等の創作的活動を害するものは澤山ある。從來の學級的取扱の法則なるものは無用の束縛を加へて居ることが非常に多い。何れにしても此等の束縛から學習者を解放するので無いと眞の自由卽自律に進むもので無い。自律の無い處に眞の學習は成立しない。

學習態度の養成に最も必用なものは最も大膽なる解放である。解放には學習者の放縱及び危險と外間の非難と責任と損失と教師一身上の危難と時には學校の衰退とが伴ふものである。解放は非常に必要であるが此の如く難關があるから大抵の人は十分に解放が出來ないでよい加減の處で止めて置く。それに世の中の物識りは自由は宜しいが放縱は宜しくないなどと云ふ一應は尤もであるが、之は不斷に生活を進歩させて行かうと云ふ創造的生活者に同情の無い言葉である。實は放縱は之を利用すれば自由獲得の段階となるのである。何等の放縱段階なくして何人か能く自由に到達し得るであらうか。若しあつても極めて機根上乘の人のみであらう。到底之を萬人に望むことは出來ない。注意して解放せよ。しかも大膽に解放せよ。身命を堵して解放せよ。徹底的に解放の成行を觀察せよ。學習者の放縱には寧ろ同情と興味とを以て之を眺めよ。臨機の處置を怠るな。大なる監督力を具備しつゝ、嚴に其の使用を愼め、卽ち大なる監督力を有しつつも出來るだけ之を出さずに自然の進行に任せよ。斯かる内に徐々に學習法を體驗させる。自治自律に慣れさせる。その中に創作的學習態度が出來るのである。玆に非難も終息する。

創作的學習に行詰りは到る處にある。之を突破する所に常に進歩がある。行詰りは常に學習者に解決させることを上乘の策とする。學習者が解決すればとて敎師に苦心が無いのでは無い。實は師弟共に苦しんで解決するのであるが大抵の敎師は第一に自分が解決せうとするから多くは成功しない。假令第一回は成功しても何回も行詰りを打破することは不可能底のことである。學校と學級との學習組織が總べて進歩を目標として出來て居ればともかく單に他を模倣した樣な學習方法にはとかく行詰りが多く出來て何時でも同じ學習結果を出して一向に進歩した結果を顯さず遂に厭倦に堪へない樣になる。之が眞の行詰りである。此の時は師弟共に大に努力して學級の精神の進歩を圖らねばならぬ。批評鑑賞も大に行はねばならぬ。目的批判法も試行錯誤法も行はねばならぬ。之でも尙解決が出來ねば時の力で解決するより外に仕方は無い。油斷をすると創作的學習を捨てて舊敎育法に逆轉する。此の如く苦心して居る所に外間の非難は加はる。他人に冷笑される。父兄に小言を云はれる。當局には喜ばれない。眞に學習態度養成の危機である。大抵のものは志を挫折する。併しながら最早百計盡きたと思ふ頃に來迎の大光明に接するのが常である。そこで思はぬ能力を發揮することがある。之は修學にも修養にも又修體にもある。斯くして折角行詰りを解決しても亦行詰りが出來る。行詰りが大なれば大なるほど解決が出來た以上は大なる進歩がある。玆に努力の歡喜がある。此の快味は實に捨て難いものである。創作的學習の努力も實は此の快味と結合せねば永續するもので無い。所謂大悟十八遍小悟數を覺えずだ。進歩的革新的生活の前途には無數の難關がある。此の難關あるが故に人生には無限の價値が生ずる。前途洋々春の如しである。努力せねばならぬ。

第四　學級發展の徑路

一、如何ほど工夫して發展的なる學級經營法を立案し實行しても缺陷の出ることは遂に免れることは出來ない。學級の發展と共に舊缺陷死して新缺陷が生れて來る。實は其の缺陷を救濟せんが爲めに努力する所に一段の進歩を促進するのであるから決して悲觀すべきでない。學習案を樹てて學級經營をしても初は速急に效果を表すもので無い。氣永に徐々に急ぐが宜しい。學級の發展意の如くならねば悲觀する。學級の發展大なれば慢心する。何れの場合でも功を急ぐのは禁物である。新進氣鋭の教師はとかく功を急ぎ易い。遂には學習を强迫して反つて自恃心を失はせ依頼心を强めさせる樣なことがある。兒童は自分の力で解決が出來ないで遂に父兄とか家庭教師に助力を强請する樣になるのである。兒童は他人に助力を乞ふこと必ずしも惡いのでは無いが自主的精神を失うては最早學習の埒外に出たものである。

學級經營の初期に於ては學習の進度思はしくなくて教師を心配させることがある。それが爲めに教師は多少の注入教授は止むを得ぬと考へ易いがそれは失敗に導き易い。初に進程は多少後れても學習態度が出來て來ると後で補ふことが出來るから心配は無い。此の際教師は兒童の依頼心を去ると共に彼等が自ら自己の生活資料即ち學習材料を取つて學習する樣に仕向けなくてはならぬ。此の時期では時間と勞力と貨財との不經濟も起る。不能率に於いて能力を發揮せぬことも起るが寧ろ之は當然の事である。教師は之を恐れるよりも不經濟不能率では宜しくないことを痛切に悟らせてその改善を工夫させるが最も得策である。初から教師が方法を授けて不經濟不能率を防がうとするのは蓋し賢明な方法であるまい。さればとて何等爲す事がなくて時間を空費するのも宜しくない。宜しく學習組織を立てて環境を整理し適宜に學習者を解放し自由に學習を遂げさせるがよい。

二、兒童が漸く學習法に慣れ依賴心も少々薄くなると彼等は徒らに學習の進程を進め教師に相談もせず狹く淺く進んで止まない。此の時は進程を大にすることに興味を有つて居るのであるから教師から進程を妨害し深く學習させうなど細工するのは宜しくない。それよりも徒らに進程を大にしても廣く深く學習せねば效果が無いことを悟らせねばならぬ。技術品を製作しても技巧には着眼せず只々澤山の製作をせうとする。之も一時的だから敢て恐れるには足らぬが教師が細心の取扱を考へず只其の進程の大なることを天下に誇る樣なことを爲して居れば救濟の出來ない樣なことが起る。適當な時期を見て學習に深みと廣さとを附ける樣に絕えず工夫し工夫させねばならぬ。

兒童が教師に相談もせず助力を乞はず教師を離れて進んで止まぬやうになると教師は兒童を世話する場合が無くなる。進んで個別指導を爲す方法を考へる代りに教師は自分の勉强を始めたりする樣になる。中には之を得意にして居る教師もあるが誤つて居る。兒童生徒の學習中徒に教師から干渉するのは宜しくないが教師と兒童生徒と交涉して有效な場合も亦澤山あるのだから教師も兒童生徒も此の場合を考へて宜しい。右に反して無暗に無用の疑問を頻發する時期もある。人をして不快に堪へない樣にすることもある。非難は多く此の時に起る。研究の無價値を叫び教授の效を說かれるのは此の時である。併しあせつてはならぬ。此の駄問頻發も進步の一段階である。

相互學習の時に徒らに議論をするのも免れることの出來ない一段階である。徒らに議論をするのは適當に議論をする樣になる入口である。只教師が注意しないと此の缺陷が相應に長く續くことである。此の際は大に獨自學習を奬勵せねばならぬ。その次に議論の方法態度を悟了させねばならぬ。斯の如く議論に走る兒童生徒があると共に全く沈默に陷る兒童生徒もある。之を强迫して議論させるのも一概に宜しいとは云はれない。之を强迫せぬことが宜しいことも澤山ある。併し原則としては全成員が何れも心置きなく意見を發表する樣になる事が最も望ましい。教師の指導が宜しければ必ずしも困難でない實例がいくらでもある。

三、漸く學習態度が出來ると自ら能く學習すると共に又能く他人に助力を乞ひ飽くまでも自主的精神だけは失はぬ樣になる。父兄に教へて貰ふのも一槪に非難は出來ないが父兄に教へて貰うて自分の硏究の如くせうとするのは宜しくない。學級全成員が優中劣何れであらうとも何れも自分の力を伸ばせるだけ伸ばす樣になれば結構である。學級の雜務はなるべく兒童生徒に分擔させて教師でなくては出來ぬことを教師がする樣になり主として兒童生徒の學習の相談相手になることに遺憾の無い樣にするのが最も宜しい。學校も學級も煩鎖な法則を各學習者に課するとなく學級又は個人の自治が最も能く行はれる樣にしたいものである。學級各成員が自らなすべき事、自ら言ふべき事、自ら味ふべき事に遺憾なく學習が遂げられて無限の學習材料を適宜に駕御して負擔重に苦しむことなく新境地に立ちて其の處理を誤る樣なことが尠い樣になると共に他人とは能く協同して寬容の美德を發揮する樣になれば餘程學習態度は出來たので學級の經營も漸く效を奏したのである。

四、終りに進級について一言する。學力は如何にあらうとも德行は如何にあらうとも一定の期間努力し學習したものは進級させて宜しい。學習者は一樣に發展せず飛躍的に發展することも多い。進步に遲速があつても學習組織で以前ほど邪魔にはならぬのであるから進級に餘り心を苦しめる必要は無い。一樣に嚴密に步調を揃へて進ませる樣なことをすると進級試驗とか採點とか云ふ不自然のものが飛び出して來る。

現今では進級の時期が一定して居るが實は學習の仕事を終へた時を以て進級させるのが適當である。學級的一齊取扱を重視する時ならば仕方もないが學級成員各自に進度を取らせる學習組織に於ては寧ろ教科進級にしてしかも適當な時期に學習の仕事を幾回も認めてやつて進級させるが宜しいと考へる。教科進級にしても各自所屬の學級は變更しないが宜しいと思ふ。自分の學級は自己所屬の社會である。之を捨てて他學級に編入せられるのは云はば自國を出でて他國に歸化する樣なものである。所屬學級は變更せずして自由に他學級に出席し得る樣にすれば宜しい。斯く云ふとも學校內の各學級を現今世界の獨立國の樣に取扱ひたいと云ふのでは無い。しかし大なる學校に於て學級と云ふ團體は如何に協同が進んでも廢止せぬ樣にしたい。各學級は飽くまで學校內の協同團體であれば宜しいと思ふ。所屬學級を變更せず他の學級に出席して學習するのが今日の學校と社會とを最も多く類似せしむる良法であると思ふ。

合科學習に於ける學級經營と其の功過

訓導　鶴居滋一

一　はしがき

告白する、私は幼學年兒童の教育については全くの無經驗であつた。隨つて最初私が尋一の受持と發表された時は多大の不安と疑惧に慄えた。――自ら内に省みて其の總ての空しさを思うて――而もそれが合科といふ耳新しいものであつただけ、それだけ私の心配は一通りでなかつた。何をどうして何處から手をつけていゝやら少しもわからなかつたぐらゐである。

けれども私が幼學年兒童の教育について全くの無經驗であつたといふことは、私にとつて何も悲しむべきことではなかつた。慾じつか碌でもない舊習に囚はれやうより兎も角も自分の思ふ存分にやれることは、くすぐつたい嬉しさであつた。恐らくは無謀に近い大膽さで、私が所謂合科學習の指導に當ることの出來たのは――無論缺點や罪過の多いことではあらうが――要するに過去に於て古い型を持つてゐなかつたためであるとも言へる。

乍併それは私のために決して安易な道ではなかつた。幾度か行き詰り、幾度か悶え、幾度か苦しんだかも知れない。けれども其の度毎に深く思を致し、靜かに考へて見れば、必ずや「窮通」の一路が豁然として開けて來るのであつた。實に時間は一切問題の最善な解決者で、初めの悲觀も憂慮も、軈ては無限の勇猛心と變じ、期待と希望を次第に自分の學習指導上に繫いでいくことが出來た。

扨て現在の私は尋常二年の受持であるが、本誌が一般同僚諸君の前に提供される頃には、大なる偶然的事項の突發せざる限り、尋常三年の受持となつてゐる筈である。故に同學年の學級經營に關する愚見をのみ書けばいゝやうなものであるが、それではどうしても隔靴掻痒の物足りなさがある。そこで乍蛇足大體尋常一年當初の計畫から筆を起し、其の功罪の結果に鑑みて立案したる尋常二年の經營法、更に其の成績の長短に照して、將來する新學年への歩み方を書くことの一層妥當であることを信ずるのである。

序でながら私は面皮を厚くして、失敗も成功も極めて赤裸々にあけて見ようと思ふ。一體從來の教育雜誌にしても著書にしても、殆んど其の示すところは「如斯やれば如斯成功した」といふ、所謂成功の部面ばかりが多くて、其の半面にあるべき筈の失敗の部面は先づ出てないといつて過言ではない。でも實際私等日々の仕事が左樣に立派に成功ばかりであるとはどうしても思はれない。これは或は己を以て人を推す所以のものであるかも知れないが、蓋し當らずと雖も遠からざるものであらう。尤も失敗ばかりではまた一向參考にならぬことであるから、「如斯して如斯失敗した」そこで「如斯やると如斯成功した」といふ風に述べることの眞實なるに如くまい。以下私は此の筆法でお話をすゝめて行かう。

二　最初の經營案

1　教育理想の考察　前にも言つたやうに幼學年兒童の教育については全然白紙であつた私に、初めから立派な計畫はとても出來よう道理がない、併し苟も人の子を教育して行かうとするのであるから、不味ながらにも自分は自分としての教育理想といふものをもつてゐなければならぬ。そこで理想といふものは「それに向つて希望し努力する現在よりもヨリよき狀態」でつまりは合理的想像であり、詳しくは最深要求の客觀化されたものであるから、どうしても教師其の人の人生觀を中心として生れて來るものである。悲觀說を採らず、樂天說を用ひず、改善說に同意する私が、生活至上を教育理想構成の根本基底に持來したのは當然の歸結であつた。

人類、動物、否生物一般を通じての最深要求、第一義的希求といつたものは何であらうか？眞か善か美か聖か、はたまた金か名か位か、私は先づ此の當面の大問題から徹底的に考へて見た。見給へ、蹈み躪られた路傍のひよろ蒼い草にも、復た起き上つて伸びようとする可憐さがある。日光の直射しない暗黒な縁の下に生えた青白い雑草のひこばえにも、生の限を盡さうとする果敢ない努力が讀める。金の指環が一杯の水と取り換へられたり、プラチナの時計が一箇のパンと交換されたことなどは、昨年の大震火災には決して珍しからぬ事實であつた。これは果して何を物語るものであらうか。

「生きんとする叫び」それが生物一般の根本希求であつて、科學萬能藝術至上の偶像はまのあたり慘めに破壊されたのではなからうか。否科學も藝術も道德も宗教も皆此の最深要求を比較的完全に充足せしめようとする方途としてのみ有意義であり有價値であることゝなる。爰に私は必然の道行として「生活とは何ぞや」といふ問題に觸れて來た。私は思ふ、生も活もともに「生きる」といふ程の意義である。卽ち天與の生命を完全に實現することであつて、生命の存續維持發展伸長の現實的姿態を意味するものであると、隨つて又生活の意味を闡明するためには「生命とは何ぞや」といふ難澁な問題にぶつつからねばならぬことゝなる。

生命の本質――それは恐らく永久の謎であり、久遠の不可思議であらう。といつて私は何もそれを曖昧の裡に誤魔化さうとするさびしい心を持つての言草ではない。縱令之を生物學的に眺めて、新陳代謝、勢力轉換、形體變更――榮養生長運動感覺生殖發育等の作用をなすものとしても、それは畢竟生命の光、生命の輝であつて生命そのものの本質でもなければ實體でもない。更に之を哲學的心理學的に觀じて、無限の願望不絕の要求、不斷の流轉であるとしても、それは所詮生命の機轉であり、生命の現象であつて生命そのものではない。

尤も生命の本質實體を確めようとの努力は、希臘の自然哲學時代から相當に續いてゐる。或は之を火とし或は之を水とし、又は原子とし瓦斯とし、更に最近（大正十二年八月所見の雜誌）には之を電氣であると唱導してゐる外國の學者もある。卽ち人間に於ける陽極は腦髓で、陰極は肝臟、而して其の交感を掌るものが神經系であつて、所謂「死」

とは此の陰陽兩極が飽和した狀態であると、何れにしても私には是等の所說を直ちに安價に承認する譯にはいかない。けれども生命の實體は兎も角として、生命の機轉——本源的作用が發達生長であり、伸展活動であり、而もそれが有るや無しやの影でもなければ假有でもなく、事實であり眞在であることは明に認めなければならぬ。で、私は生命の本質を云爲しようとは思はない、唯其の新しき力、それを歎美してゐるのみである。生命それ自身が發展伸長の活力を具有し、自ら動き自ら求め自ら伸び得ることが可能であるといふ事實は否定すべきよすがもない。此の自生自長の不可缺的絕對性から、必然に心身ともに永久不斷の强い要求を起して來るものであるといふことも認めねばならぬ。生活とは斯うした生命の本源的機轉の活動及び其の充足に他ならぬのである。要するに人生乃至人性の第一義的願望は、生活卽ち各個の生命を遺憾なく伸展せしめることであつて、橫の擴充たる自己保存、縱の延長たる種族保存、此の二つが所謂生活の二大衝動である。こゝに生命の普遍性と永遠性がある。

さて問題は「如何にして生くべきか」の一事に存してゐる。永劫の靜寂卽ち「死」の世界には何の願もなければ何の望もない。隨つて其處にはもう何の不滿も起らなければ何の不足も感じない。悲しみも喜びも悶えも惱みも一切を超越した所謂「あの世」は、實に深海の底のやうな暗さと冷たさの無窮に永い連續であらう。「生きんとする叫び」これあるがために現實の世界は形造されてゐる。草も木も鳥も獸も乃至人間も皆此の「生きよう」とする强烈な要求のためにのみ生存の意義を繫いでゐる。眞實に自己の姿を凝視して、眞面目に生活に生きようとしても、それが各種多樣な事情に制約されて自由に生きることが出來ないために、煩悶があり懊惱があり葛藤があり動搖があるのだ。又それがために努力があり精進があり進步があり發展がある譯だ。總べて現實の哀愁も歡樂も此の最深要求の滿されるか否やといふ點から發してゐる。

「滿たされたる世界」完全の世界、それは唯神の世界究意の理想鄕に於てのみ見られることであつて、生物の世界人間の世界、現實の世界には望むべくもない、若し各個の生命が何の支障もなく制限もなく、悉く自己の最深要求を完全に滿たし得るならば、其の理想鄕は所謂眞善美聖の一如たる神の世界に同在し得る譯で、また實に其處には最早眞善美聖の何ものもない。何となれば眞善美聖は人生の生活卽ち生命實現の方途又は樣式に卽する、それ〴〵僞惡醜風の對象語であつて、悉く眞、皆善、總べて美、全く聖なる境地に僞惡醜風の存在を豫想することは出來ないから。

然るに事實は此の第一義的願望が、遺傳による先天的內部的障害や、環境による後天的外部的故障によつて、完全に滿たされぬところに煩悶があり葛藤があり、悲しみがあり喜びがあり、奮鬪があり修養があり、眞善美聖があり、所謂人生があるのである。科學も道德も藝術も宗敎も、所詮は皆此の煩悶と葛藤が產んだ人間世界に特有のものである。

神の世界はもとこれ八面渾融の美はしき姿である。之を人間生活の道德といふ方面から眺むれば、善の究竟卽ち絕對善、藝術の方面から見れば、美の究竟卽ち絕對美等しく科學の方面からは絕對眞、宗敎の方面からは絕對聖であるべきものである。斯くて「滿たされぬ世界」の人生に於て、眞の發見に努力するところに科學は生れ、善の實行に精進するところに道德は生れ、美の表現に奮躍するところに藝術は生れ、聖の境地を渴仰するところに宗敎は生れる。爰に人生又は人性の眞相卽ち意義と價値は、不斷の努力であり奮鬪であり、絕えざる向上であり伸展であること丶なる。人間が眞實妥當に生きんがために、眞善美聖の何ものをためざして進むとき、專念一意に勤行すれば遂に其の究竟に到達することも決して不可能でない。而もそれは神の世界の美はしき姿の一面に接し得たのに過ぎないのであるが、こゝに「人卽神」「個卽絕對」「特殊卽普遍」の妙境に到達したとも言へるのである。故に人生は生きんとする惱みと悶えの上に立つた努力であり精進であるといつても敢て過言でない。換言すれば各人の生命が最大限度に實現された生活の最高度に於ては、其の限りに於て全智全能の神の一部も融合全體することが出來るのであるとも言へよう。要するに私は何處までも生活至上の立場に立ちたい。科學も藝術も道德も宗敎も、皆私ども人間の生活と沒交涉であつては何の權威があり價値があらう。私も人並に美至上だの藝術至上だのと、大きな口がきゝたいが、今の場合自分の內省と思索の所產を欺いて、さうした卽斷と盲信にくみしかねる。

上叙の如き私の思想が「生活卽學習」を以て敎育理想となすに至つたことは當然である。此の方面から所謂合科學習にはいらうとしたのが、私の最初の計畫であつた。兒童期、特に兒童前期に屬する幼兒期の生活は本能や衝動や習慣に支配されてゐることが多い。故にそれ等の硏究は敎育の根柢をなすべきもので、知能生活も道德生活も、其の上に築かるべき筈のものである。而も此の本能衝動等は人生々活に一つも無益無用のものはなくて、皆適當に發展させる必要がある。從來の敎育は之を人爲的に抑壓して、伸びんとする萠芽を剪摘することが多かつたのではなからうか。

學齡前後の幼兒の生活は大部分聚合本能又は總合本能と呼ばれる遊戲によつて占領されてゐる。彼等は此の遊戲の中に各種の將來生活の萠芽を自ら培養して行く、而もそこには何等の制約もなければ拘束もない――時間割もなければ敎科書もない。唯本能的衝動的感覺的の行動をしてゐるに過ぎない。が併しそれは彼等自身としては渾一の生活、總合の生活、分科以前の生活であつて、卽ち意識的にも無意識的にも最良至善の自然的な生き方――生きんとする叫びを充足する至良の方途についてゐるのである。それを大人が分科的に組織され訓練された頭で、勝手に幼兒の生活なり經驗なりをきれ〲にしてしまつてゐたのではあるまいか。私は合科學習の立脚點を此の理不盡を可及的排除して、分科以前の生活を學習にまで持來し指導しようとしたのである。

何となれば由來遊戲と課業とは其の起源に於て其の本質に於て全く同一である。人間も其の仕事をなすに當つて自發的に興味ある遊戲をなすが如く――之れは仕事である、これは食ふためであるなどと考へず――物我一體自他平等になり得た時が最も愉しいのではあるまいか。此心的狀態が美學の所謂美であらう、藝術家が創作に熱注して寢食を忘れた時の狀態である。道德に於ても亦然り、人のためとか社會のためとかを考へるのは未だ本當でない。道のために道を愛するに至つてはじめて道德の根本を攫み得たのである。「善のために善を愛し」「朝に道を聽いて夕に死するも可也」とは這般の消息をうかがつたものである。

眞善美聖は兒童が遊戲に對した瞬間に於て——彼等には無意識であらうが——共に合一してゐる。此の心事を長く持續させて、兒童をして一切の事物に對し、事物それ自身を樂しむに至らしめるところ、其處が敎育の狙ひ所である。此の心事をもつて道に向ふ時、卽ち「心の欲する所に從つて矩を踰えず」の域にも達すべく、また美に向ふ時、卽ち「三月食を忘る」の境涯にも達すべきであらう。

要するに私の敎育理想を具體的に言へば、「純眞な子供らしい子供」に育て上げようとするのであつた。換言すれば文字や計算の敎授よりも、分科以前の生活を指導することによつて、無邪氣な伸び伸びした子供をつくらうことが私の理想であつた。

2　敎育方針の大要

理想が決定すれば、之を實現する方法は自ら生れて來る。私は大體次のやうな方針によつて、自分の敎育理想を實現しようと努めて見た。

A　個性の尊重

「純眞な子供らしい子供」にまでの敎育には是非とも從來の劃一的器械的敎授訓練を排して兒童の個性に重きを置き、此の個性を正しく且つ充分に發達せしめねばならぬことゝなる。けれども私は兒童の個性を絕對視するものではない。隨つて彼の自然主義敎育者の如く、敎育は全然兒童の個性の發動に委せ、唯其の妨害物を除去すれば足れりとし、一切の干渉を排して總べて彼等自身の活動に委すべきものであるとするものではない。無論敎育は個性の事實に基づくことが必要であることはいふまでもないが、さりとて單なる野生的發展を希求するものではなくて、寧ろ此の個性を「如何に敎育すべきか」の規範の上に立たなければならぬ。而も此の規範は如何に個性を歸納し綜合し演繹しても、其の中から見出すことは出來ない。其處にどうしても敎師の理想、敎師の論理が必要となつて來る。蓋し教育といふ仕事は何といつても兒童と教師との對人的關係の上に生ずるものであるから、兒童の野生的發展のみ要望するものであれば、敢て學校教育を必要としない譯である。乍併こゝに教師の理想といひ教師の論理といふは、決して教師中心に兒童を引きづり廻はすの意味でないことは勿論である。

由來教育上の心理主義と論理主義とは全然反對の傾向をとつて屢論議されるところであるが、兩者は決して反背する性質のものでない。教師の論理といふも所詮は兒童の心理の上に立脚してのことであり、兒童の心理といふも畢竟教師の思惟の對象としてのことであるから、二者を徹底的に考へて見れば、其の間必ずや融合一致の妙境がある筈である。私が個性の尊重を叫ぶ所以は其の妙境を歩まうとするのであつた。それには無益な干渉を排して賢明な指導を必要とすることは勿論である。

B　時間割の撤廢　幼兒の分科以前の生活、渾一の生活を基調として、各自の個性の遺憾なき伸展を圖らうためには、是非とも從來の如く教師の定めた時間割といふものを撤廢しなければならない。私の考が合科學習の一特色である此の點と合致したことは、偶然ながらにも嬉しいことであつた。昨日までは溫い家庭といふ環境にあつて、何の拘束もなく制約もなく、唯感覺的衝動的に生活して來たものが、學校といふ環境の生活にはいつたが故に、直ちに今日からは時間割といふものによつて其の生活が支配されるといふことは、彼等にとつてどれ程の苦痛であり壓迫であらうか、蓋し時間割といふものは兒童の心理狀態といふものを大に參酌考慮の中に入れたものとはいへ、其の根柢には依然として學校の事情と、一年何週一週何時間といふ教科の配當が重きをなしてゐる。これでは矢張教科や學校のための時間割であつて、眞に兒童のための時間割ではなくなる。

生々潑剌傾刻の間も停靜息止することの出來ない兒童を、四十分も四十五分も狹苦しい教室内に閉ぢこめて、「やれ算術」「それ讀方」と注入したところで、それが果して幾許の効果を齎らさう。否そのために彼等の個性は慘害され、彼等の貴重な人間的生命の萠芽は甚だしく摘伐されるのではあるまいか。一體一時間を四十分又は四十五分の授業時間と、二十分又は十五分の休憩時間とに區分したことは、抑も何處に論理的根據があることだらう。「兩方合せば一時間になる」位では、それはまことに恐れ入つた誤迷算である。彼等の生活に依據し、興味多大なる發動的學習の三昧に入つては、幼兒と雖も一時間や二時間は無管理のまゝに學習が出來よう。それを人爲的な不自然な時間割に拘泥して、無性に響く一箇のベルの音によつて左右しようとは何といふ冷たい嚴肅さであらう。こゝに興味は薄れ、思想は斷れ、仕事は中絶して、伸ぶべきものも伸び能はざることゝなる。

所謂管理は兒童が發動的學習態度となつた場合にのみ必要となつて來る。最初から共鳴しない不本意な學習を強ひられてゐる兒童達が、命ぜられた作業に熱心に從事することが出來ないで、喧噪を極めることは當然である。それを「靜かにせよ」とか「しやべつてはならぬ」などと制御し管理しようとするのは、言ふ方が野暮であり無理であるまいか。それ皆不自然な時間割の罪である。故に私は合科學習の本體として此の時間割の撤廢といふことには大なる贊意を表した。そして彼等の望む所、願ふ所、好む所に從つて其の生活を指導し、學習をすゝめることとした。爰にはじめて教科のための時間割でもなく、時間割のための教科でもなく、眞に兒童のため、彼等の生活のための時間割を、而も彼等自身に自由に定めさせることにした。それは合科に於てのみ決して困難なことでも、また無謀なことでもない。

C　教科書觀　人あり、若し「人間のための食物か、食物のための人間か」といふ質問を發した場合、誰しも「無論人間のための食物である」と答へよう筈であるにもかゝはらず、學校教育に於てのみは往々にして「食物のための人間」であるかの如き觀があるからたまらない。明瞭に「人間のための食物」であることを知りつゝ、實際は依然として定質定量の教科書といふ食物に、兒童が時間割といふ獻立で割り込まれてゐるものもある。焉ぞ知らん食はされる兒童の方は十人十色、餅を好む者もあれば菓子を嗜むものもあらう。又其の好むものも五つを適量とするものもあれば七つ食はねば腹の滿たぬものもあらう。にもかゝはず遮二無二に定質定量のものを與へるから、こゝに教育上の消化不良兒と榮養不良兒が生じて來る。これ軈て劣等兒てふ汚名をきせられるものでなからうか。故に折角時間割といふ障壁を除いても、尙ば此の教科書といふものを金科玉條として、逐卷逐條的に使用せしむるに於ては、所謂畫龍點睛を缺ぐの憾みがある。何となれば教師は時間割はなくとも、矢張一ヶ年間にこれだけの材料を濟まさねばならぬといふ強烈な觀念に支配されるものであるから、結局は兒童の要求を度外視して、教師自身の細目や教案による教師中心主義の教育法を採るに至るからである。

勿論教科書は聰明な編纂者といふ大人が、兒童の心理はかくもあらうと忖度して書いた、まことに立派なものであるに相違ないが、「北は樺太千島より南は臺灣澎湖島」まで全國共通のものであるから、時處位を異にする全國兒童に最適最良のものであるとはいひ難い。隨つて私は合科學習に於ては教科書は順序をおうて取扱ふといふ從來の方法をとらず、彼等の必要感に基づきて自ら學習することを本體とすることにした。

D 教科及び進度の解放 個性を尊重して各自に其の天賦の素質を伸ばさしめるためには、教科もまた進度もともに今までのやうに限定するわけにはいけない。一年生と雖も場合によつては地理も歷史も理科も家事も英語も出て來るであらう。又進度としてもずつと上級學年に配當されてあるものに觸れることもあらう。それを一年生なるが故に、比例は早い、分數は敎へぬ、家事は不必要だといふ理窟が何處にあらう。「兒童には六ヶ敷からう兒童にはわかるまい」とは從來敎師が勝手にきめた臆測である。恐らく總べての教科內容の萠芽は一年生の時から大抵現はれる筈だ。其の萠芽に水かけ培つて、次第に存養助長して行かう。「二つ五錢の風船玉四つ買つたお金はいくらか」こゝにも比例の萠芽は現はれて來る。まゝごと遊びの獻立にも、家事の萠芽を現してゐる。要するに彼等の眞實妥當な生活の内に胚胎するものなれば、皆相當に伸ばしてやりたいものだ。彼等の個性の光は何處に其の光鋩を現はすかも知れないものであるから、私は一學年といふ名稱に囚はれたくない、一學年は入學してから一年目であるといふ程の意味にとりたいと思つた。

E 環境と題材について 既に時間割を撤廢し、教科書を逐卷的に使用せしめないことを本體とする以上、兒童の學習題材を如何にして決定して行かうかが大なる問題となつて來た。そこで私は先づ最初は整理されたる環境を提供して、其の内に兒童各自の好むものを選ばしめて學習せしめ、次第には題材主義を採つて、其の題材を學習するに都合よき環境をも彼等自身に選定せしめようと思つた。前者は「ニハトリ」を學習せしめようとする教師の腹案の下に禽舍といふ環境に誘つて自由に學習せよといふのであつて、後者は「ニハトリ」が習ひたいといふ要求があつて後「何處がよいか……では禽舍に行かう」と導くのである。所謂題材と環境の決定は、私は多くの場合彼等の相談と會議の結果に待つて定めることにした。

相談の結果といふことになると、どうしても多數決による場合が多くなる筈である。多數決は依然多數決で少數の不賛成者を含むこととなるが、之は個性尊重を標榜する教育方針と相悖る點ではなからうかといふことが、私には相當の心配であつた。が、よく〳〵考へて見ればこれは決して貴重な犧牲を拂はしめるのではなくて、こゝにこそ一人の兒童に一人の教師がついて指導する家庭教育に於ては、望むことの出來ない社會協調の精神とか團體生活の精神が涵養されて行く譯であり、而も亦それは自己を犧牲にし否定する所ではなくて、實は自己を實現し肯定するものであることがわかつた。

F 大自然と活社會に 生活による學習には二つの意義がある。卽ち過去の生活經驗を整理することは其の一つであるが、これのみでは生活の發展がない。故に現在の生活を指導することによつて學習せしめねばならぬ。そのためには幼兒の教育に初めから狹苦しい教室内に閉ぢこめて、大學式講演でもあるまい。彼等の學ぶべきものは教科書ばかりではない、否教科書それ自身も多くは自然と社會に材料を求めたものであるから、不完全な繪畫や標本によるよりも、可及的大自然と活社會の懷に抱かしめて、生々活潑な呼吸をさせ、豐醇美味な食物を得させたい。山に登り川に遊び、森に行き町に學ぶ、其處には地理の材料も歴史の材料も理科の材料も、乃至修身國語圖畫手工等の材料も豐富に轉つてゐる筈だ。たとへば山に生活することによつて草木禽獸の理科的學習も出來ようし、山地平野河川の地理的學習も出來ようし、敎へ讀み歩測し目測して、長さ廣さの算術的學習も出來よう。綴るもの謠ふもの描くもの、跳ねるもの躍るもの皆何等かの意味に於て學習である。呉々も描くために山に登らしめるのではなく、山に學ぶために描くのであらしめたい。數的生活をさすために川に學ぶのではなくて、川に遊ぶために算術をするのであらしめたいと思つた。

G　**自由より自由へ**　人はよく幼學年の兒童は學校生活に慣れて居ないから、最初は十分に干渉して次第に自由を認めてやる方がよいといふが、私は寧ろ最初から自由に活動させて、次第に其の自由を實質的にも形式的にも擴充させたいと思つた。幼時の自由は卽ち初發の自由であり心理的自由であつて、大人の目から見ればまことに不自由である。走つてはならない所で走つて見る兒童は、成程一見自由のやうであるが、場處柄を考へないで走つてゐるいちらしい不自由さがある。それを自己自身に反省して自律的に、此處では走つてならないと自制することが出來るやうになれば、それこそ眞當の自由である。無暗に叱責し制止したとて、一時的表面的の結果しか現はすものでない。それで利くやうな兒童は將來が知れてゐる。言つても言つても利かない所に兒童の純眞さがあるのだ。大人臭い兒童より、兒童らしい兒童が賴母しい。それが漸次生活することにより學ぶことによつて、眞實な自由人になつて行くのだ。私はさう信じてゐた。

H　管理と統一について　四十四の個性（今は五十三人であるが、入學當初は四十四人であつた）を持つた四十四の兒童を、何處から見ても貧弱な私一人によつて管理し統一することは、甚だ困難であらう。身振も顔容も手眞似も叱責も管理の一方便であらうが、それでは劃一の統御は出來ても眞當の統一は出來ない。統一は形式的平等でもなければ劃一でもない。各自がそのあるべき位置に無理なく不自然なくあることだ。石地藏の行列のやうなものが、必ずしも管理や統一とはいへない。自らが自らの本性に從つて自制し行動するに至らしめることである。そのためにも校内より郊外が適當である。注意を散漫にする虞はあるが、自然的制裁によつて、教師の注意を受けなくとも自己が自己を統御せねばならぬ機會が可也多くある筈だ。これが出來れば室内の管理や統一も自然に出來る譯であると思つてゐた。

I　目に見えぬ效果　要するに個性を尊重し、生活卽學習の立場に立つ斯うした教育に於ては、知識技能を習得せしめることも必要であるが、より寧ろ兒童は兒童としての教育が望ましい。而も知識技能の教育は目に見える效果を現はすが、兒童の人格を人格としての教育は目に見えぬ部分が多い。私は一切の衒氣と虚榮を去つて眞實に此處に盡して見たいと心掛けた。

3　實際教育の方案　上述の如き教育方針による實際方案は仲々に立て難い。全く雲を摑むやうなたよりなさを感じられたが、所詮幾許兒童本位の教育とはいへ、教師は教師としての豫定がなくては、船の進めやうがない。もとより此の計畫は全くの豫想であつて、決して兒童をこれに引き込まうとするのではない、委細のことは實際兒童に當つて見ねばならないのであるが、此の計畫此の豫想が何處まで實現せられ、又は裏切られるかはいゝ研究であると思つて立てゝ見たまでのことであつた。

A　學習材料の豫定　（此處には一學期分のみを示す）

第一週——室內

1　入學式（保護者への注意）　イ、學校家庭聯絡の必要（時々來校して學習狀態を見ること）　ロ、兒童所持品には必ず氏名を明記し置くこと、　ハ、學用品費の費途について、　ニ、兒童の出缺及び遲參早引等のことについて、　ホ、始業時刻及び終業時刻について、　ヘ、通學準備に關する件、　ト、男女兒童服裝に關する件、　チ、學級經營の大體方針について、

2　學用品敎科書の調査、　イ、始末よくせよ（修身卷一の九）　ロ、物を粗末に扱ふな（修身卷一の一〇）

3　學校內の巡覽、　イ、出入口、廊下、履物置場、敎室、運動場、便所、學校園、　ロ、きまりよくせよ（修身卷二の六）　ハ、自分のものと人のもの（修身卷一の二〇）　ニ、人に迷惑をかけるな（修身卷一の二四）

4　既有知識の調査、　イ、主として五十音の讀方、　ロ、數の範圍及び計算能力

——室外

1　春の野邊（郊外法蓮、舊大佛驛跡）（讀本卷三の一）　イ草、　ロ花、　ハ空、　ニ水、　ホ鳥、　ヘ蟲、

2　お話——前の材料により言語による綴方

3　遊戲——てふ〳〵

4　よく學びよく遊べ（修身卷一の一）

第二週——室內

1　既有知識の調査（前週に準ず）

2　時刻を守れ（修身卷一の二）

3　桃太郎のお話（讀本卷一の四四—四五）

――室外
1　春の野邊(前週に同じ)
2　前の材料による話方數へ方
3　遊戯―お客あそび、桃太郎
4　人に迷惑をかけるな(修身巻一の二四)―往復途上左側通行、
文字、五十音の讀方全部
數、百以下の唱へ方數へ方、十以下の加減乘除(餘り急ぎすぎるといふ注意を受けた)

第三週――室内
1　桃太郎のお話(讀本巻一の四四―四五)
2　元氣よくあれ(修身巻一の六)
3　人に迷惑をかけるな(修身巻一の二四)―教室の出入、唱歌室への往復
――室外
1　春の野邊(同前)　イ、花のさま〴〵(採集と分類)　ロ、てふ〳〵の捕集と觀察
2　前の材料によつて、イ、話方　ロ、繪畫發表　ハ、數へ方　ニ、簡易なる問題構成
3　手工―花束の製作
4　遊戯―桃太郎お客あそび(讀本巻二の二)
5　喧嘩をするな(修身巻一の五)
6　唱歌―てふ〳〵

文字、五十音全部、濁音、半濁音を加ふ

數同前（初めの二三週間はゆつくり兒童と遊べといふ注意を受けた）

第四週——室内

1 鳥—雛（讀本巻三の三）　イ、めんどりとおんどり　ロ、おやどりとひよこ　ハ、ひよことたまご　ニ、鷄の形態と習性　ホ、雛についてのお話

2 生物を苦しめるな（修身巻一の二三）

3 親の恩（修身巻一の一一）　親を大切にせよ（修身巻一の一二）

4 手工—花と鳥（自由製作）—紙細工

——室外

1 學校裏手の吉村養雞場（室内學習事項の要項に準ず）

2 雛についての數へ方。話方、描き方、羽を用ひての自作問題構成練習

文字同前

數同前

第五週—室内

1 金太郎のお話

2 元氣よくあれ（修身巻一の六）

3 小鳥（讀本巻一の二—四）　イ、雀、烏、鳩　ロ、同上の形態習性

4 唱歌—鳩、雀

5　生きものを苦しめるな（修身巻一の二三）

――室外

1　手向山八幡宮及び物産陳列場附近の禽舍、　イ、各種の小鳥についての觀察　ロ、飛ぶ鳥の翅及び陸鳥の脚について

2　小鳥の數へ方―平易なる自作問題構成練習　描き方　話方

3　遊戲―鳩、雀

4　兄弟仲よくせよ（修身巻二の三）

文字同前及び五十音の書き方練習

數同前及び漢數字の書き方

第六週――室內

1　私の家（讀本巻一の二二）　イ、家族のこと　ロ、家庭團欒の有樣

2　家庭（修身巻一の一五）

3　親の恩　修身巻一の一一）

4　親を大切にせよ（修身巻一の一二）

5　親のいひつけを守れ（修身巻一の一三）

6　兄弟仲よくせよ（修身巻二の三）

7　手工―豆細工（家具の製作）

――室外

1 お宮、お寺（春日神社、大佛殿、興福寺附近） イ、讀本卷一の七 ロ、描き方 ハ、綴方
2 唱歌遊戯ー金太郎
3 草の實（郊外法蓮附近） イ、採集と分類 ロ、數へ方 ハ、自作問題構成練習
文字、同前及び濁音半濁音の書き方
數同前及び數字練習

第七週――室内

1 おかあさん（讀本卷一の六、卷二の一ー二〇） イ、はさみ ロ、ものさし ハ、ひのし ニ、母の愛
ホ、母と子
2 物尺の使ひ方測り方、問題構成練習
3 親の恩（修身卷一の一一）
4 親を大切にせよ（修身卷一の一二）
5 親のいひつけを守れ（修身卷の一の一三）
6 手工同前

――室外

1 池の鯉（讀本卷二の二三）ー猿澤池 イ、鯉の形態習性 ロ、數へ方 ハ、描き方 ニ、話方綴方 ホ、問題構成練習
2 けんくわをするな（修身卷一の五）
3 唱歌遊戯ーお池の鯉

文字同前
數同前
第八週――室内
1 家に飼はれる動物、イ、牛と馬(讀本巻一の五) ロ、犬と猫(讀本巻一の八、九、巻二の犬のよくばり)
2 手工―粘土細工(自由製作)
3 生きものを苦しめるな(修身巻一の二三)
4 遊技―猫と鼠
――室外
1 市内見學(讀本巻四の二七) イ、市街及び商店の種類狀況、ハ、お話 ロ、自作問題構成練習 ニ、描き方
2 人に迷惑をかけるな(修身巻一の二四) 文字同前及び促音の練習
數同前及び二十以下の數に於て二三四五の累加累減
第九週――室内
1 猿蟹合戰(讀方巻一の一〇―一九)
2 友だちは助け合へ(修身巻一の三)
3 うそをいふな(修身巻一の一九)
4 自分のものと人のもの(修身巻一の二〇)
5 手工―猿蟹合戰の用具製作
6 唱歌遊戲―猿蟹合戰

――室外
1 電車場(大軌停留所附近) イ、乘客の模樣 ロ、發車停車の有樣
2 右の材料につき イ、綴方 ロ、描き方 ハ、算術問題構成練習
3 規則にしたがへ(修身巻二の二四)
4 としよりに親切であれ(同上の二〇)
5 不作法なことをするな(修身巻二の一一)
文字、同前及び拗音を加ふ
數、同前及び基數の加減
第一〇週――室内
1 犬と猫(讀本巻一の八、九、巻三のうちの子ねこ)
2 猿蟹合戰(讀本巻一の一〇―一九)
3 友だちは助け合へ(修身巻一の二)
4 うそをいふな(修身巻一の一九)
5 手工同前
6 唱歌遊技―猿蟹合戰及び猫と鼠
――室外
1 汽車場(奈良驛附近)(讀本巻四の二一) イ、乘客の模樣 ロ、乘車下車の狀況 ハ、發車停車の樣子
2 右の材料につき イ、綴方 ロ、描き方 ハ、算術問題構成練習

3　規則にしたがへ（修身巻一の二四）
4　としよりに親切であれ（修身巻一の二〇）
5　不作法なことをするな（修身巻二の一一）
文字、數同前
第一一週――室內
1　雨（讀本巻一の三、二〇）　イ、みの　ロ、かさ　ハ、からかさ
2　かたつむり（讀本巻一の二一）　イ、巻貝　ロ、二枚貝
3　からだを大切にせよ（修身巻二の九）
4　自慢をするな（修身巻二の七）
5　手工―粘土細工（かたつむり）
6　唱歌遊戲―（でんでんむし）
――室外
1　佐保川附近　イ、巻貝、二枚貝の採集分類　ロ、川についての觀察　ハ、さゝぶね
2　イ、右の材料についてのお話　ロ、綴方　ハ、寫生　ニ、算術問題構成練習
3　生き物を苦しめるな（修身巻一の二三）
文字、同前
數、基數に基數を加へて繰り上るもの、二位數より基數を減じて基數を得るもの
第一二週――室內

1　梅雨、　イ、學校の梅の花　ロ、梅雨と梅の實　ハ、梅雨期の衛生
2　食物にきをつけよ(修身卷一の七)
3　元氣よくあれ(修身卷一の六)
4　螢(讀本卷一の二三)
5　唱歌遊戯―螢
6　手工―粘土細工(梅の實)
――室外
1　學校園(あやめ、花菖蒲)
2　竹と筍(佐保川堤)　イ、讀本卷三の九　ロ、筍から竹になるまで
3　右の材料につき、イ、描き方　ロ、綴方　ハ、話方　ニ、算術問題構成練習
文字同前及び讀替字(フ)(ハ)
數同前
第一三週――室内
1　はこには(讀本卷一の二八―二九)
2　手工―粘土細工(家、橋、石)
3　自分のものと人のもの(修身卷一の二〇)
4　けんくわをするな(修身卷一の五)
――室外

1　たんぽ（法蓮附近）　イ、田植　ロ、田の水と川　ハ、水車　ニ、蛙　ホ、蛇
2　右の材料につき　イ、お話　ロ、綴方　ハ、描き方　ニ、算術問題構成練習
文字同前及び讀替字（ホ）（ヒ）
數同前
第一四週――室内
1　はこには（讀本巻一の二八―二九）
2　夏の衛生―食物にきをつけよ（修身巻一の七）
3　手工―粘土細工（はこには）
――室外
1　うりとなす（讀本巻一の二五）（校内農園）
2　蓮の葉（讀本巻一の二四）（附屬高女の蓮池）
3　くもの巣（讀本巻二の二二）（學校園）
4　唱歌遊戯―木の葉
文字同前
數同前
第一五週――室内―本學期學習事項の整理
――室外
1　郵便局、　イ、葉書　ロ、手紙　ハ、貯金　ニ、ポスト

2 水草と水鳥(博物館附近の池) イ、蓮 ロ、こうぼね(讀本巻一の二四) ロ、家鴨(讀本巻一の三〇―三一)

3 右の材料につきて、イ、話方 ロ、綴方 ハ、描き方 ニ、算術問題構成練習

文字、五十音全部の讀み方書き方、獨音半獨音、抑音、促音の練習

數、百以下の唱へ方數へ方、二十以下の加減乘除、漢數字及び數字の練習、五以下の累加累減、二位數と基數の加減、基數に基數を加へて二位數となるもの及び二位數より基數を減じて基數を得るもの、練習(以上)

備考、括弧内の教科は聯絡箇所を示すものであつて、敢て教科書に拘泥する考ではなかつた。

扨て最初の理想なり方針なりが相當大膽なものであつたにかゝはらず、實際の方案となると、どうしても文字や數といふ形式方面が心配になつて仕方がない。併し私の實際指導は前述の精神なり方針によつて進んだものであるから隨つて此の豫定が殆んど完膚なきまでむざんに裏切られたことは當然である。それ等については何れ後に述べることとしよう。

B 如斯指導案例 無論これも私の腹案の一例であるからどうしても教師中心たることを免れない。これで兒童を引き廻はすのではなくて、兒童の出かたによつて臨機の處置をとることは言ふまでもない。でも私は棄石と知りつつ毎日かうした指導案を書いて見た。而かも其の大部分は全くの徒勞に終つたものであつたが、其の日々の成績を教育日誌に照して見ると、教師の兒童心理觀と實際の兒童心理との格段な相違が明瞭になつて、それがため將來教育の好資料を得たことは少くない。

1 題材、春の野邊(教師の選題)

2 目的、晴朗なる春の野邊に生活せしめて、其の環境中に主として草花について學習せしめたい。

3 場所、環境の提供――郊外法蓮に引率

4　準備、紙製小塗板及び塗板掛、拭物、白亜、色チョーク（以上教師）畫板、八ツ切畫用紙、鉛筆、クレイヨン、讀本、糸（以上兒童）

5　方法

a　「春が來た」又は「てふ〳〵」等の唱歌を歌ひつつ樂しく、レンゲ草、タンポヽ等の樣々の草花を摘みとらせる

b　其の草花を「一つ二つ三つ」又は『一二三』又は「一本二本三本」等と各自に唱へつゝ數へさす。

c　それを種類によつて分類させる。——其の間兒童の質問によつて個別指導

d　それをもつて花束をつくらしめる準備として、種類の偏したものは互に交換させる。（自分のものと人のもの、友だちは助け合へ、喧嘩をするな）——豫防線を張るのではないが、兒童の交換狀態を見て、いゝものは褒めてやる。

e　今行つた交換といふ數的生活を其のまゝ發表させて御互に計算させて見る——例「私はスミレを八本とタンポヽを十本とりました。其の上へ〇〇さんにレンゲサウを二本もらひました。何本持つてゐますか」「私はタンポヽ十二本とレンゲサウ七本持つてゐました。△△さんにタンポヽを二本あげて、レンゲサウを三本もらひました。私はタンポヽとレンゲサウを何本づゝもつてゐますか」——順次兒童に一二題づゝ發表させて、相互に計算させる。困難な問題があるときは、各自の草花によつて計算させ、尙ほ其の方法を問答する。

f　二十以下の加減乘除について、教師も問題を與へて計算させて見る。

g　各自の持つてゐる草花で花束をつくらせる。——色の配合、花の揃へ方等について個別指導

h　つくつた花束を竝べて、其の巧拙を批評させる。

i　花束を材料にして、お客あそびをさせる。（動作發表）——（讀本卷二の二、オキヤクアソビの箇所を讀み得る

ものには讀ませる。誰も讀み得なければ教師が讀んでやる〕

j　花束又は野邊の景色を自由に描かせる。——個別指導

k　寫生したものを順次に説明させる。

l　其の成績についての鑑賞批評

m　兒童に自由に質問させて、其の問題について共同學習をさせる。

n　「つみ草」「てふ〳〵」などの唱歌遊戲をさせて終りにする。

備考　豫定時數——校時三時間

これは純然たる教師中心の指導案であつて、これなれば昔の教授案と何も變つたことはない。でも最初の私は正直に斯うしたつまらないものを御丁寧に書いてゐたものであつた。今にして考へれば此の指導案では個性の伸展も何もあつたものでない、事實こゝまで精細に豫定しては兒童の自由なる活動はとても出來よう道理がない。併し私は實際授業に於ても、全然此の拙劣な指導案によつたといふのでは勿論ないのである。自分自身の空漠なたよりなさと自責の感に堪へかねて、全く自慰的に氣休めに書いてゐたまでゝある。

三　其の功罪と新計畫

1　失敗の跡　尋常一年受持の當初に於ける私の學級經營案は先づ大體上述のやうなものであつた。其の如何に杜撰であり遺漏多く缺陷の多いかには誰しも氣がつくことであらう。果せるかな此の經營案からは各種の行詰りと失敗を生じて來た。以下御參考のためこれをも記して置かう。

A　指導難　理想とし方針としては時間割を撤廢し、教科書を逐卷順課的に取扱ふことなく、兒童の合議と相談の

結果に待つて、其の題材をも環境をも決定して行くことにしたのであつたが、これがため第一に不都合を感じたことは豫め日々の指導計畫が立ち難く甚だ空漠と不安を覺えて——兒童は當日の學習題材を其の朝に於て定めてゐたものであるから——(敎師の豫想で指導案は書いてゐたもの、大抵其の豫想は當らなかつた)殆んど無準備の形に於て兒童に接しなければならないことであつた。此の空漠と不安を打ち消すために自慰的に前掲のやうな精細な指導案を立てて兒童にのぞむと、何時とはなしに敎師の準備や豫定に彼等をあてはめる傾向を生じたことであつた。そこで此の弊を改めるために私は二つの道を採つて見た。其の一つは題材なり環境なりの相談決定を少くとも前日までにしておくことにしたことである。(現在に於ては二三週間分のものが豫め定められることになつてゐる)隨つて敎師は其の題材なり環境なりに卽して、手廣く硏究しておくことが出來るので餘程にまで準備がなし易く、以前の如き空漠と不安の念を多分に減少することが出來るやうになつた。他の一つは指導案の改善であつて、內容方面は詳細に調査しておくが、それを如何に取扱ふかの方案については、極めて大體のことしか定めないことにした。これによつてまた餘程にまで彼等の個性に適應する指導が出來るやうになつたかと思ふのである。併し尙且つ個性の遺憾なき發展を圖るためにはどうしても多樣なる環境の提供が必要であり、そこに各兒童の享有する各種の萠芽を自然に伸張せしめるやう心掛ねばならぬのであるにも不拘、事實は其の好適な環境の提供が出來なかつたといふことである。無論前述の如く兒童との合議の上にやつたことではあるが、其の所謂環境は往々にして蕪雜であり不整理であり、所期の目的に到達すべく餘りに不適當なものが多かつた。

次に指導難を感じたことは敎師の學力の淺薄であり貧弱であるといふことに基づく點であつた。何分にも生活から起る多種多樣の學習であるから、とても私の如きものでは十分に滿足なる指導が出來かねる場合が多かつたことである。わからぬことは大人も子供も同じことであるし、「子供の質問程こわいものはない」といふ通り、幾度か其の答に窮したかも知れない。尤もこれには二つの場合がある。一つは全然教師の知らぬことを質問されて困る場合と、他の一つは知つてゐても如何なる程度に、どこまで彼等に理解されるやう答へてやらうかに困ることとである。而も兒童は相當に敏感であるから、十の中で二つや三つは「知らぬから調べてやらう」で承知もするが、之が反對に十の中で七つも八つも「それも知らぬ、これもわからぬ」では、遂に教師の學力といふものを疑ふやうになり、結局は威信を失墜することになつてくる。でも之は所詮教師の修養と努力に待つより他仕方のないものであるから、つまりは教育教授の當面の問題研究より材料の研究に多大の時間と勢力を費さねばならぬやうになつて來た。こゝにも私は合科學習の指導難を痛切に感じたのであつた。

B　型を脱して型に　眞實な教育、妥當な學習指導には所謂型なるもの、あるべき筈がない、にもかゝはらず私の指導法は兎もすれば、古い型を破つて新しい一種の型に彼等を入れようとする傾向を生じて來た。感覺的衝動的な生活、分科以前の生活を生活する彼等の學習が、合理的有目的々のものでないとは重々承知してゐながら、矢張教師中心思想に囚はれて、どうしても兒童の學習生活が氣足らなくてならない。あの方面が缺けてゐる、此の方面が不十分であると。兎角教科の各方面に渉らせよう、そして少くとも一年生は一年生としての學力なり品行なりが立派であるやうにもいふ傳統觀念が强烈に頭にひらめくので、遂には仕事に對するプロジエクトを稍强い調子に要求して見た。ところが今度は其のプロジエクトが全く形式に流れて、題材なり環境なりに面接した時、直ぐ分科的小題目を竝べて、これを自己の過去經驗にあてはめて整理的に學習して行かうといふ傾向を現して來た。此の過去經驗の整理、それも必要なことであるが、そればかりでは生活の伸展がない。題材なり環境なりに沒入して、眞面目に研究して行くのでなければ學習は發展しない。要するに古い型を脱して一種の新しい型にはいらうとしたので、更に今度はまたもとのやうに餘りプロジエクトに拘泥しないでやつて行くやうに指導方針を變へて見たのであつた。そのかはりに題材なり環境なりを十分に凝視して、自分の興味の起るところから次第に深く精しく學習すべく注意を與へたのであつた。

C　偏表現學習　生活は自己生長の一元の上に立つた受領と同化と發表である、隨つて學習も收得と整理と表現の一元的連結であらねばならぬ。然るに合科學習に於てはやゝもすると、此の收得受領方面の學習が同じくて表現方面の學習に偏し易い傾きがある。一體人間は食物を食ふ(收得)から身體が大きく(生長)なり、身體が生長するから食物も甘く食へて行くわけである。故に學習に於ても表現は單に表現のための表現ではなくて、受領を正確にし、生長を圖るための表現である筈だ。にも不拘私の採り來つた合科學習に於ては、此の受領方面の指導が不十分であつたために、無いものを搾り出さうとする苦しみを味はせたことが可也多くあつたやうに思はれる。

今一つは假りに相當の收得があつた場合にしても――たとへば藝術的作品の鑑賞の場合のやうに――之を内に靜かに包藏して味得し享樂しようとする境地におく時間を與へないで、逸早く之を言語なり文字なり繪畫なり作歌作曲行動なりによつて表現させようことに努めたものであつた。そのために往々にして表現の不味ものを劣等兒視する嫌をさへ生じて來た。乍併よく〳〵考へて見ればこれは全くの誤であつて、默つてゐるものゝ中にも偉いもののあることを認めてやらねばならぬことを遲檬ながら知つたのであつた。

D　型式方面の難點　生活による學習の指導には入學の當初から文字や計算等の形式方面の學習を强要してはならない――私の初期の計畫には此の方面を急いでならないと知りつゝも囚はれた計畫をたてゝゐた――のであるが、山に登り、川に遊び、野邊に生活することによつて次第に彼等の思想感情が豐富になるにつれて、繪畫言語遊戲といふ三つの表現形式以外に、次第に文字といふ民族共通の符號や、計算といふ數的生活に於ける形式を要求しだすものである。私は其の要求を充すべく決して教科書を與へたのではなくて、先づ文字の場合には五十音圖を提供して、其の中から彼等に所要の文字を索り求めさせたのであつた。――尤もこれは最初既有知識の調査を行つた時、五十音圖を示して其の讀み方をたづね、少數の讀み得るものがあることを知つたので、兒童の模倣心と好奇心を利用して、山に行くにも野遊に行くにも此の圖表が環境の一つを形造るやうに始終彼等の目に觸れる如くしてあつたので、何時となしに棒讀は出來るやうになつてゐたのであつた。――例之公園に爛漫と咲き亂れた樣を見た彼等は、之を繪にもし、歌にもし、さて「サクラガサイテヰマス」と文字によつて書きたくなつたときには、其の「サ」をたづね、「ク」をたづねて來る。私はさうした時に前の五十音圖を與へて「此の中からさがしてお書きなさい」と命じたのであつた。すると彼等は今までは全くの棒讀であつたが、自分の要求を充すべくさがしもとめて書かねばならぬことになると、默つてゐても五十音圖を最初から「ア」「イ」と一つづつ正讀して「サ」を知り「ク」を得て行くのであつた。此の發見の喜びは自然に注意を持續せしめて、遂に全體の文字を學習し得るのであつた。而もそれは書くことによつて讀まねばならぬものであるから結局は所謂一擧兩得であるのみならず、これによつて覺束ながら自學の關門に其の第一歩を踏み込ますことが出來たやうにも思つた。

ところが此の方法には二つの缺陷を現して來た。其の一つは文字の筆順といふのがわからないことゝ、他の一つは形式に拘泥する(文字をさぐる)ために折角まとまつた思想が中斷されるといふことであつた。此の弊を防ぐために私は斯うした考と方法を以て指導に當つて見た。卽ち筆順といふものは元來文字を書く自然的順序であるから、之に反した書き方をすると「書きにくい」といふ自然的制裁を感ずる筈である。隨つて其の「書きにくい」と感ずるのは常に教師の板書字に注意して、自ら訂正して行くわけである。若しそれでも一向不自然を感じないでゐるものがあれば、個別指導によつて先入主とならぬ間に正してやらうと心掛けたのであつたが、これだけは殆んど豫想通りの效果をおさめたかと思ふのである。

又文字に囚はれて思想の中斷する虞のある方は、知つてゐる文字をのみ書かせ、知らない文字は悉く〇を以てうづめさせ、最後に再び讀みつゝ五十音圖をさぐつて書かせることにしたのであつた。これは相當迂遠な方法であつたために、或は兒童に多少の無理がかゝつたかとも思はれるものであるが、片假名を早く收得させるといふ一面のみから言へば、强ち不成功であつたとも思はれないのである。私は平假名も大體此の方法によつて學習させて行つた。漢字は教科書や參考書や其の他の雜誌から收得したものが、其の數からいへば決して少いものではなかつたが、筆順の誤はこゝに至つて甚しいものが出來たので、これは隨分困難を感じた。併し文字は元來言語の符號であるから初めからさう八釜敷は訂正しないで、根氣長く彼等の質問を待ち、又は個別指導によつて次第に筆順を正し尋常二年の初め頃には「大抵左上から書けばよい」といふことなどを指導しておいたのである。

次に合科學習に於ける數的生活からも、必然に所謂算術問題は構成されて來るので、これは從來には反對に理解力思考力の方面は相當に進むが、系統的に形式算を敎へてないために、計算力がどうしても遲れる傾きがある。無論私は一時間に計算問題の二百題も三百題も出來ることを望んでゐるのではないが、それにしても或る程度までは計算能力といふものが出來て來ないと、結局は理解力や思考力の練磨も十分には出來なくなるので、これにも可也苦心をしたのであつた。

そこで私は之を救濟する方法の一つとして、絕えず兒童の構成した自作問題の解決に卽する、其の場合々々の運算を比較的十分に取扱ふことゝ、之に關係する類題の計算問題を多數に謄寫して練習させることにして見た。それでも尙且つ彼等の構成する問題の程度に比しては、ずつと程度の低いものであつて、仲々思考の發達に隨伴して計算能力を進めることは不可能であつたが、初めの頃よりは餘程にまで上達したやうに思つた。

E　學習訓練上の缺陷

私には私として學習訓練上のスケールといふものを定めてゐる。そして尋常一年生の時期に於ては、物の見方即ち或る種の題材なり環境なりに即して成るべく多方的に疑問を起さしめ、其の中にて好い學習問題を摑ませて、可及的獨自の力にて研究する習慣を養ひ、その獨自學習の結果をもつて、分團なり學級なりの相互學習にのぞませて、眞面目な學習態度を訓練づけようことが目的であつた。無論これは仲々の難事で、其の完成を尋常一年に於てのみ期しようとするのではなかつたが、少くとも大體の輪廓なりとも描かせて見たいといふ希望であつた。ところが實際の狀態は問題は知覺的問題に偏し、たま〳〵出づる思考的の問題は「ホワイ」の一點張となり、而も之を研究するに必要なる學習資料の蒐集使用といふ段に至つては頗る不十分であるといふ缺陷を現して來た。のみならず相互學習の一形式として屢現出する討議に至つては、全く問題解決の焦點を脫線して、討議のために討議し、時間を徒費すること甚だしく、加ふるに討議の眼目を勝敗の上に置き、隨つて詭辯を弄しても勝を制したいといふ、討議式學習法の通弊に墮して來たのであつた。一例を擧ぐれば曾て一兒童が次ぎのやうな問題を學級學習に提出したことがあつた。「一つ五錢の梨を三つ買つて、お金を二十九錢拂ひました。おつりはいくらですか」此の問題に對して某兒童は直ちに質問を發した。「一つ五錢なれば三つで十五錢です、十五錢のお金を拂ふのでしたら、十錢と五錢とを出すか又は二十錢出して五錢のおつりを貰ふことが普通であるのに、何んでわざ〳〵二十九錢といふはしたのお金を渡しましたか」と、此の質問に對して發題者はしばらく小首をかたむけてゐたが、やがて大聲に叫んで曰く「其の子供は馬鹿であつたのです」と、これ明に負けることを嫌つての詭辯であることは誰にも推察することが出來よう。斯うした缺點がいよ〳〵瞭然と現れて來たので、第二學年の初めからは「負けるは勝ち」眞理の前には潔く服從することが勇者であることを、物に觸れ事に卽して諄々と說いてきかせたので、今のところでは多少は此の弊害を矯正することが出來るやうになつたかと思つてゐるのである。

F　計畫の齟齬　私の最初の豫定計畫といふものは前掲の如く各方面に遺漏があり杜選が多かつたために、當初の學習材料豫案の如きは兒童の實際學習事項と、殆んど全く齟齬を來したのであつた。今御參考のために尋常一年の第一學期に於ける、彼等の實際學習事項をあげて、初めの學習材料豫定との比較對照を願はふと思ふのである。但し第一週は學年初でもあり、且つは私の不明から主として私の考へで引き廻したものであることを承知して欲しい。

第一週

題材一――校内參觀。

（環境）――校内各室、屋内體操場、校庭、學校園。

（學習事項）――1人に迷惑をかけるな、2始業終業及び學用品について、3二十以下の數へ方、植木算の萠芽現はる、4自由畫、日英の國旗及び兩國皇太子殿下の御肖像多し、5唱歌遊戲、サクラ、ヘイタイサン、6五十音の讀み方。

（聯絡箇所）――修身巻一の第二第九第十第二十四課、算術巻一の四四頁、讀方巻一の二六、二七頁。

題材二――春の野邊。

（環境）――郊外法蓮。

（學習事項）――1花つみ、花束、蜻蛉つり、まゝごとあそび、2本匹を用ひての算術問題構成、3汽車、汽車に乘つたお話、4自由畫、生駒山、三笠山、商業學校、汽車、花束、蜻蛉等多し、批評鑑賞の第一歩。

（聯絡箇所）――讀方巻四〇第二十一課、算術巻一の四四頁。

題材三――サクラ。

（環境）――奈良公園。

（學習事項）――1唱歌遊戲、サクラ、2櫻の寫生、3櫻の理科的觀察、花の部分的觀察及び名稱、雄蕋の變化と花瓣の數、4枚本を用ひての算術問題構成、五の累加出づ。

(聯絡箇所)——讀方卷一の一頁、理科サクラ。

第二週

題材一——キシヤ。

(環境)——商業學校附近。

(學習事項)——1 時刻を守れ、2 汽車の寫生、3 唱歌遊戲、汽車、4 交通運輸機關としての汽車、地理的材料の最初、5 汽車の貼紙細工。

(聯絡箇所)——修身卷一の第二課、讀方卷四の第二十一課。

(題材二)——アブラナ。

(環境)——農園。

(學習事項)——1 アブラナの寫生 2 理科的觀察、花の形態部分の名稱、サクラとの比較、比較といふことの最初、簡易なる解剖圖出づ、3 唱歌遊戲、テフ〱、油菜と紋白との關係、4 西本枚を用ひての算術問題構成、二の累加現はる。

(聯絡箇所)——理科モンシロテフ、アブラナ。

題材二——コウエン。

(環境)——奈良公園。

(學習事項)——1 規則にしたがへ、左側通行、2 公園内の自由寫生、3 本西人枚を用ひての算術問題構成。

(聯絡箇所)——修身卷二の第十八第二十四課、

題材三——クワジ、偶發事項。

（環境）――教室。

（學習事項）――1 前夜東大寺勸學院出火の模樣についてのお話、2 其の記憶畫、3 喧嘩をするな、4 百以下の教へ方。

（聯絡箇所）――算術卷一の五二頁、修身卷一の第五課、讀方卷一の三二、三三頁。

題材四――ハト。

（環境）――手向山八幡。

（學習事項）――1 鳩の寫生、2 生き物を苦しめるな、3 鳩の童謠出づ、4 唱歌遊戲、ハト、5 鳩の形態習性、6 鳩のお話、傳書鳩の話、7 鳩の粘土細工、8 羽を用ひての算術問題構成。

（聯絡箇所）――修身卷一の第二十三課、讀方卷一の二頁、理科、鳥類。

第三週

題材一――アメ。

（環境）――教室。

（學習事項）――1 雨は何故降るか、雨と風との關係、春の雨と夕立との區別、冬の雨、秋の雨の特徵、2 雨降の寫生、多くは寫生をはなれた概念描寫、3 雨の童謠。

（聯絡箇所）――讀方卷一の三頁、理科、雨、川。

題材二――ワラビトリ。

（環境）――三笠山。

（學習事項）――1 三笠山の寫生、2 唱歌「山のわらび」、3 ワラビはどうして生える、隱花植物繁殖法の疑問、

4 お話「ワラビトリ」お話の繪畫表現、5、本を用ひての算術問題構成、

(聯絡箇所)――讀方卷三の第八課、理科ワラビ。

題材三――トンボ。

(環境)――興福院附近。

(學習事項)――1 毒瓶捕蟲網の構造、2 唱歌遊戲、トンボ、3 トンボの形態習性、昆蟲の條件三つ、4 トンボの說明的寫生畫、5 トンボの標本製作、6 四を用ひての算術問題構成、二四が八、四四十六の九々出づ、7 生き物を苦しめるな。

(聯絡箇所)――修身卷一の第二十三課、算術卷二の基數乘法、理科トンボ。

題材四――レンゲトタンポポ。

(環境)――商業學校横手。

(學習事項)――1 レンゲトタンポポの採集、2 同上の寫生、3 擬人體童謠出づ、4 草木を大事にせよ、5 花束の製作と寫生 6 本を用ひての算術問題構成。

題材五――水グルマ。

(環境)――下長慶橋附近。

(學習事項)――1 水車小屋の寫生、立體寫生の萠芽現はる、2 水車の童謠、3 水車はどうしてまふか、何故米や麥がつけるか、4 水車の製作、5 水車屋のお話。

(聯絡箇所)――讀方卷三の第十一課、修身卷一の第二十三課。

第四週

題材一――英國皇太子殿下。

（環境）――教室。

（學習事項）――1　英國皇太子殿下御來寧のお話、朝日グラヒックによるもの多し、2　同上の御肖像畫、3　遊技、紅白球送り、4　五十音の讀み方、5　二十以下の計算。

題材二――モヽタラウ。

（環境）――教室。

（學習事項）――1　桃太郎のお話、2　同上の動作遊戯、3　初歩童話劇、4　文章より繪畫へ、5　桃太郎の童話劇に用ひる道具の製作。

（聯絡箇所）――讀方卷一の四四―五四頁、

（備考）――本週は開校記念日、神武天皇祭、英國皇太子奉送迎等のため授業日數少く、兒童の心少しもおちつかず。

第五週

題材一――ヒカウキ。

（環境）――教室。

（學習事項）――1　ヒカウキの製作、2　ヒカウキの唱歌、3　ヒカウキの童謠、4　お話ヒカウキに乘りたいといふ希望多し、5　飛行機の記憶畫、6　嚢を用ひての算術問題構成。

（聯絡箇所）――讀方卷二の第二十四課。

題材二――デンシヤ。

（環境）――大軌停留所附近。

(學習事項)――1 電車の寫生、2 電車の唱歌、3 お話、電車に乘つた時の模樣、電車の種類、大軌電車の起點終點、4 電車の乘降、車中の心得、5 電車の製作、6 人錢臺を用ひての算術問題の構成。

(聯絡箇所)――修身卷一の第二十四課卷二の第二十第二十四課。

題材三――トンボツリ。

(環境)――法蓮大佛驛跡。

(學習事項)――1 トンボの捕集、2 トンボツリの寫生、3 唱歌遊戲トンボ、4 生き物を苦しめるな、5 四枚を用ひての算術問題構成。

(聯絡箇所)――修身卷一の第二十三課、理科トンボ。

題材四――キンタラウ。

(環境)――教室。

(學習事項)――1 金太郎のお話、2 同上の唱歌遊戲、3 金太郎の童話劇、4 同上所要の道具製作、尺を用ひての實測の最初、5 同上よりの算術問題構成、6 金太郎の童謠。

以上は第五週までの兒童の選んだ題材と環境及び學習事項の大要を示したるものであるが、第六週以下は紙數の制限と煩を避くるために、單に彼等の選定し學習した題材のみを掲げることにしよう。

第六週――ニハトリ、ツキミサウ、タケノコ、ワタクシノウチ。

第七週――ガテウトツル、ガテウトニハトリ、ムギ、エンソク。

第八週――ノリモノ、ウチノ人、スズメ、ヒナゲシ、センソウノドウグ、シカサン。

第九週――ホタル、マメ、ドウブツエン。

第十週――ツバメ、フンスヰ、イキモノ、ナツノクダモノ。
第十一週――ウシ、ウマ、ウシトウマ、ユフガタ、サルカニカツセン。
第十二週――アサガホ、タウヱ、ワタクシノガクカウ、チクオンキ。
第十三週――フンスヰアソビ、水デツポウトシヤボンダマ、ハコニハ、ササブネ、セミトリ、セカイノハタ。
第十四週――ネズミ、キウリ、ナス、タナバタサン、ウラシマタラウ。
第十五週――ウラシマタラウ、ヒマハリ、夏休ニナツタラ。

3 貧しき收穫

私の合科學習に對する計畫なり指導なりは、上掲のやうに兎角失敗や齟齬の多いものであつた。乍併これは決して合科學習それ自身の罪ではなくて、私の不明の致す所である。けれども斯うした私の不味經驗に於ても尙且つ多少の貧しい收穫はあつたやうに思はれるのである。

A 彼等は育つ

それは自惚でもあり慾でもあらうが、過去二年間此の方法によつて學習して來た兒童達は、めいめいおのがじし個性の純良に從つて其の天稟を比較的慘害されることなく、それぞゝ無邪氣に純眞に育つて來たやうに思はれる。五十三人の兒童その何れを見ても、日陰のかづらのやうに拗ねたちゞこまつた伸び方をしてゐるものは一人もないやうである。これだけは私自身の自ら慰むるに足るものであらう。又知能の方面に於ても所謂劣等生といふ好ましからぬ汚名をきせて、呼ばねばならぬやうなものは殆んどないといつてよい。無論算術の不得手なものはある、讀方の下手なものはある、綴方の不味ものはある。けれども私は其の部分的な成績が思はしからぬとて、それを以て直ちに劣等生呼ばはりはしたくない。論理的のタイプに生れてゐる個性者は何と見ても理科的數學的に生活し學習しようとし、感情的のタイプに生れてゐる個性者は何を眺めても藝術的享樂的に生活し學習しようとすることは當然である。そこに個性の伸展があり發達がある。何を苦しんで所謂一般的陶冶を强要する理窟があらうか。

さればとて私は何も下學年の兒童は偏頗な學習をしてもよいといふのではない。物を數理的に見るのも藝術的に眺めるのも、つまりは彼等の全的生活に於ける色彩度の差異であつて――無論中には一般的全部的に見て、所謂各科の方面から學習して行くものもあるのであるが――その何れにしてもこれ皆等しく個性の特徴といはなければならぬ。而も事實有機的機能をもつ人間の生活に於ては、或る種の一部分に缺陷があればとて、其處だけの救濟に努力しても其の效果は容易にあがらない。所詮は全的生活機能の發展を待たなければならぬことがいくらもある。算術が不出來であるからとて、之を算術の練習のみによつて向上させようことは無理である。多樣な環境を與へてそこに數的生活をさせ、次第に内在する思考的萠芽の伸展を圖つてやることが、より妥當な方法である筈だ。

故に功罪ともに全責任を背負つて立つ指導者は、各個の兒童の個性を凝視して、其の比較的短所と思はれる部分は今俄に一時的に補はふことに焦慮しないで、漸次的にすべての萠芽を伸展させるやう多樣に環境の整理をしてやらなければなるまい。そこで槪して私の兒童達にも繪畫とか唱歌とか劇とか國語とかいふ所謂藝術的方面に走らうとする傾向の者が多い。けれども彼等の議論的生活は年とともにこれから次第に發展して行くのであるから、私に於ては特別の心配はしてゐない。私は私の至らざる指導計畫によつても、彼等は相當に育ちつゝあるものと信じてゐる。

B　自律への道程　有限の教育を受けて無限に進歩する實人生に處して行かうためには、教育はどうしても自己教育を以て究意とせなければならない。又そのためには教育はなるべく抵抗の多い方法によらしめねばならぬ。家庭にあつては父兄母姉にたより、學校にあつては教師學友にたよらうとするのが、一般幼兒の共通性である。それを危險率の少い整理されたる環境内に於て、可愛想ではあるが、つつぱなしつつぱなしして行くところに、彼等は獨立的努力的奮鬪的な自律への道に進んで行く。無論それは個性との相對關係の上に立つものであつて、一槪に言ふことは出來ないが、可愛い子は荒孩に卷かなければならないことは一面の眞理である。

合科學習に於ては入學の當初から自己生活の環境も題材も、又之に對して學習する態度も方法も、皆自己が自己の最善を選んで進んで行くものであるから、何時とはなしに時處位に卽して善處するといふ自律的習慣を訓練づけ、自己が自己を律するといふ態度——品性を形造することが出來るやうに思はれるのである。尤もそれが決して完全であらう道理はないが、從來の教育方法に比しては自律への道理の第一步に足跡を印することが早くもあり、確でもあると信ずるのである。之を證明すべく私はよい實例と經驗をもつてゐるが、憚があるので今は遠慮しておかう。

C　歡喜の中に　外部から强制され命令されて受動的にする仕事は、疲勞多く興味少く總べてが消極的に流れて責任感を薄くし、仕事に對して歡喜と感謝の念が起らない。歡喜と感謝の伴はない仕事は、積極的に能率の增進しよう筈がない。ところが合科學習に於ては强制されることなく抑壓されることなく、自律的能動的に而も積極的に自己が自己の道に進んで行けるものであるから、生得の相異はあり境遇の差異はあつても、優秀兒も遲足兒も各其の志を得て、歡喜と感謝の中に生活し學習して行くことが出來る。頭の天邊から足の爪先に至るまで、杓子定規の御規則的にしめつけられてゐる兒童は、歡喜と感謝の中にふくよかに伸びられよう道理がない。此の點に於て私は私の指導計畫が必ずしも惡るかつたとは思はれない。これも貧しき收穫中の一つの大なるものである。

D　疑ひの目　此の言葉には語弊があるかも知れないが、私は物を見る態度といふ程の意味に使ひたいのである。心こゝにあらざれば見れども見えず、聞けども聞えず、食へども其の味を知らずで、學習生活には先づ此の物を緻密に觀察し考察する指導からかゝらねばならぬ。其のためには耳目に觸るゝもの總べてに對して、疑つて見るといふ態度を習慣づける必要がある、疑は進步の母、疑のない所に學問はない。實に「積疑の下に大悟あり」で此の點を啓培して行くことが、所謂學習訓練の第一步であらねばならぬ。カントが言つたやうに「疑は理性がわれ〳〵の上に加へた疵である、之を癒すものは理性の他にない」と、苟も疑が心中に發生したなれば、何人と雖も之を解決しようとする要求が起つて來る。兒童の知能的生活研究的態度はこゝに萠すのである、ところが疑は外部的に壓迫命令することによつて起るものではない。內部的自發的に生ずるものであるから、其處に前にも言つたやうに各種の整理されたる——疑はざるを得ざる——環境の提供が必要となつて來る。

「さァ疑へ、疑はなければ居殘を命ずるぞ」といつたところで疑へるものではない。それよりも如何な遲鈍な兒童でも「疑はないではゐられない」といふ程の環境に置いて、多樣に內在する個々の萠芽が自然に現れて來るやうにしてやることが甚だ大切である。そのためには定質定量の固定的な教科書のみに囚はれ、而もまた其の材料を文字や計算にのみ偏した考で取扱つて居ては、何時までたつても學習の態度も出來ねば、研究の習慣もつかう筈がない。また實際教科書編纂の趣意も「ハナ」や「ハト」の二文字や三文字を授けるために、汗水流してくれとてあの材料を配當してあるのではないらしい。「ハナ」「ハト」の內容實質といふものを實物について、各種の方面から學習させよう心組に相違なからう。花は爛漫と咲き亂れてゐるところに生命があり、鳥は双翼をのべて飛翔してゐるところに生命がある。兒童の藝術的感激も知能的生活も、それを見これを見るところに起つて來る。花瓶に挿して教卓の上にのせた花や、剝製にしてテーブルの上に置いた鳥は死物である。死物から生きた芽生の伸びよう理窟がない。疑はふにも研究しようにも興趣の起りようがない。

私は曾て「ハト」の學習指導に於て、生憎當日は雨天であつたから例の剝製の鳩を理科室から持來して、之れで學習させようとした。ところが兒童達は「それは鳩でない」といふ。「では何か」と問へば「鳩の標本だ」と答へる。成程と負うた子に敎へられて、漸々ながら豆を二升程買つて傘さして、手向山八幡に朝から晩まで鳩飼をしたことがある。童謠が初めて其の時芽を出した。

鳩の形態習性は自ら彼等に知得された。誰一人としてお行儀よくかしこまつてゐる鳩を描いたものはない、皆飛んでゐるか、豆を食つてゐるか、喧嘩をしてゐるか、兎に角も活動してゐるところを看取し描寫してゐた。私が合科學習の妙趣を味得したのは此の時が最初であつた。

要するに合科學習に於ては兒童の疑ひの目を開き、あらゆる萠芽を伸ばしてやることが可能である。こゝが從來の教育法に比して違ふところであらう。伸びようとする萠芽も空氣と水と熱と養分とを自由に供給してやらなければ伸びられない。況して之を學年といふ强い考に囚はれて抑壓し剪揃し蹂躙するに於てをやである。

E　明るみを追うて　これは强ち合科學習の價値效果といふ譯ではなく、寧ろ私が兒童によつて教へられた點であるが、私にとつては矢張貧しき收穫の一つである。卽ち彼等は植物の向日性の如く、常に陽氣な明るみの部面を追うて伸びて行くといふ一般的共通性をもつてゐることである。薄暗い敎室よりも晴々した郊外を、陰欝な冬よりも快明な夏を、寥寂な晩秋よりも豐艶な陽春を好んでゐることがよくわかつた。蓋しこれが純眞な彼等の天性であらう。此の天性に反背することなく、之を善用し利導し、之に適應する方法をとることに於てのみ幼兒教育は可能である。隨つて幼學年特に尋常一年生の時期にあつては、室内よりも校庭、校庭よりも郊外と、力めて大自然と活社會に直接せしめる必要がある。而もこゝにのみ疑の眼は開け、學習の態度は訓練されて行くものである。郊外生活を高調する合科學習が此の點に大なる特色を有することはいふまでもない。

陽炎巡る仲春花の四五月頃には、彼等も花や胡蝶のやうに柔い風暖い光の中にひたつて「ハナ」「トリ」「テフ〳〵」と毎日の如くに希望し選擇する題材は、郊外といふ自然的環境ならなくては到底學習し得ざるものばかりである。熔金の夏が赫灼の暑熱を彼等の頭上に投げかける六七月の頃となれば、兒童達はもう花とも鳥とも言はぬ。けれども彼等は依然として室内の學習を喜ばない。まぶしい程照りかへす眞晝のいぶきを浴びながらも、川のほとり池の汀に立つて心ゆくまで遊ぶことを希望する。

錦風一陣澄みきつた大空に雁がわたる 十、十一月頃の秋が來ると、露にすだく蟲をたづね、山にほゝゑむ草花をさがして、矢張毎日のやうに外に出たがる。でも垣根の黄菊が霜枯れて、畠の橙や谷間の萬兩が鮮明な色彩の輝を見せる頃となれば、自然はもう何となく淋しくなるので、陽氣な春に比しては出足が少くなる。冬が來る。凜烈な寒氣が萬物を虐げて、吼號のやうな烈風の叫喚が、山も川も草も木も枯死せしめねばやまないといふ程の猛威を逞しうして、一切萬象の上に一大脅威を以て迫る 一、二月の頃になれば、郊外に出ようといふ彼等の要求は殆んどなくなる。

が併し草木が嚴烈な寒氣に雌伏して、おびえちぢこんでゐても尙且つ其の內部的な生長發達を遂げてゐるやうに、兒童達の燃え立つ生命の要求は、雲の絶え間雪の晴れ間には猛然として活躍を試みる。けれどもそれは靜寂な山野をかけ廻はらうとするのではなくて、往來の頻繁な町々や停車場や郵便局、または銀行商店等の主として社會生活の現象が著しく讀める方面の環境をたづねて行くのである。私が前に幼兒の性狀は植物の向日性のやうに華やかな明るみの部面を追うて伸びて行くものであるといつたのはこゝである。幸に私の合科學習指導法も此の方面の注意を忘れてゐるものではなかつた。

F 約說原理の眞理內容 私は「個體發生は系統發生を繰り返す」といふ約說原理を全稱的に肯定するものではないが、合科學習の指導に當つて以來、徐に兒童の自然的發達の狀態なり傾向なりを洞察して見ると、如何にもさうした約說原理の眞理內容が是認されるのであつた。

第一其の生活が極めて單純であつて、環境に卽し物に對しては常に一全體として之を眺め、甚だ大摑みに無造作に處理しようとする傾きを現し、自己保存の衝動が盛んであつて協調の精神に乏しく、初發の自由によつて活動することが多く、總べて野蠻時代半開時代の生活樣式を繰り返して居る。それが次第に學校といふ團體生活に慣れるに從つて、社會意識の萠芽を現し、自他共存の生活に入つて來る。そしてまた次第に其の生活內容が複雜多樣となるに從つて、初めは環境に即し物に對して極めて大摑みに無造作に處理しようとしたものが、稍秩序的に分科的に眺めるやうになつて來る。

次には彼等の學習生活の眼が、先づ何處に開けて行くかを見ると、全體の現象や自然界の事物などについて疑ひの目を睜り、此の不思議を解決しようとするところに知能的生活の最初を現して來る。隨つて彼等の選擇する題材なり環境なりは、とても教師の想像の及ばないやうなものを喜んで學習しようとすることがある。

更に表現形式を通じて彼等の生活を觀察して見ると、入學の當初に於ては大抵言語による綴方即ち話方か、又は繪畫によつて表現することが多く、然らざれば立體的に行動による表現をすることも少くない。兒童に喧嘩の多いのは一面からいへば、内なる思想感情を充分に發表する言葉を知らず、結局は直接行動に訴へて解決しようとする原因に基づくこともあるらしく、又繪畫を以て思想感情の交通をはからうとすることなどは、明に約説原理の眞理内容を語つてゐるものといつてよからう。でもそれが漸次に進んで、彼等の生活内容が複雜多端となり、思想感情が豐富多様となるにつれて、とても言語や繪畫や行動のみでは滿足することが出來なくなり、こゝに民族共通の符號たる文字といふものを要求するやうになつて來る。

尙ほ彼等の數的生活の初歩たる數へ方や、交換の狀態を洞察して見ると、眞に涙ぐましいいぢらしさがある。「十五本のタンポヽから五本のけたら十本のこる」といふのは大人の頭では何でもないことである、彼等の計算としては仲々のことである。先づ最初に「一本二本」と讀み、次にまた「一本二本」と讀んで五本を除き、三度其の殘數の十本を「一本二本」と讀んで行くのであるから大抵でない。更にタンポヽ五本とスミレ五本とを交換でもするのであつたなれば、一本出しては一本もらふといふ風のものも決して少くないのである。是等の事實によつても幼學年兒童の自然的發達狀態といふものが、如何に人類の系統發生的過程を辿つてゐるかがわかるのであつた。私は敎育も亦此の過程に順應することが必要であることを滲々と感じたのである。

3 **將來する新學年の經營** それはもう一言にして盡すことも出來る。卽ち功罪の跡に鑑みて從來多少にしても長所と思はれる點を益助長伸展させ、短所と認められる點を改善して行くことである。が、これでは具體的な經營案にはならぬから以下特に注意して見ようと思ふ點を少しく詳述しておかう。

A **學習態度の改善** 題材を決定し環境を選擇して後、私の兒童達が獨自學習に入る狀態を觀察して見ると、そこにまことに大きな缺點を共通的にもつてゐるやうである。卽ち彼等は其の題材なり環境なりに對して、それぐ\如何に學習するかの計畫はたてるものの、それは決して其の題材なり環境なりに直面し沒入して、其のもの、研究にひたらうとするのではなくて、寧ろ過去經驗を綜合分解して、之を目下の學習題材にあてはめようとするのである。例之「汽車」を學習すべく停車場といふ環境に行つたとしても、彼等は其の汽車についての各種の研究をなさうとはしないで、「汽車に乘つて某處に行つた話」それを中心にして、其の時の汽車賃の問題、旅行の模樣、沿道の風光などを學習しようとするものが相當にあるのである。これも强ち無用のことではないが、それでは生活の發展がない、隨つて學習の進步がない。私は將來する新學年に於ては先づ學習態度を改善して、題材なり環境なりに直面して、其のもの、研究に沒入するやうに指導したいと思つてゐる。

尙ほ從來の此の態度は難を避けて易に就かうとする偸安的習慣を訓練づける虞がある。人生は所詮奮鬪の生活であらねばならぬのに、今から斯うした態度に陷らしては、個人のためにも國家のためにも相濟まぬ次第と心配してゐるのである。

B **受領方面の學習について** 合科學習の缺陷の一つとして偏表現學習に傾き易いといふことは前にも述べた通りである。其の結果として無いものを搾り出さうとする不自然な弊を生じて來ることが往々にしてあるから、新學年に於ては、今少し受領方面の學習に力を注いで見たいと思つてゐる。其のためには多樣な環境を提供することも必要であり、又學習の資料を豐富に與へ、之を有益有用に使用する方法をも指導してやらねばなるまい。

更に今までの私の指導法には、教師が學習者の一人として、自己の所見を發表して聽かせるといふことが甚だ少なかつた。これは矢張受領方面の學習に遺漏を生ぜしめる一因をなすものであるから、來學年に於ては教師中心にならざる限は、此の聽かせるといふことをも相當に重じて見たいと思つてゐる。

C　訓練上の諸問題

先づ第一合科學習にあつては總べての方面に於て、常に自己が中心となり、自己が自己を律して自己の生長を圖らうとするものであるから、動もすれば利己的主我的に傾き、既設の規範を輕視し、己を以て萬物の尺度たらしめようとする缺陷に墮し、隨つて尊敬と服從の美德を損し易い。私の合科學習指導に於ても亦既に多少此の短所を現してゐる。これを救濟改善することも、私にとつては當面の急務である。

次に私は從來伸び得るものは兎も角も可及的伸ばして置かうといふ考であつたが、乍併かくては遂に早熟の兒童をつくり、却つて將來に於ける偉大なる生長を妨げるのではなからうかとの心配が生じて來た。徒に勢力を浪費せしめていら〳〵した神經過敏に陷らしめ、所謂小才子な悧巧者をつくつて、眞に含蓄の深いのんびりした子供らしい子供にはなれないだらうとの憂慮が芽して來た。伸び切つてしまつた姿は決して美しいものではない、伸びんとすればなほ幾許でも伸び得るといふ瑞々しい餘裕の見える其の伸び方に子供らしい美しさはあるのでなからうか。此の點についても私は將來する新學年に於ては大に考慮せねばならぬことゝ思つてゐる。

D　分科への交渉

由來從前教育の通弊は、餘りに各教科を離在的に孤立せしめ、互に其の領域に侵入してはならぬものとの所謂分科的思想が極端にまで強過ぎたのではなからうか。乍併人間の心意活動乃至意識内容といふものは左樣に分割されたものではない。理科に關係のあることを地理の時間に學習して何の不都合があらう。歴史に關係のある事柄を國語の時間に研究して幾許の差支があらう。それを理科は理科。地理は地理と分科的に取扱つて來たところに兒童の學習生活の進歩は阻害されたのである。こゝに合科學習の精神は之を上級學年にも取入るべく當然のものであるが。さりとて本體としては矢張家庭生活より學校生活に入る幼學年の教育法であらなければならぬ。

ところが兒童は次第に生長發達するに伴れて、漸次分科的生活にはいつて來る。恰も人類の祖先が其の原初の簡易生活時代には各自單獨に自己生存の必要を充足してゐたものが。人智の發達と社會組織の變化に隨伴して、逐次分業の生活を營むに至つた如く、兒童も其の生活内容が複雜となり、思想感情が豐富となるに從つて、とても今までの如き單純な生活樣式にのみ依據してゐるわけにはいけなくなつて來る。其處に分科的生活を營むに至ることは眞に自然の道程であらねばならぬ。故に私は私の兒童達が軈ては此の分科的生活隨つて分科的學習に入るべき時期の早晩到來することを豫測するに難くない。爰に私はは合科より分科への交渉を計畫しておく必要が生じて來た。

無論私はこれまでとても、自分が指導するといふ立場に立つた時は、其の指導の標準を何處に置いたかといへば、彼等の學習を包全的な一全體として眺めた後は、各作業を教師の頭によつて分類し、各教科の本質及び題材の主眼點に即して來たものであるが、將來は一層此の方面の色彩を濃厚にし、次第に各教科の特色を明瞭ならしめ、もつて漸進的に分科學習への交渉を圖らうと思つてゐるのである。

蓋し人はよく各教科の統一を叫ぶが、統一は混合でない。眞の統一は内面的の融化にある。隨つて眞の統一は各教科がそれぞれ自體の特色を十分に發揮することによつてのみ行はれる。換言すれば唱歌は唱歌、圖畫は圖畫と各其の本來的な獨自の價値と特色を、他の何れの教科にも制約されることなく、遺憾なく發揮するところに、眞の内面的の統一は保たれ、而も其處にのみ各教科が離在的に孤立することなく、眞の融化があり合科があるわけだ、或る教科のために他教科が隷屬し統合されてゐるといふが如き、狀態は決して眞の統一ではない。

此の所論は或は前の上級學年に於ける合科學習の精神と相反背するが如く聞えるであらうが、私としては些の矛盾をもたないのである。何となれば地理の學習に於て理科に關することあれば、その方面の學習をも指導して行くところに、眞に地理自體の獨自の價値と特色を闡明する所以のものであつて、之を理科の方に廻はすといふことは卽ち實は地理そのもの、教科の本質に悖つてゐるのである。國語の學習に內容として歷史的事項があれば、之を適當に指導して行くことも、決して國語の本質を沒却する所以のものではなくて、其處にこそ國語の特色は發揮されるのである。

要するに私は內面的の融化、其の意義に於ける指導によつて、合科より分科への交渉を圖らうと思つてゐるのである。

四、結論

思へば下手な長談議を隨分續けて來たものである。蓋し斯うした放膽は思ひ切つた教育法には、また幾多論議すべき問題もあり研究事項もあることは重々承知してゐる。隨つて誹難もあり攻擊もあらう。けれども私は其の誹難と攻擊は大に之を尊重するもので、決して恐れるものではない。「新しい道を步むものは常に淋しい」前人の跡を辿つて平坦な道を進むことは、容易でもあり安全でもあり、且つ道伴れもあり、賑かでもあるが、茫々の原野に最初の足跡を印しようとするものは、兎角危險視されるばかりでなく、笑罵の焦點とさへなり勝で、道伴れもなければ相談相手もなく、寂寥自ら身に逼るものがある。さりとて此の一步が教育の眞實妥當な行き方であるなれば、必ずや何人かの踏步によつて開拓さるべき筈のものである。唯目前の誹難や嘲笑や淋しさに震へ上がつてゐては、所詮進步もなければ發展もない。私の苦衷と自慰は此處にあるのである。希くば御高教を賜はらんことを。

學習法の實施と學級經營

訓導　清水甚吾

第一、成功の看板は先づ學級の前に掲げる。

第二、學級經營の方法

第三、學級經營の實際

一、學級經營の基礎

二、學級經營の方針

三、修身科學習指導の方針と學習の實際

四、讀方學習指導の方針と學習の實際

五、算術科學習指導の方針と學習の實際。

六、主として訓練養護方面の指導

七、施設及び考査

八、結び

第一　成功の看板は先づ學級の前に掲げる

近時學習法の實施に伴うて、學校經營學級經營について非常にやかましくいふやうになつた。殊に教育者の中の大多數は一學級を擔任して、其の學級の經營に當つてゐるから、自己の學級を如何にして經營するか。如何にして學級の成績を向上させるか。といふことに苦心と研究とを重ねてゐる。私は學級を擔任することが既に二十年近くになるが、私が教員になつた始めから今日まで終始一貫つとめてゐることは、自分の擔任した學級の經營に力を注ぎ學級をよくすることである「成功の看板は先づ學級の前に掲げよ。」といふのは私の信條である。口には如何に立派な理論を說き、筆には如何に卓越した論文を草しても、學級を擔任してゐる實際家として、自分の擔任して居る學級の成績があがらず兒童の實力が向上しないならば駄目である。私共實際家は理論の實際化と共に實際から理論を產み出すところに尊い生命がある。これを離れては教育實際家としての生命はない。それで實際家の研究發表といふものは兒童を通し學級に實施したものでなければ價値が少い。

學級を擔任して居る訓導が學級經營に趣味をもち、學級の成績を高めると、學校の職員間にも信用が出來、保護者にも信賴されるやうになる。卽ち「お手許拜見」とこられた時にお手許が十分に出來てゐなければならぬ。今の學習法の實施に當つても、先づ一學校に學習法についての模範學級中心學級が出來るがよい。中心學級模範學級をつくるには他の職員も同情的建設的態度に出て援助するがよい。中心學級が出來たら、其の中心學級を參觀し、之に暗示と啓發とを得て師弟共に努力すれば學習法が忽ち一學校に普及する。一郡一市の中にこんな學校がいくつか出來れば、又其の一郡一市は學習法の空氣が出來て學習法が廣がるやうになる。

第二　學級經營の方法

各學級の受持は學年初に當つて、學級經營法を立案して學校長に提出するがよい。そして其の學級經營法は學校長の主義方針及び學校の規定等に準據しなければならぬが、自己の主義理想によつて學級を個別化しなければならぬ。普通の教育學や教授法の書物にあるやうなありふれたことを竝べる必要はない。學級の性質を理解し、それと自己の理想見識とを融合して、如何に經營して行くかといふ主義方針を定め、其の實現の方法については具體的實際的でなければならぬ。誰にもあるやうな、又どの學級にもあるやうな抽象的一般的のものでは駄目である。學級の特色訓導の個性があらはれて居ることが尊い。而かも學級經營を進めて行くには、どこまでも兒童中心であつて、教師一人の考により獨斷的に引廻すことは禁物である。兒童をよく理解し、兒童の個性通性及び兒童の要求に應じて指導して行かねばならぬ。教師の態度といふものは學友といふ態度で兒童と共に共に研究し、力を協せて學級をよくして行くといふことでなければならぬ。兒童といふものはなかなかよいことを考へ出し、又よいことをいふものである。而かも非常な責任をもつてやるものである。從來教師中心で教師一人の考によつて兒童を引き廻したことを考へると、兒童には非常な無理をなし、教師一人が骨を折り、而かも成績のあがらない愚な方法であつたことがしみじみと思ひ出される。兒童といふものは色々な長所をもつてゐて、其の長所を利用して行くと教師の短所を補ひ學級も進展して行くものである。教師中心の時は教師の感化といふことのみを考へたものであるが、兒童中心であると教師は兒童から感化を受け、兒童が伸びると共に教師も伸びることが出來るものである。このやうにして教師が教權を振り廻すことがなく、兒童を愛し兒童を理解し兒童を尊重し兒童に親しみ、融合一致して共に共に學習に勵んで行けば屹度學級の成績も高まり、學級經營に成功するものである。愛の徹底融合一致が兒童活動の原動力であつて、教育の眞髓、學習指導の要諦・學級經營の祕訣である。この點から教師は學級經營について愛と趣味とをもたねばならず、又熱の人努力の人でなければならぬ。

學級經營に對し學校長は如何なる態度をとればよいかといふに、大綱を握つてゐて成るべく職員に任せ、職員として自發的に學級經營に當らせるがよい。勿論學校長が一學校を經營する以上は、主義方針卽ち理想といふものがなければならぬ。そして此の主義方針は職員兒童に徹底させなければならぬ。それには特に學年末又は學年初に於て學校經營の方針卽ち自己の理想について職員全部に話さなければならぬ。又毎々行ふ職員會に於て、溫めると共に打合せをして行くやうにする。兒童の方へ對しては朝會などの際に話して行くことが必要である。併し學校長の主義方針といふものは專制的のものでなく、部下職員の意見を尊重してこれをも容れたものでなければならぬ。元氣に滿ち滿ちて居る青年教育者が折角熱を以てやらうとするものを、學校長の頭が古いために束縛をするのがある。是等は先づ學校長から頭を改造してかからねばならぬ。一體學校といふものは有機的の關係をもつてゐるものであるから、學校長と部下職員及び職員相互、又職員と兒童及び兒童相互が了解をして融和して行くことが大切である。それで學校長で職員の意見を尊重し、訓導の人格を認め、各人の長所を知り、適所に適材を用ひて其の材能を發揮せしめるやうにすれば、兒童の成績が高まり學級もよくなつて學校全體がよくなるわけである。訓導はまた學校長の精神を理解し、其の精神により自己の個性によつて具體化し、更に學級の性質に適應せしめ、主義に於ては一貫されて居るけれども、其の内容に於ては訓導の個性によつて各特徴を發揮するがよい。

學年初に於て學級經營案が出來たら學校長は之に目を通し一通り理解して置く必要がある。立案者と意見を交換することはよいが、校長の意見通りにするのはよくない。それから學校長と訓導との間には隔りなく、いつでも學級經營について打合せをし意見の交換をすることが大變に望ましいことである。學級經營案で學級を經營した經過は學期末又は學年末に學校長に報告する。或は職員會の席上で報告してもよい。そして其の結果は學校長の學校經營の參考とし、且次年度に同學年を經營する人の參考に供して行くやうにする。學級經營案としてどういふことを書けばよいかといふに、別に一定の形式を定めて書く必要はないが一標準として立案の要項を示して見ると、

一　學級經營の基礎
　1　兒童の位置境遇
　2　兒童心身の狀態
二　學級經營の方針
三　各科の學習指導の方針と學習の實際
四　主として訓練養護方面の指導
五　施設及び考査

などでよいと思ふ。學習は生活の向上進歩を圖るもので、從來の敎授訓練養護といふのは、學習の中に含まれ、立派な人間になつて行くのであるから、訓練養護は切り離すべきものではない。それで各科の指導中は勿論休憩時間中でも學習指導といふことで訓練も養護も含めて指導して行かねばならぬが、ややもすると忘れられる傾向があるから、便宜項目を別にしてあげたのである。

第三　學級經營の實際

私が只今受持つて居る學級が尋常四年であつて、尋常一年から受持つて來たものである。選拔しない兒童で男女共學六十二名といふ學級である。これを尋常一年から尋常四年の終りまで如何にして經營して來たかといふことを述べて

見たいのであるが。今度は尋常三四學年を中心として述べることにした。

一　學級經營の基礎　尋常第三四學年は所謂築成時代ともいふべきときで、學校生活及び團體生活に慣れ、尋常第一二學年から指導して來た學習態度も頗る整つて來て、義務教育の完成時代である尋常第五六學年學級經營の準備時代である。

現代の教育思潮が兒童中心の學習を指導するにあつて、兒童の個性能力を尊重してこれに適應する教育をすることは勿論であるが、又兒童の發達程度から考案して通性の研究をもなし、これに適應して指導して行くことは、團體を以て組織して居る學級經營には極めて大切なことである。兒童の個性能力の調査と共に、此の通性の研究といふものが學級經營の基礎をなすものである。今尋常第三四學年時代に於ける兒童の通性ともいふべき、兒童心身の狀態の一般的特徴とも認むるものをあげて見ると、

（一）記憶力が漸次旺盛となつてくる。新教育の特徴の一つは從來の教育が記憶を尊重し結果主義に流れたのに對して、思考作用想像作用を重んじて創造とか發見とかの過程を尊重することである。其の爲に記憶を馬鹿にし、結果を輕んずる傾向がある。併し記憶は思考し想像して創作して行くことのもとをなすものであるから決して輕んずべきでない。又結果に注意を怠つては教育の成績を收めることは出來ない。殊に記憶力の旺盛になつてくる此の時代に於ては、此の心理の利用にも注意して他日大いに發展することの出來る滋養分を大いに養はせて置くことが大切である。例へば國語の學習に於ける漢字の書取の如き語句の內容を理解させて語彙を豐富にするが如きも閑却してならない一方面である。

（二）五官の作用が强盛であると共に、漸次思考判斷の力もついて來る。隨つて兒童の判斷に訴へて、益々獨自學習の指導をして、兒童自らが合理的創作的に學習して、自己成長を圖るやうに指導しなければならぬ。

（三）兒童の自覺も次第に出來て來て、努力心が發達してくる。尋常一二學年では自覺といふことはなかなか望めないが、尋常三四年になつてくると餘程自覺して來て學習に對し自發的努力的の傾向があらはれてくる。中には立派に先生の相談相手になるものがある。こんな兒童は學級の經營上先覺者先驅者として、學級の學習氣分を濃厚にし學習方法の改善進歩に貢獻させるやうにするがよい。さうすると、自覺が遲れ、努力の乏しい兒童も漸次是等が進步增加し、學級全體がよい傾向を呈するやうになつてくる。

（四）團體的自治的の觀念が發達してくる。尋常第一二學年では主我的感情が非常に強いが、尋常三四年になると、同情心共同心が發達して來て、團體的自治的に行動して行くやうになつてくる。團體に對する責任、學級に對する責任を感じて自分共の學級をよくして行かうといふ考をもつてくるから、此の心理の上に立つて指導をなし、學級自治會等を盛んに奬勵して、兒童相互の力によつて善を勸め學級をよくすることに責任をもたせる。各科の學習に於て獨自學習の上に築く學級學習相互學習に於て、所謂討議的學習をさせるにも、自覺して出來るやうになつてくる。

（五）身長體重共に增加して運動遊戲を好み、盛んに身體的活動の欲望が强烈となる。尋常三四年といふときは、身體的活動の欲望が最も盛んなときであつて、じつとして居ることは出來ない。廊下を飛び廻り、男兒は多少殺伐殘忍の風を呈して女兒を壓迫したりする。兎に角活動の最も盛んなときであるから、消極的に色々なことを禁ずるといふことは一般によくないことであるが、此の時代には一層よくないことである。そこで積極的に運動遊戲を奬勵し、進んでよい方面のことをして行くやうに指導して、積極主義でなければならぬ。規律とか秩序とかいふものは兒童自らがつけて行くやうにして、所謂自律的で行くやうに導くことが大切である。

（六）男女兩性の差は尋常三年までは格別あらはれないが、尋常四年になると其の特性があらはれて來て、運動遊戲を別にすることを好み、各科の學習に於ても男兒の活動が盛んになつて女兒は引込み勝ちになる。運動遊戲に於ては、普通の體操はいつしよにしてよいやうであるが、遊戯は男女合同の外に男女別にさせることも加へて行きたい。又各科の學習に於ては兒童の質や學科の性質にもよるが、女兒の活動を奬勵するために、獨自學習に於て指導をうまくして置き、且相互學習に於ては成るべく女兒に活動の優先權を與へて、學級内の兒童が出來るだけ多くの人數にわたつて活動して行くことが、學習のうまい學級といふことに男女の兒童に了解をさせて置くがよい。私の學校では尋常四年まで男女共學で五年になると男女を分離して別々に學級を編制するやうになつてゐる。尋常四年では女兒が男兒に壓倒され勝ちであるが。五年になつて女だけになると盛んに活動するやうになる。男女共學はせめて四年までで五年以上になれば男女共學は女に不利になる。隨つて四年若くは五年以上は男女別に學級を編制することが適當であると思はれる。私の只今の尋常四年に於ては算術は女兒は男兒に及ばないが、綴方は格別の差がなく、むしろ女の方が得意で學習して居るといつてもよい。男兒が數理に長じて思考力に優に、女兒が文學に長じて想像力に優つて居るやうな、兩性の長所が既にあらはれてゐて非常に面白く感じて居ると共に、研究に資して居るわけである。

二　學級經營の方針

學級經營に於ては、學級兒童の位置境遇心身の狀態等に基礎を置かねばならぬが、經營者が如何なる理想によつて學級を經營して行くかの方針を定めなければならぬ。尋常三四年での學級經營の方針を述べる前に、尋常一二年からどんな方針で經營して來たかを簡單に述べて見よう。

尋常一年の最初に立てた方針は次のものであつた。

(一)　個人の自由を尊重すると共に團體敎育の基礎を確立すること、

(二)　兒童は天性活動を好むものであるから其の活動性を尊重し、決して之を抑壓しないやうにし、活動の中に規律あらしむること、

(三)天眞爛漫伸び伸びとした兒童として成長せしむること、

（四）學校教育の出發に於て自ら學ばんとする態度を養ふこと、
（五）日に日に偉くなるといふことを理想とすること、
（六）合科學習によること、
尋常二年の初に於ては尋常一年の學級經營の經過に鑑み、兒童中心の學習法を益々濃厚にして、次のやうな方針を立てた。
（一）兒童をして自發的に學習させること、
（二）兒童をして創作的發見的に學習させること、
（三）兒童をして作業的に學習させること、
（四）兒童の能力に適應する取扱をして能力の十分なる發揮をはかること、
（五）自律的訓練自治的訓練を奬勵すること、
尋常三四年になつても、尋常一二年での學級經營の方針を延長擴充した。それで精神は一貫して居る。ただ經營の努力點にいくらかの相違があるだけで、大體に於ては同一である。
（一）兒童をして自發的創作的に學習させること、
（二）環境整理に留意し、兒童の生活に卽した學習をさせること、
（三）能力發揮の學習をさせること、
（四）自律的自治的訓練を奬勵すること、
（五）優等兒を學習の先驅者先導者として善良なる學習の空氣を作り學習の進展を圖ること、
こんな方針で學級經營を進めた。

三　修身科學習指導の方針と學習の實際

(一) 學習指導の方針

1 自律的學習指導　從來の修身教授といふものは、教師中心で他律の教育であつた。教師中心他律の教育はやがて教科書中心の教授となつた。隨つて自己に觸れるところが少く、ややもすれば教科書の暗記になつてしまつた。從來のよい子供といふのは教師の命令や學校の規則にこれ從ふといふ所謂盲從する兒童であつた。自分の意志のままに活動するものは腕白だとか我儘だとかいつて教師から惡まれ學友に排斥された。かかる教授を受けたものは、從順謹愼着實秩序といふやうな方面に長所をもつた人物となるが、ややもすると兒童の本性を萎縮させ、保守因循僞善家となり表裏ある人間となつた。前記の長所をもつて居る兒童は舊時代には非常に重寶がられたかも知れないが、後に述べたやうな缺點をもつて居る人物は決して現代に於て役立つ活動的人物としてあがめられることは出來ない。最大缺點としては融通がきかない。自分で自分の身を處することが出來ない。卽ち自己意志によつての修養、自己創造、自己建設といふ自分が自分で立派になるといふことが出來ないことになる。そこで修身の教育も兒童中心の學習であつて、兒童の自由を尊重しなければならぬ。道德は他律でなく、自律でなければならぬ。私がここに自由といふことをいふが、それは不羈放縱所謂「我がまま」とは違つてゐて、兒童をして自主獨立、自律自己規定自己支配卽ち自ら法則を立てて自ら尊重して行爲し、眞の責任感と眞の服從心とをもつて、自己の向上發展を圖ることでなければならぬ。自己が正善と信じたことを自己の力で斷行する。自己成長自己發展につとめ自己で自己の運命を開拓するといふ力强いものでなければならぬ。

2 道德的判斷力の養成　兒童の判斷力の發達に伴うて道德的判斷力を鍛錬することに留意して行く。其の方法としては兒童の經驗生活の反省批判をさせ、兒童の質問や自發問題の解決をさせ、又學級問題中心問題によつて互に意見をたたかはせて相互學習をさせる。尙日常卑近な實際問題や新聞にあらはれた新しい問題についての道德的判斷力を練つて行く。敎科書の例語の取扱に於ても、時代境遇の上から例語の人物の精神行爲を批判させるやうに指導する。

3 道德的情操の陶冶　尋常三四年から以上になると人物傳記に多大の興味をもつときであるから、大いに感奮興起させるがよい。それには敎師一人でなく兒童に其の人物の時代場所境遇年齡性行等について調査研究させ、理解の上から感動を起させるやうにする。これがためには修身書の外に新聞雜誌參考書等を提供蒐集させねばならぬ。そして兒童の研究したるものは各發表させて、お互に理解を助け感動を深くするやうにする。敎師の說話も兒童の要求に應じ學習者の一人としてして行くことにする。從來の修身敎授のやうに敎師の說話一天張りで通す必要はない。參考書や色々な材料によつて讀んだりしらべたりしてから起つてくる情操といふものを考へて行かねばならぬ。この點からいふと修身の參考材料を蒐集させる必要がある。中でも每日の新聞は最も淸新で最も活きた學習の資料である。學習新聞の蒐集硏究の訓練は尋常三四年頃から始むるがよい。それから行動に訴へて情操陶冶をすることで、勉强とか整頓とか淸潔とか實行に訴へたあと、快感を覺えることによつて情操陶冶をして行くことを考へて行かねばならぬ。

4 實行の指導　修身の實踐指導卽ち實行事項は敎師から命令したものでは、受動的で責任感に乏しいから實行力は弱いものである。どうしても兒童各自がやつて見ようといふ强い決心から出たものでなければならぬ。自分から出たものであつたら自發責任といふことによつて實行力が强いものである。其の證據として一例をあげて見よう。尋常三年で「仕事にはげめ」の學習をした時「どんなことをして仕事にせいを出すか。」自分自分にやつて見ようと思ふことについての實行方案を修身の學習帳に立てさせたことがある。其の結果は次の通りであつた。

掃除當番にせいを出す　　三十四人

うちで水まきをする　二十人
うちの掃除の手傳をする　十八人
おつかひをよくする　十三人
敎室のうけもちのことをよくする　六人
着物をといて手傳をする　二人
お守りをする　五人

従來の實踐指導に於ては、「仕事にはげめ」を取扱つた後皆さんはこれからどうしますかと問ふと、兒童は掃除當番にせいを出しますと答へると、敎師は直ちに肯定して賞賛する。「親切」の題目を取扱つた後に「これからどうしますか。」と聞くと兒童は友達に親切にしますと答へると之も直ちに取りあげてほめる。そして敎授がよく徹底して居るなど考へる。併し兒童は内容の伴はない具體的實行でない言語を反復して居るに過ぎない。これでは實行の指導といふものは徹底するものではない。掃除當番にせいを出すとは如何なることであるか、親切にするとは如何なることであるかの具體的の實行の方法をたしかめて、之を指導すると共に實行力を旺盛にして行かねばならぬ。それで各自に實行方案が立つたら、兒童の個性境遇から差別觀の上に立つて個人的に指導して行かねばならぬ。併し學習指導に於ては差別觀と共に共通觀に立つことを忘れてならぬ。此の仕事にはげめの實行方案に於て兒童が自分自分に立案したものであるが、掃除當番にせいを出すといふことは六十人の中三十四人であつて、過半數に達して居る。而かも私の學校では尋常一二年は敎室の掃除を高學年の兒童がするが、尋常三年からは自分の敎室の掃除を自分どもですることになつて居る。して見ると、掃除當除にせいを出すといふことは學級全體の兒童に共通的に指導するのに最も適當なものである。そこで私は掃除當番にせいを出すといふに力を入れてやつて見ようといふ人が三十四人もゐて、今年から掃除當番は始めてゐるし、皆でどうすれば掃除當番にせいを出すことになるか話し合つて見ませう。とかう出た。兒童は教室の隅にある小黒板やビール瓶サイダ瓶などすつかり廊下に出して隅まできれいにしますといふものもあれば、教壇の上の秤や圓壔角壔などの體積の道具などもすつかり廊下に出してしますとか。掃除當番にせい出す方法についても色々意見を出した。私はこんな實行法が具體的になり、實行の決心が強いのを見て、初めて結構ですと肯定したのでした。すると此の話合によつてきめた掃除當番の實行方法が長く繼續して、實行の一周年記念會をした。これは全く實行指導の方針が自發責任であるお蔭と信じて居る。併し人間の弱點として、非常に熱をもち努力をするときには實行力が繼續するが、どうかすると實行力が薄らぐものである。これには兒童の自治會を勵行して、教師は激勵と指導とをして行くことが肝要である。從來の修身といふものは全く訓練と切り離なされて行はれてゐた。其の爲に修身の效果を奏することも少なかつた。そこに修身と訓練との抱合を密接にし、更に學習卽訓練といふやうに考へ、學習といふ中に於て常住不斷兒童の生活の向上を圖らせることにすれば、效果を疑はれ易い修身科も學習の價値を發揮することが出來ると信ずるのである。

（二）學習の實際

修身科學習指導の實際を今少し實際的具體的に述べて見たい。前に述べたやうな方針で修身科の學習を指導するには、是非共兒童の經驗生活を基調としなければならぬ。それには先づ經驗から出發して行く。それの第一に私は隨時隨所の修身といふものを認めたい。修身の時間以外の他教科の學習中も休憩中も臨機應變道德の指導をして行く。尤も他教科學習の場合に非常に時間をとゝさうであつたら、簡單に取扱つて修身科の時間に渡りをつけておいて、修身科の時間に徹底的に話合ふやうにして行けばよい。

次は兒童自身の經驗から出た自發問題によるもので、それを基にして修身教科書に結んで行く。修身書の題目の順序には拘泥する必要はない。兒童の經驗生活を本位とした場合に、積極的方面と消極的方面との二つに分かれる。積極的方面といふのは實行の出來てゐることで、お祭りにお使錢を貰つてそれを貯金したとか、八百屋から來て居る子供が毎日父親の手傳をして物を賣りに行つて居るとか、是等は兒童が修身書にある題目については學習をしてゐないが既に實行して居るものである。其の時はそれが倹約であるとか、或はそれが仕事にはげめであるとか、孝行であるとか、其の行に對して道徳的意義を附してやることが必要である。これによつて修身なり道徳といふものは決して高遠なむつかしいものでなく、卑近なことで自分の毎日やつて居ることで實行の出來る手近いものであるといふ信念をもたせたい。道徳は毎日して居る自分の歩いて居るところにあるものだといふことでなければならぬ。

實行の出來ないことを實行の出來るやうにして行く方面では更に二つに分れる。一つは自分自身で困つて居るものでこれは個人的のものである。今一つは他人の爲に困つて居るもので社會的のものである。何れにしても困つて居る問題を捉へて研究し、教科書や參考書によつて解決し、學友や教師にも相談をもちかける。教師は此の際個人指導をして具體的解決につとめさせる。解決の出來るだけ解決につとめさせて置いてから後學級に提出させる。するとそれが學級の相互學習になつて協議解決されるわけである。此の實行が出來ないで困つて居る問題については、どんな場合に困難であるか其の困難を切り開く方法について同情的建設的態度で學習するやうに指導しなければならぬ。攻擊的破壊的態度はよくない。併し悪いことは十分に其の者に自覺させる必要がある。自覺させた後改善建設の方法を提出してやるがよい。それからこんな話合だけでは感激とうま味の足りない缺點がある。そこに先人の行爲精神をもつてくる必要がある。模範人物なり、現代人の善行などはこんな意味に於て學習させるがよい。

尋四の初一人の兒童が「うちのお母さんが、うちの事はしないでもよいから勉強をしつかりせよといはれるし、勉強をしやうと思ふが、家の前が通り道でいつも遊ぶ聲がきこえる。するとすぐに遊びに行きたくなつてどうしても勉強が出來ない。どうしたらよからう。」といふ困つて居る問題を學級に出したことがある。其の時他の一人の兒童が「僕は毎朝お父さんの靴を磨かせられたことがあるが、其の時いやであつた。するとお父さんは或女學校の生徒が善いことを續けていく爲に善いことをした時に書き入れて行く紙をもつて來て下さつて、これに靴を磨く度毎に書き入れて行くやうにといはれた。僕はその紙に書き入れて靴磨きをしてゐたが、後にはそれに書き入れなくても靴を磨くやうになつて、今で一年ばかり續けて居る。その紙がまだ外にあるがそれをもつて來てやるからそれに書き込んで毎日きつと勉强することを續けてはどうです。」と同情的建設的に出た。すると勉强が出來ないで困つてゐた兒童は感謝して、「その紙をもつて來て貰はなくてもよい。僕は自分でそんな紙を作つて勉强する度毎に書き入れて行つて見よう。」とかういつた。それからその子供はその紙に書き入れて勉强するやうになつた。二三日たつた後私は「どうです。此の間勉强が出來ないで困つて居るといつてゐたことは勉强が出來てゐますか。」と聞くと、其の兒童は「僕の勉强する部室に時計があるのでそれを見て勉强してゐますが、少し勉强して時計見ると十分しかしてゐない。二十分三十分と隨分長く思つたが、三十分してまるをつけました。其の次の日は四十分しました。そして紙に勉强した印をつけてゐます。」と答へてゐたが、それから今日まで一ヶ年近く續けて、此の間習慣を取扱つた時に聞いて見ると、今では勉强が習慣になつたと答へてゐた。こんな類の指導である。

それから兒童の反省告白といふものであるが、兒童が自己を投げ出すやうにしなければならぬ。それには教師の温き態度が必要である。何かそれを種にして叱るやうでは決して眞の反省告白といふものは出ないものである。それでかたくなつてはいけない。教科書からはいつて行くとどうしてもかたくなり易い。反省告白のはき違へに、教師學友に認められる爲に僞りを作つて告白の形にするものがどうがすると出ることがある。これは僞りのないやうに眞實の告白を指導しなければならない。又告白に於て一つでも多く告白することを誇りとし、惡い事をしても告白をすればそれで罪滅しが出來たと思ふものがある。之に就ては必ず悔惜の情を伴はすことを忘れてはならぬ。私はかういふことをしたが、それからどうしてゐますとか、私はかういふことをしたが、今にどうしても其のことをあらためることが出來ないで困つてゐますとか、眞の悔悟の上に立つた告白でなければならぬ。反省告白は修身の學習指導の方法として頗る價値のあるものであるが、指導には工夫を要する。こんな點から考へると、修身は參觀人に觀すべきものでなくて、師弟が打ちとけてしんみりとやらなければならぬ場合がある。時には個人對教師で全く二人で話合はねばならぬ場合がある。

　兒童が時事問題について調査研究して居るものから學習が出發することがある。それは新聞紙上で見たことで、自己が共鳴したこと或は問題となるものからはいつて行くのである。例へば震災美談として兒童が新聞を集めた時、東京の住友銀行の店員が震災の際猛火に圍まれて金庫を守つた話から出發して教科書の「忠實」に歸結し、教科書にある例話の若狹の綱女の方を補充的練習的に取扱つたことがある。又震災當時に於ける義捐から、教科書の「博愛」に聯絡をとつて學習したこともある。

　以上は兒童の方から、發動的に出たものから經驗生活の上に立つて學習を指導するのであるが、教師が兒童の日常の經驗生活に觸れた活材料を捉へてそれから學習を指導して行くこともある。兒童の自然の經驗生活から出發することが非常に望ましい。そしてこれから教科書に連絡をとつて行けば、教科書の題目の順序はかはつても目的を達することが出來る。併し自然の經驗生活から出發が出來ないのは、環境整理から導くことが大切であるが、私の今の研究では算術の方は、環境整理から算術の教科書にあるすべての題目に亙つて自然に出發させることが出來るが、修身では教科書を離れた自然の經驗生活から悉く出發することは出來ない。こんな場合は教科書を一つの環境と認めそれから出發することにして居る。その時は次のやうな學習指導の手續をとる。

(1) 教科書の題目の意義を明かにする。

(2) それから其の題目の内容について自己の經驗の整理をする。例へば「志を堅くせよ」なら自分が考へてやつてゐることは色々難儀なことがあつてもやりとほしたこと、其の反對に自分が考へてやりかけたことを中途でやめたことを各自學習帳に整理して見る。

(3) 以上の發表と討議とによつて德目の現實化をする。既に出來てゐることには道德的承認と奬勵とをする。

(4) 修德法の研究。色々工夫をし、教科書の研究、其の他の材料について研究蒐集する。橫範人物の心情の研究をさせ、感激と慰安と奬勵とを得させる。

(5) 同上の發表と討議とをさせる。理知的に流れないやうにして、各自の所感を陳述してあとは討議をあまりしない。修身の討議的學習は情操陶冶を害するといふ人があるが、討議の形式をかへるやうにすればそんな心配はない。

(6) 教師の補說

(7) 批判と共鳴

(8) 實行方案の工夫と發表及び指導

(9) 共通點については特に深く現實化する。

經驗生活に出發して經驗生活に歸結する。教科書は此の學習過程の中間に取扱はれて行くのである。精神は兒童の經驗生活を基調として學習を指導することになる。

序に一言して置くが、教科書は尋常三四年程度までは、兒童の經驗生活に遠いものはないが、尋常五六年になると、「夫婦」の樣な兒童の經驗に遠い課がある。そして環境整理ではなかなか行かない場合がある。その時には、私は道德的認識として理想構成の基礎萠芽とし、將來必要な知識として話し合つて見る。卽ち其の題目について相談をし學習することを協定して行く。さうすれば兒童も學習することを認容して、他律がかはつて自律の學習をさせることが出來る。

要するに、兒童の經驗生活を主にし、教科書を背景として學習を指導して行けば、生活の向上が出來ると共に國家が教科書に於て要求して居る目的を逹することが出來るのである。

四　讀方學習指導の方針と學習の實際

（一）　學習指導の方針

1　**讀解能力の養成**　尋常三四年になつてくると、讀本も次第に複雜になつて來る。讀方の學習指導の根柢は何といつても讀解能力の養成が最も大切である。讀解能力を養成するには先づ正確なる讀解の指導をしなければならぬ。それには文章の槪意と文段との研究をし、作者の想定、作者の精神、內容に關する個々物々の精神を讀破して行かねばならぬ。個々物々の精神とは國語讀本卷七第十獅子と武士の課なら、獅子が蛇にまかれた時の苦しみ、武士が之を見た時の心、武士に助けられた時の獅子の心、武士と獅子とが別れるやうになつた時の兩者の心、獅子が入水した時の心、更に古鄕に歸つてからの武士の樣子と心などまでにも讀み及ぶことである。そして一文章の文旨ともいふべき文の精神眞髓で一文章の狙ひ所奧深く行く所を捕へなければならぬ。それから讀解能力には自覺ある讀方がほしい。卽ち自己が何物かの欲求をもち、其の欲求を滿たし、自己の生命に觸れ、自己成長に資して行かねばならぬ。その爲には問題をもつて讀むことである。換言すれば目的を定めて讀むことである。私は此の目的に立つて、讀方の學習に於ても自發問題の構成と解決とを指導してゐる。卽ち目的を立て、其の目的を解決する態度で讀本を讀んでみる。そして讀本だけでは不十分の時に參考書なり參考材料をしらべて見るやうにして居る。第三には自己の經驗生活との照合、經驗生活の擴張をさせることである。それから歷史的材料などについては背景の描寫によつて正確なる讀解が出來るから、此の點についても學習指導をして行く。從來背景の描寫は敎師がしてゐたが、之は兒童自らが必要に應じて背景の描寫をして背景になることを研究したり、或は描寫製作をしたりするやうにして行かねばならぬが先づ以て兒童にさせるのを本體とし、敎師は之を指導し、必要あらば補ふといふ態度でなければならぬ。

2 鑑賞能力の養成　鑑賞能力を養成して文學的趣味を養ふことは必ずしも高學年に限つたものではない。低學年から必要であるし、殊に尋常三四年になると、文學的材料として立派に態をなして居る課が隨分多い。こんな美的情的文章の學習に於ては、學習の特質が翫味鑑賞にあつて文學的趣味を養はねばならぬ。それには形式內容の批評吟味といふことを指導しなければならぬ。文を味ふといふことが目的であるけれども、味はせるためには、形式を通した內容、內容から表現法の吟味といふものをしなければならぬ。形式と內容とは別々に離れてゐるものではないから、兩者の融合一致によつて初めて文章を味ふことが出來るのであるが、文章の批評眼が高まることによつて、深く味ふことも出來、高級な鑑賞も出來るのであるから、ただ敎師の說明による鑑賞の押賣りでは駄目である。どうしても文章の批判力といふものを指導しなければならぬ。批判力の上に立ち批判力を通して、文章を味ひ沒我の狀態になつて見るといふことでなければならぬ。元來批判をする場合には自我意識の狀態にあるが、文章をほんとうに味ふときには、沒我の狀態で美に浸潤し、ただ美といふより外にないといふ境地これが鑑賞の極致である。

3 創造表現の力の養成　文章を讀解し鑑賞したら、それに暗示を得、それに出發して自己の創造性によつて創造表現をして見るやうに指導する。兒童は日に日に伸びて居るから創作にも富んで行くものであるそれで或はうた、或は綴方、或は繪畫、或は學習劇、或は手工、或は動作といふやうに種々樣々に工夫して表現するものである。此の創造表現の力を養ふことによつて文章の讀解力も增し、鑑賞能力も向上し、文學的趣味も養成されることにもなるのである。

（二） 學習の實際

1 讀方獨自學習の指導　獨自學習といふものはすべて兒童各自の工夫創作によつて學習を進めさせなければならぬ。一定の順序方法を規定して學習させることはよくない。讀方の獨自學習に於ても此の原則に從はねばならぬ。併し指導の過程に於ては如何にして學習するかといふことを指導する必要がある。さうでないと、兒童が學習の方法を知らないで每時時間を徒費して、少しも能率のあがらない狀態に居ることがある。それで方法の指導のない學習はよくないことである。私は此の意味に於て、尋常一二年から兒童の學習した經驗の上に出發して、讀めるやうに（わけを考へて）、どんなことが書いてあるか、わからないところをきく、よい問題を見出してとく、といふ此の四項目を基にして指導した。それから尋常三年四年と進むに從ひ、兒童の讀方學習が進步するに伴うて、屢々兒童の意見の陳述、協議の結果今では次のやうな學習方法を基にして居る。勿論此の方法によつていつも獨自學習をさせる譯ではない。自分の工夫創作によつて學習させるが、劣等兒でどんな方法で學習してよいかわからない兒童は之を參考して獨自學習をして居る。

(1) 通讀　一文章全體について意味を考へながらよく讀むことをさせる。

(2) 全課の概意　どんなことが書いてあるか、先づ全體について大體をつかんでみる。

(3) 新出漢字難語句の研究　文章を綜合的に讀んで、文より語に入る態度で研究させる。卽ち一文章を研究するために語の研究をさせる。隨つて語句の意味などは孤立的にならないやうにして、文中の一語として研究させる。

(4) 文段の研究　文段の研究に伴うて、新出漢字難語句を研究する態度にして居る。文段を研究し各段の大意をつかむのに妨げになる漢字語句を排除する意味に於て研究させる。

(5) 作者の考

(6) 自發問題の構成と解決　よい問題を書いてそれをもとにして讀本を研究させる。敎師から問題を與へて研究させるのではない。

(7) 參考資料による研究　問題をもとにして讀本を研究し、それで不十分の時に參考書や其の他の參考材料によつて研究するやうにして居る。

(8) 批評鑑賞

(9) 所感の陳述

(10) 語、うた、綴方、學習劇等の工夫

(11) 繪畫による表現

(12) 漢字語句の練習應用

獨自學習に於ての主なる參考書としては、讀本自習書、第一種修正讀本、讀方と綴方、國語練習讀本、興國課外讀本、尋常五年以上の讀方地理歷史理科等の敎科書などを準備して居るが、優等兒の爲めには讀本敎授書をも與へて居る。從來讀方の自習といふと、辭書によつて讀方の獨自學習をすることに解せられ、辭書の取扱のために讀方學習の入口に於て多くの時間と勢力を費し、その爲に文章を鑑賞するとか、創造表現するとか、深刻な所まで行かないで終つたことを甚だ遺憾に思ふ。私は漢字語句の研究などは手取り早く學習をして、文章學習の本質にふれた學習を深刻にさせるやうに指導して居る。併し自習書や敎授書を與へても、それに初から依賴して盲從することのないやうにし、先づ自分の頭で工夫創作をして研究し、それから自習書や敎科書を參考させて居る。敎授書は特に資料方面に於て參

考させ、方法は全く兒童の創作によるやうに注意して居る。

獨自學習中に於ける敎師の働といふものが大切である。個人の質問に應じて指導をなし、机間巡視をして學習方面を指導すると共に激勵して學習能率の向上を圖つて居る。學習指導に於ては求めさせて後與へるのが原則であるが、劣等兒の中で求めにこないやうなものに向つては、こちらから發動して指導してやることも必要である。殊に私が獨自學習の一任務と考へて努めて居ることは、劣等兒の事前の指導である。これによつて劣等兒を盛り立て學級學習相互に參加する資格を養つておいてやる。卽ち劣等兒指導等の祕訣はこの事前の指導をして置くことにあると信じて居る。それで若し優劣混淆の學級に於て劣等兒の事前の指導を缺けば、劣等兒が益ゝ低下するやうになると思ふ。要するに獨自學習がうまく行くか行かないかが、學級學習がうまく行くか行かないかの分れるところであるため獨自學習の訓練といふものを十分にしたいと思つて居る。

2　讀方學級學習の指導　獨自學習を基礎として學級學習を如何に建設して居るかと述べて見たい。先づ學級學習に入るに當つて、兒童に獨自學習の樣子を聞いて見る。此の際兒童がまだ獨自學習が足りないから獨自學習をさせて下さいといつた時には獨自學習にあてられた特設學習時間でなくても、獨自學習をさせる。全級の兒童の傾向が學級學習をやつて見ようといふ意氣込が濃厚でない時に學級學習を築くのは失敗である。それから學級學習を初めるに先立つては、兒童がどんなことを獨自學習で研究して居るか列擧させて後、どういふことから學級學習を進めて行くといふ、相談協定から入ることが、兒童の活動も旺盛で且つ兒童中心の學習が行はれる。材料の性質により又兒童が獨自學習に於ける研究事項によつて進み方が違ふが、學習の經驗が積むに從つて、凡その順序といふものはわかるものである。

動かぬところは通讀である。通讀に於ては讀み振りの研究が必要であつて、讀み振りの進歩向上を圖るために批評をさせるがよい。次は色々にかはつて行くが全課の概意か所感か、作者の考か、質問問題といふことになる。「海の生物」といふやうな科學的な而かも長いものは大抵全課の概意から段落を明にしながら質問問題に行く。そして問題中全體に關した大きな問題は保留してあとで解決することが多い。「吳鳳」の課のやうな叙事的なものは感じたことから學習を進めて行くことが多い。そして文段をしないで全體を漸層的に行く。「胃とからだ」の如き議論的なものは誰と誰と議論をしたといふやうなところから出發する傾向がある。獨自學習を十分にさせて置いて、學級學習の時には敎師の考の通りに問答式で進む方法は豫習がうまく出來て居るといふのであつて、其の精神に於ては敎師中心の敎授で、從來の敎授法の變形である。學級學習も兒童を中心にして、兒童の學習の傾向により、勿論材料の性質上から指導する必要はあるが、兒童の相互の力によつて學習を進めて行かねばならぬ。敎師も學習者の一人であるといふ態度で意見を述べ、指導をして行けばよい。

一番初に學習した全課の概意なり全課の所感なりは小學校に列擧して置くがよい。そしてそれが如何に正確であるかをためし、それを基にして研究する態度で學級學習を進めるがよい。一番初に學習した全課の概意なり、所感なりが正確であつたら、それで讀解が正確に出來て居る譯である。こんな風にして學習を指導して行けば、兒童の讀解能力が向上進步するものである。

文段の研究と質問問題といふものにも前後問題があつて一定しない。そこで質問問題の提出は一題提出しては卽解するといふ一つ毎に解決して行く方法と、あり丈けの問題を提出させて置いてからあとから解決するといふ提出と解決とを大體に於て時機を異にして行く方法とある。前者は重複することがあり、且折角問題を提出しようとして居る發表の意氣がなくなることがある。併し後者では今直ちに卽解したが自然だと思ふときに機會を逸する嫌がある。要は自然に從ひ且兒童の活動のにぶらないやうにしたい。それで簡單で直ちに解決した方がよいものは直ちに解き、重要な問題複雜な問題は板書して保留して行くがよい。

板書された問題については、多數の兒童が要求するものから解決を始めて行つてもよい。又問題の價値批判をさせて、最も價値のあるものから解決を進めて行つてもよい。前者が解決に於て活動する兒童が多く、後者が活動する兒童が少くなり勝ちである。そこで學習法が進むに從つて後者の方によりたい。それなら問題の價値を批判する時には如何なる條件によつて行くかといふに、其の文章の核心に觸れた問題卽ち全體に關係した大きな問題が一番價値がある。例へば人間の身體でいへば、心臟が中心であるから、直ちに心臟に當れば一番よいが、血管に當ればそれでも問題である。そして其の中心問題を解くには全課を見わたさねばならず、それに又其の問題を解けば全課がわかり、小さい問題は含まれて自然に解ける問題といふのに目星をつけて行く、兒童の研究の興味からいへば旺盛であるが、讀本の本文から見れば餘り必要でないといふものがあるが、之もすてたものではない。併し大體に於て敷衍し深くすることを第一義とし、附加を第二義としたい。

學級問題中心問題の解決に當つては、讀本を中心として行くことが肝腎である。劣等兒の中にはどこが討議されて居るかわからないものがある。それで今討議されて居ることは讀本のどこにあるかを注意してやるやうなことがあつてよい。又討議がわき道に行くことがあるが、其の軌道を讀本の文章によつて行くやうにすると都合がよい。冗辯が多いから時間が不經濟になるとか活動する兒童が偏するとかいふこともあるが、これらは學習指導上注意すべきことであらう。

中心問題の解決がすむと研究發表といふものをさせる。初の間は文段の發表とか自發問題の構成と解決とかまで發表してゐたが、發表者の人數が多くなるに從つて、兒童は創作ものに限るとか、價値のあるものとか制限をいひ出して、今では鑑賞とか、學習劇、うた、繪畫、補充事項等の創作的で價値のあるものになつて居るがなかなか面白い。

優等兒だけの研究發表かといふとさうではなくて劣等兒さへも批評なし質問なしの研究發表をして居る。此の研究發表によつて讀方學習の進步發達を圖ることが出來るものと信じて居る。

五　算術科學習指導の方針と學習の實際

(一) 學習指導の方針

1 **兒童數學の新建設**　從來の算術教授といふものは教授中心教科書中心であつた。教師が問題を與へて解かせるか。教科書の問題を解かせるか、其の他の書物にある問題を解かせるのであつた。與へられた問題を解くといふことに教師も兒童も非常に骨を折つた。そこで計算の練習とか問題を解くことには成功した人もあるが、こんな算術教授では兒童自らが環境內から材料をとることが出來ず、數量生活に觸れず、形式に囚はれ器械化されたものである。其の結果我が日本國民の一大缺點である數量的觀念や數理的の觀察力や考察力はいつまでたつても救濟されない。私は兒童の數量生活の向上發展を圖ることに努めてやつて、其の數量生活から兒童自らが材料をとるやうにした。卽ち兒童に自發問題の構成と解決とをさせ、兒童の自發問題を中心として數學の學習を進めることにした。これを自發問題中心の兒童數學といつて居るのである。隨つて兒童の經驗や實驗實測を重んじ、兒童の生活に卽した學習をさせることに努めて行くから、兒童は數學に對して非常な興味をもつと共に、伸び方も著しいやうである。

2 **事實問題を中心とする學習**　今までの算術は計算關係から出發して後事實に應用しようといふ算術のやり方である。教科書にしても先づ加法なら加法の算法を取扱つてそれが練習をして、それから應用問題に進むといふやうになつて居る。勿論教科書といふものを活用して行かねばならぬから、必ずしも教科書の順序に拘泥する必要はないが、一般に計算から出發し計算中心の算術教授である。その爲に何の爲に計算を練習しなければならぬかといふ自覺がなく算術に對する熱と興味とを缺き、所謂計算の爲の算術になつて居る。私は生活の爲の算術と解して居る。隨つて算術といふものは實事實物を基として事實實際に出發しなければならぬ。卽ち事實問題を解くことが目的であつて、其の手段として暗算筆算珠算がある。數關係が簡單であれば暗算で解けるし、數關係が複雜であれば筆算や珠算を適用するのである。事實問題を中心として學習が進められて行けば、兒童の生活にも卽して行き、數量生活の向上發展も圖られるし、數學に對する興味も養はれる。そして事實實際を背景として學習させるために、內容が空虛な學習に流れることがなく、計算の方に於ても理解的に且自覺と熱とを以て學習させることが出來る。今迄の計算から出發した方は、數學常識に缺け應用の力が足りない爲に一の算法を取扱ふのにも非常に骨が折れ、練習に自覺と熱がない爲に多くの時間と勞力とを費した割合に成績があがらない。之に反して事實問題を中心として行く方は、理解力應用力があるから、算法でも自分の力で發見することが出來る。それで尋常三四年時代に於て形式算の算法でも兒童が容易に學習する。教科書では尋常五年で取扱ふやうになつて居る小數を割る割算でも、尋常三年で兒童が難なく發見的に學習した。それは兒童が圓周や圓の面積を學習してゐた時に、圓周が直徑の三・一四倍だといふことから圓周を知つて直徑を求める問題を作つた。そして圓周を三・一四で割つて直徑を出す時に三・一四で割るのは小數があつて面倒であるから百倍して整數にし、割られる圓周の數も百倍して割ればよいわけだと考へ出して計算をした。計算から次第に出發して行くのであつたら、小數で割る場合には小數點の移動の了解が出來ないものがあるが、何事も事實から出發して行く方は算法の發見が樂に出來ることは此の例でもわかる。

3　**能力發揮の算術學習**　從來の算術は學年の教科書によつて兒童の能力の如何に拘はらず、材料の齊一を期して居つた。教科書の材料そのものが其の學年に適當であるかといふことも疑問であるが、優等兒も劣等兒も同樣に學年の教科書によつて材料の齊一を期することは、兒童の個性を殺し能力の發揮を害することが夥しいやり方である。教科書によつて自由進度をゆるし、能力の發揮を圖ることも一方法であるが、之は動もすると記載されたものによつて器械化し表面的に流れさせることになる。卽ち尋常四年の兒童が教科書の自由進度によつて尋常五年の教科書を終つたからとて、必ずしも尋常五年の兒童だけの實力があるとはいへない。眞に內容から理解したのでないことがあり勝ちである。事實化され實際化されたのではない。數學に對する興味に於ても眞に數學を好むといふ直接興味でなく、進度を競ひ頁を爭ふ間接興味であるものが多い。あなたは六十頁ですか私は六十五頁で私が五頁進んで居るといふが如きは此の類である。そこで教科書の自由進度はわるいことではないが、これのみでは能力發揮の學習は出來ない。然るに兒童の環境整理環境擴張に注意して、數量生活の向上發展を圖り、自發問題の構成と解決とをさせて行く方法は、自分で構成して自分で解決するのであるから、これ程たしかなものはない。そして能力發揮の學習が出來ることは實に驚くほど偉大である。尋常三四年で教師も及ばないやうな問題を構成しては解決する。それが教科書や其の他の書物から種をとるのと違つて、實事實物から出發して居るのであるからたしかなものである。教科書や其の他の書物から種をとり、又は家庭に於て兄姉に教はつたものであつたら、教師がつき込むと困つて露顯するが、實事實物から自分が工夫して居るものは、却つて教師の方に肉薄逆襲してくるからたしかなものである。かうして尋常四年までに踏み段に踏み段をつくつて、自然に進んで來て開平法までも進んで來た兒童が十數名ある。そして算術だけでなく幾何的の學習が自然にとり入れられることが頗る多い。代數的の取扱も少し指導してやればいくらでも自分でやる。かうして算術も幾何も代數も一丸として學習され、數學教育改良運動の一つである算術幾何代數の孤立を改めて三者の聯絡統一を圖ることも自然に行はれる。實事實物を基にし實驗實測から進むものは、教科書からいへば高等小學第三學年の教科書、中學校の三四年の教科書の材料に當るものを尋常三四年で餘り骨を折らないで面白く解いて居る。まるでうそのやうであるが實行して見ない人には了解が出來ない。私の學級の兒童を了解していただいて居る方はきつと肯定して下さることと思ふ。劣等兒はどうかといふに、劣等兒は劣等兒相當に伸びて行つて、結局學級全體の力が高まることになる。このやうにして自發問題中心の兒童數學は各兒童が能力發揮の學習をすることが出來るものと信ずるのである。

(二) 學習の實際

1 **自發問題の構成** 自發問題の構成と解決とをさせるには環境整理環境擴張に注意して、其の變化進展を圖つて行く。環境整理については本誌の昨年十二月號に「自發的學習と環境整理」といふ題で述べて置いたからここには省くことにする。環境は學級のみでなくて、家庭も社會も兒童の全生活であるから、自發問題の構成は全生活からさせる。そして題目中心でやるよりも生活中心で範圍を限定しないでやらせるがよい。そこになつてくると綴方の自由選題と同じ意味になつて、常住不斷に於ける數量生活から出發するのでないからほんとうのものでない。實事實物から出發させる。それから構成した問題は必ず解かせて置く。さうでないと責任ある學習活動は出來ない。解けない場合は色色工夫してみる。どうしても獨自の力で解けない場合は學友に相談するなり、敎師の指導を受けるなりさせる。

2 **自發問題の評價** 自發問題を構成して解決したものを紙に書いて敎師のところに提出させ、それを課外に檢閲して適當なものだけを選んで、これを兒童に評價させる方法をとつたが、これは課外に時間を多く要することと、兒童の評價でなくて敎師の選擇になる。そこで發表會を思ひ立つた。兒童に自分の作つた問題を讀み上げさせて、敎師は帳簿に書き取り、問題の性質、難易の度良否等の兒童の評價した結果を記入した方法もとつたが、耳から聽いただけでは十分の評價が出來ないし、且あとから其の問題を板書するなり謄寫にするなりしなければならぬ。それで今ではボール紙製又はトタン板製の小黑板形の作業板を作り、それに問題を板書させて置いて評價させることにしたが、これは頗る便利である。この評價によつて兒童が學級問題を選出するわけである。評價の主なる條件は事實關係及び數量關係が正しいか又妥當であるかである。

3　學級問題の構成　兒童が評價して選出したものから學級問題を構成するのであるが、これは一々兒童に相談することをしない。先づ學習を進めて居る其の中心點に合致したものをとる。言ひ換へれば實質形式の主眼點に合致して居るものである。それから實際問題に優先權を與へて行く。生活に卽した算術學習からいつて或一人の特殊的經驗による問題よりも、共通經驗をして居るもの又は共通經驗に近いものがよい。學級問題がむづかしくて優等兒標準にならないやうに、劣等兒用中等兒用優等兒用と大體三樣の問題を選擇するやうにする。今迄にない創作的問題なども尊重して行く。そして學級問題は易より難に排列し、これに問題の順序を示す番號を書いて提出するのである。

4　學級問題の解決　學級問題の解決に於ては、各獨自の力によつて創作的發見的に解かせる。其の際兒童に努めさせて行くことは、自己が經驗したこと實驗實測したことを基にして問題を具體化させることである。圖解法や實演法をも指導して行く。そして獨自の力でどうしても解けない場合には、學友相互の力による分團學習をさせる。又敎師のところに求めにこさせる。求めに來た兒童に對しては個人指導なり分團指導をする。劣等兒の指導に特に力を注いで行く。問題の解決を終つたら自檢自證をさせ種々の方面から解く多方的解き方を奬勵する。それから學級學習の資料にするため數人の兒童は自發的に小黑板に解說を發表して置く、尙時間の餘裕あるものは補題學習とか自發問題の構成と解決とか自發問題の交換計算とか敎科書による力だめしとかを自らするやうに指導する。

5　學級問題解決の檢討　全級檢討に於ては發表者の說明をさせる。それから一般兒童はこれを基にして質問批評をし、異なつた解き方を發表しては解き方の優劣を批判して行く。次に解說者からの反問もやる。かうして兒童相互の力によつて解決の檢討をさせ、深刻な徹底を圖つて行く。兒童の相互の力で立派に行けたらこれが理想である。併し不徹底なところがあつたら敎師も學習者の一人として要點について問答して見る。さうして徹底を期して行くのである。

尙算術の問題解決檢討に於て兒童に證明的實驗をさせることも價値あると共に興味のあることである。問題が非常にむつかしくて劣等兒には所謂「猫に小判」になつて、どうしてもわからないといふ場合には分團檢討を行ふ。又一方劣等兒には適當な問題で優等兒にはあまりに平易に過ぎて學習する必要がないといふ場合にも分團學習を行ふ。

6　教科書の取扱　國定教科書は決して輕視するわけではない。以上のやうな學習を指導するに當つて、絕えず國定教科書を背景として行く。卽ち國定教科書を定規として參考用とし整理用とし反省用として行くのである。この教科書によつて下を固めて學年程度のものだけは皆の兒童が出來るやうに努めて行く。自發問題から教科書に連絡をとつて行き、形式等は取扱つた問題に印をつけて各種の場合の形式等に遭遇させる。それから形式等の練習は教科書でさせ、更に形式等の練習は謄寫刷によつて能率をあげるやうにする。教科書應用問題は力だめしとして試驗的應用的に解かせて見る。私は教科書を家庭自習用としても使はせたいと思つてゐる。尋常四年位から上に於ては、家庭で每日三四十分乃至一時間自習をするやうに指導することは教育的であると信じて居る。餘り多くの時間に亙つて家庭自習をさせて過重になすことはよくないが、適當な時間殊に兒童が學問を樂しんで自ら進んで家庭自習をするやうにすることは益あつて害は少いと思ふ。其の家庭自習の時間の中に於て算術の教科書の問題でも練習するやうにしたらよい。そして學校に來て難なく通つた問題については簡單に答だけを檢べて承認する態度で行き、困難な問題重要な問題は學級で相互學習をさせて見る。此の方法は所謂教科書による自由進度とは異なつて、數量生活を基にして自發問題の構成と解決とをし、更に自發問題中から選定された學級問題を解決して行く力を教科書の問題によつてためして行かうといふのであるから、實事實物の上に立ち、事實内容を了解してからの力だめしである。（算術の學習指導についての詳細なとは目黑書店から發行の最近の拙著、實驗實測作問中心算術の自發學習指導法をお讀み下さらば幸である。）

六　主として訓練養護方面の指導

訓練に於ては自律的自治的訓練を奬勵して居るが、其の方法としての一つは精神の徹底に注意して居る。自治的訓練の第一精神は自立心獨立心で、人に依賴しないで獨自の力でやつて行くことである。第二精神は共同心であつて、他人と力を協せて行くことである。第三精神は公共心卽ち犧牲獻身の心で、團體の爲に盡すといふことである。殊に注意したいのは個人の自由を許せば許すほど、一方には團體的觀念社會的訓練に力を注ぐことが大切である。卽ち自己の權利を主張すると共に義務を果すといふことであつて、これが立憲的國民の精神である。時代の趨勢からは、團體觀念社會的訓練を要求すること切なるものがある。此の點は訓練上最も留意したいと思ふ。動もすると自己の權利を主張することのみをして義務を果さないものが往々にしてある今日であるから、義務觀念を强くして、「義務を果さないものは自己の恥辱だ。」といふことを自覺させたい。

自治訓練の施設としては學級自治會を盛んに開いて居る。自治會は一週間に一度開いて長い時間かけるよりも、二分間でも三分間でもよい屢〻開くことが效果が多い。少くとも毎日一回以上開くことに努めて居る。これによつて自律的自治的團體的訓練の實をあげると共に學級をもよくするやうにして行く。それから教室内にある備品の保管から淸潔整頓學習新聞學級圖書等すべて各兒童に分擔させて責任をもたせて居るが效果が多いやうに思ふ。

養護方面については特に述べることはないが、知識技能を伸ばすといふことだけに流れて身體の方面を閑却することがないやうに注意し、學習といふことによつて、知識技能が伸び道德が向上し身體の健康も增進して、自己の生活の向上を圖り立派な人になるやうに師弟共に勵んで居るわけである。

七　旋設及び考査

環境整理のために色々の施設がいる。學習法を實施するには、從來の教室は學習室にかはらねばならぬ。私は環境整理に最も苦心して學習室を作ることに心掛けて居る。參考書を始め算術の實驗實測の道具など施設もなければならぬ。施設事項を一々述べたいけれども算術の方の施設は昨年十二月號に發表したし、他の學科の參考書は他の諸君の中に發表する人もあらうと思つて今囘は省くことにした。

次に學級經營の考査である。學年初に經營案を立てたら、經營を進めるに伴うて其の經過及び結果を考査して反省をなし、翌年の經營案を立てる參考にしたい。それから各科に亙つて各兒童の學習成績及び進歩の狀態なども考査をしたい。私の學級では只今讀方では讀方進度一覽表研究發表一覽表及び書取一覽表といふやうなものを作つて居る。讀方進度一覽表は讀本の各課について獨自學習をした結果、學級學習の用意の出來たところをあらはして行くものである。又研究發表一覽表は各課について、特に創作的に學習したものや、深刻に調査したもので研究發表をしたいと思ふものには丸をつけさせて居る。さうして學級學習をして行く間に研究發表をしようと思つてゐたことで發表したのはそのまゝにし、あとにまだ殘つた價値のある研究で發表をしたものは丸の中を赤いクレイヨンで染めるやうにして、各兒童の讀方學習成績を一目瞭然と知ることが出來るやうにして居る。書取一覽表は書取も閑却されないやうにして、讀本の毎課の書取をして其の結果によつて指導上注意を拂つて居る。

算術の方では自發問題の構成と解決との數を各兒童が記入する一覽表、自發問題評價の結果學級問題になつた數を各兒童が記入する一覽表、學級問題解決の合格數一覽表、教科書による力だめし進度一覽表、形式及び應用問題考査一覽表といふやうなものを作つて考査の便を圖つて居る。

其の他の學科なり訓練方面の考査をもするやうにして、考査に鑑みて更に學級經營を進める工夫をして居るのである。

八　結び

まだ述べたいことは澤山あるが、色々忙しいことがあるので今回はこれで筆をとゞめることにする。他日私が各學年に學習法を實施した學級經營について發表したいと思つてゐる。學級經營は從來のやうに教師一人でやるのでなく兒童を中心とし兒童と教師と力を協せ、自發的創作的にやりたいものである。教師の苦心と努力とがいるが、努力を興味化して行き、毎日毎日を歡喜の狀態で暮し意義ある生活をしたいといふのが私の心からの願ひである。

*

*

學級經營案と學級經營

訓導 山路兵一

（一）學級經營案について

（二）第一案から第二案まで

（三）第二案

（四）第二案より第三案まで

一　學級經營案について

一

しば〳〵こんなことを聞かされる。

經營案と學級の實際とのどこが一致し、案の精神が實際のどこに現はれてゐるか……と油を絞られた。と、又、こんなことも聞かされる。

經營案も作らないで、どうして學級指導をするか……と參られた。

これらは縣、郡視學の視察後に聞かされる話である。こんな話を聞くたびに私自身が油を絞られ、參られてゐるやうな氣がする。しかし、吾々はこれに對して考へさせらるゝ問題が二つある。

1、學級指導の實際は必ず學級經營案なるものと一致しなければならぬものかどうか、

2、學級經營案なるものは必ず作製すべきものであるかどうか、

がそれである。

二

私は今現に高等女子一二學年といふ學級を經營しつゝある。大正十二年の四月から經營はじめたもので後二ケ月するとまる一年になる。私はこの間、何に據つてこゝまで過ごして來たのであらうか、「學年の當初に經營案を立てよ、そして、それによつて、その學級を經營せよ。」とは多くの人が言ふところ、私も同樣に大正十二年の三月、まだ、受持つべき學級兒と一度の面接もしない頃に高女一二の學級經營案なるものを作製したものであつた。爾來、約十ケ月、私の作製した學級經營案なるものは柜底深くぶちこまれて、かつて、いまだ、一顧を與へたことがない。言葉をかへ

ると、私の經營案なるものは、たゞ單に、作製したといふまでゝ、實際の經營上には何等の手引とも、指針ともなつてはゐない。てんから、なさなかつたのである。「では汝は何を目あてに學級の指導經營をしてゐるか」と問はれたら「何の目あてもない。」と言ふ外はない。「無方針だ」と言はれても仕方がない。私はかの油を絞られ、參られる類のものがある。けれど、强ひて面詰でもされるものなら、かう答へる「たゞ兒童たちの幸福を念じて」と實際、いかに理窟がつけられても學級經營の目ざすところのものはこれ以外に何物があり得ようとも思はれない。兒童たちの幸福――これが出來たら、吾々實際指導に携はつてゐるもの、滿足、これに過ぎるものはないのだ。兒童たちの幸福のために猛進、私はかうした考から、一旦、作製した經營案には目もくれずに實際指導――經營に努力してゐる。

三

しばらく私の昔語りに耳を貸してもらひたい。私は教育といふ生活圏内に足を入れてから、それは每年々々と云ふよりも、むしろ、每日々々と言つだ方が當るかも知れぬ。私はほとんど十年餘、不愉快と苦悶とをつゞけて來たものである。私も同じく時流にもれず、たとひ、それが他人の前に公表することの出來ない程つまらないものであつたにせよ、人並に學級經營案なるものを作つたものであつた。旣に作り上げた以上は私にとつて、それは唯一のサイテンサウであつて、私はこれに據り、これを實現――實際化せんことにこれつとめたものであつた。けれど、努めても努めてもそれが實際の上にあらはれることはない。といふばかりではない、それを現はさんが爲の努力は、かへつて、反對に兒童を苦しめ、私を苦しめる種となるばかり。かれらは常に私の考と背反した方へと遁げをうつのであつた。遁げやうとする、追ひこまうとする、けれど、追ひこむことはどうしても出來ぬ。といつて、全然、遁げ失せてもしまはぬ。十年餘の苦悶は實にこれであつた。

四

なぜ、こんなであらう？、實がわるかつたからである。

その一は經營案そのものゝ實がわるかつたからである。

1、兒童のための經營案ではなくて教師自身の理想でかうもしよう、あゝもしようとした兒童をぬきにした案、であつたからである。學級は兒童のみのもので教師のものではない、などとは私は言はぬ。學習とは兒童の學習であつて教師の學習ではない、とも言はぬ。學級や、學習は教兒の共有である。學級を經營するといふことを、あたかも教師のみの特權かの如くに思つたり、學習指導とはたゞ單に教師が指導し、兒童が指導されることゝのみ思つてゐたら學級の向上も、學習の發展もあつたものではない。學習は教兒の同行主義によつて、學級は教兒の協同作業によつて、はじめて生々の氣が漲るもの、教師自身が生長を停止してゐて兒童だけを伸ばさうとしたつてそれがどうして出來よう、いかに學級をよくしようとしたつて、兒童を無にし、兒童を參加させないでどうして、良い學級が得られよう。こゝに思ひが到らなかつたのが私の苦悶の一の原因であつた。

2、同じ意味になるかも知れぬが、その經營案なるものが、ほんの教師の當座の思ひつきの理想案――空想案に過ぎなかつた。

ことも一つの原因たるを失はない。「君、來年度は何學年に行つてもらひたい。」かう言はれると今現に受持つてゐる學級へそゝぐべき努力までもそいで來年度の計畫にかゝつたものだつた。何々氏、何某氏など數部の書籍も讀破する、先輩經驗者の感想も承る、校長とか主事とかの意見も叩く、あれもよい、これもよい、あゝもしよう、かうもしようとまるで自己の貴い經驗はすてゝ、天國でもが他にあるかのやうに。かうして、わづかの時日の間に得たものをつぎ合して、こゝに、學級經營案なるものが出來上る。すべてが、自己の經驗したことでもなければ、自分に熟したことでもない。たゞ、その當座、急にあこがれ出したもの、よせあつめに過ぎない。もつとも、其の當座から見たら、これ以上の自分はないといふまでの理想の學級、理想の兒童の狀態を豫想——空想したものであつた。しかも、自分の血とも肉ともなつてゐない當座ごしらへのものであるから、したがつて、兒童との間は非常にかけ離れた距離のあるものであつた。これで、實際の運用となつて、ぴつたり、兒童と合致することがあつたら、それこそ、奇蹟でなくて何であらう。

五

經營案そのものの質がすでにさうであつたことのみでも私の苦悶の種は十分に蒔かれてゐた。が、更に、かうした案の運用に無理のあつたことは、第二の原因として十分なものであつた。

1、兒童に强要して之に據らしめやうとしてゐた。

その頃、先輩同僚などの實地授業を參觀したり、何々研究發表會などを聽いたり、何々講師の講習を承つたり、何々氏の著書を讀んだりして、これはいゝことだ……と思ふことがあつて、それを直ちに實際に取入れやうとする、その手段としては、まづ兒童にむかつて「これからかゝることをするから、かくせよ。」と命ずる、要求する。かくて、一日、二日、一週間、二週間、兒童はなか〳〵要求したやうになつてくれぬ。こちらは、いかにもして、それを實現しようとする、あせり出す、そこには幾多の悲喜劇が演じられた末が、ついには投げ出して、もとの默阿彌、これが常住の經驗であつた。これと同じで、兒童にかけはなれた經營案を工夫して、これを提げて、新學年の新兒童に對する。その最初の第一日にはどんなことをしたか？「今年はかうする、あゝする、爾、有衆、それ、予が意を體してよろしく奮勵努力せよ。」てな調子、あたかも內閣總理大臣が地方官會議に於いて施政の方針を宣言するやうな態度で出る。兒童にとつてはまるで鉞から棒も同然、何のための何のことか、一向に飮みこめぬ。けれど、新學年といふ緊張しきつた狀態にある時だから、わけもわからぬながら、この抽象的な格言見たいなことを恭しく守つて行かうとかたくなる。自發的の學習態度などは、この第一歩のふみ出しに於て既にかくしてへし折られてしまつてゐる。かくて、一週、二週、一月、二月、教師からは實行をせまられる。さりとてなか〳〵出來さうにもない。いよ〳〵かたくなる、ついには形ばかりが、そこに現はれて來る、といつた風で、教師が努力すればする程、反對の結果を現出して自分のために努力する兒童ではなくて教育の爲、脅威のために努力する兒童、不自然な活動をする兒童、つめたい空氣の學級、これ以外の獲物はほとんどなかつた。かくて、兒童も苦しみ、教師も苦しむ。全く運用を誤つてゐたからである。

更に

2、一たび作つた經營案なるものを固定不變のものとして少くともその一年間、これに籠城し、これに執着してゐた。

吾々刻々に生長してゐる、吾々の生長は一瞬時にある、この一瞬時の繼續がすなはち吾々の生長であり、それが生命である。この休止するなき生長の吾々が、かつて作り成したものに執着し籠城してゐることがどうして出來得よう、一日を經れば一日だけ、一月を經れば一月だけ、その經營案なるものに遠ざかり離れ行くことが眞でなくてはなるまい。かれは、日一日と脱殼になつて滅び行くでなくては嘘である。のみならず、吾々以上に旺んな生長力をもつてゐる兒童たちにむかつて、この滅び行つた脱殼をどうして無理強いに着せかけることが出來よう、押賣りしてゐる吾々が既にさうである、押賣りされるものは更にそれ以上の苦痛がなくてはならぬ。この意味から、其の日〳〵、其の刻刻の過ぎ去つた時が、經營案の出來るときでなくてはならぬ。經營案への籠城、それは、教兒が共に矛盾の生活に苦しむことを表はしたものである。

私はかうしたことから經營案は作りぱなしで、據ることをしないのである。であるから、私から言へば、さきの第

一の問題は、

1、そんな兒童ぬきの、そして自己の血でも肉でもない空想案を作つたことの非は油を絞られた教師にある。

2、かゝる案の實行を强いたところの人、そこにも非がある。

といふことを思はずにはゐられぬ。

六

「經營案なるものは必ず作製しなければならぬものかどうか。」第二の問題はこれであつた。

私のやうにすれば自分が作つた經營案を作つた自分がそれに據らないことになる。「それで、何の爲に作つたのか、そんなことでは世に經營なるものは一文の價値なきもの、したがつて作製の必要がなくなるではないか。」と叱られるかも知れぬ。もつとも、新しい人だちは喜ぶかも知れぬ。誤解されては困る、經營案に據らうとしない私は人一倍經營案作製の必要を痛感してゐるものである。事實、こんなものに據らなければならぬやうなことでは學級は經營されるものではなく、しかし、作製しないやうな人では學級の向上はのぞみ得られるものではない。吾々の生長が一瞬時の繼續であるならば、吾々の現在は吾々の將來に繼續するものであり、將來を孕み出すものである。しかして、吾々の現在はまた吾々の過去の繼續したものであり、過去から孕み出された現在である。すなはち、現在は過去の總計算總〆高なのである。私のいふ經營案なるものは要するに私と兒童たちとの過去の體驗と思索との總〆高、總計算である。辛いも甘いも、すべてがこの中に〆上げられてゐる、計上されてゐる。他からのつけ燒刄は微塵もない。私の體中にとけこんで血となり肉となつてゐるものも、私の生命そのものである。忘れやうたつて忘れやうのないもの、したがつて、座右に伴侶とする必要はない。これが私の作る經營案である。かうすることが確實に過去から經過し來つた現在の自己を摑む所以であり、したがつて、將來を强く勢力づけ將來を强く孕む所以である。漠然たる過去の經驗をもとにして將來にのぞむことは單に自己を擴充する所以でないばかりか兒童の生長を生々ならしむる所以でもない。この意味で經營案はつくらなければならぬ。しかし、どこまでも據らねばならぬ必要はない。なぜなれば、今日の自分はすでに昨日の自分ではない、今日の兒童は昨日の兒童と同じではない。昨日と同じでない今日を有つところの教兒の二者が共同につくるところの學級は當然そしていよ〳〵昨日の學級ではあり得ない。あるひは今日の兒童と教師が昨日の自分たちをとり行つてゐることがあるやうに見えるかも知れぬ。けれど、故意に踏襲しようとして、さうなつてゐるのではない、自然と昨日が孕み出した今日である。親の生んだその子は親に似てゐる。その子の生んだ孫、又、その子の生んだ曾孫は、だん〳〵最初の親と似方がうすくなる。したがつて二月、三月と經過してゐるうちには旣に旣にかつて作りなした經營案とは異つた、より以上進んだところの經營の實をあげるとになるのである。されば眞に役立つ學級經營案は學年毎によりも學期毎が、學期毎によりも週毎が、週毎によりも更に一日毎がよい。其の日の終りに、其の週の終りにその總計算をする、これがどれだけ兒童の幸福のためになるか知れない。したがつて經營案に理窟はいらぬ。簡單に平易に、ありのまゝに、それでよい。

二　第一案から第二案まて

一

私はかうして經營案は據るべきものにあらず、しかも、作るべきものではあることを陳べた。今や學年度正にかはりて新學級にうつらんとしてゐる機に際して、私は、來るべき學級を經營せんがために旣往一年間の總計算をなすべき場面に立つてゐる。私は現在の私を獲るまでに旣往に於て、これに最も密接な關係を有つところの案を三囘作製した、そして今や第四案を得んとしてゐる。しかして、この第四案が旣往の總計算であるが如くに、第一案はそれ以前のものから作られたものである。

第一案以前の私の經營案。今日から見ると、まことに頓珍漢なもの、紙屑にしたものか、どこぞにほふりこんだものか、見あたりもしない、思ひ出すさへいやになるやうなつまらないもの、けれど、その當時は相當苦心して作つたもの、得意にもなつてゐたものであつた。今、昔の記憶をたどつて見ると何でも、「兒童の自律的發動態度の完成を期す。」といふやうな意味を、自分の持合せてゐる有りつかぎりのむつかしい言葉をならべ立て丶一般方針として掲げたものであつた。次を敎授と訓練との二項に分け、敎授の欄には御鄭重に各科每の本質——目的といふものを麗々しくならべて立て、それから、實際指導法案としては「兒童の活動過程を重んじ、自學せしむる部分と指導すべき部分とを峻別する」といふ綱領の下に、自習を基調とする各科の敎順をつくつてゐた。訓練の項に於ては生活を道德的になすとか、自我の上に立つた訓練とか、今日ならでは言へさうもないことを平氣でならべて、其の實行方法までも細かに書いたやうだつた。そして、敎授も訓練も兒童の態度を一歩一歩に建設して行くといふ考から敎科書の提出順をもとにして期に分ち、週に配當し、いつ頃までにはこ丶まで、その次の期までにこれだけの事をと系統約、細目、なんのことはない、今日から見ると立派な敎授細目か、一册の敎授書見たやうなものであつたやうに思ひ浮べらる丶。今になつて考へると純然たる空想案、私の生活でも、兒童の生活でもない、私や兒童たちとかけ離れたもの、よくも、あんなもので濟ましてゐられたものだと冷汗を催す底のものであつた。

二

さて、いよ〱、この案を提げて新しい兒童にのぞんだ。轉任して來たばかりの私には今までにない緊張を感じてゐる。一日も早く、この理想としてゐる兒童の狀態、——學級を完成せんと努力につぐに努力を以てした。敎育卽生活、自律的の態度、——夢寢の間も頭から去ることの出來なかつたのはこの言葉であつた。けれど「赴任して故鄕を出るときや天下を呑んだ、來て見れや、低能兒や、鼻たらし、意氣も元氣もどこへやら、ともかく、名所見物二三年」の嘆なくんばあらず。奈良いふところの、しかも場末を學區にしてゐる私の學校の兒童、到底お話にならないものが多い。その上、案そのものが自學とか、自律とか、個性適應とかは並べ立てゝゐるけれど、私の實際はそれに伴はぬから、こちらがきばればきばる程。兒童はいよ〳〵迷惑顔、逃げる、追ふ、苦しいこと限りなし、その間、書物にも問うた、人の說も聽いた。けれど、私の經驗が――心が――まだ發火點までには至つてゐなかつたと見えて、それら他人の貴い經驗も何等私を目醒してくれはしなかつたのみならず、むしろ、私を苦しみに陷るゝ料となるばかりであつた。不快は更に不快を生み加へて、もしも、私が小心ものでゝもあつたら、今日かうして圖々しくしてはゐなかつたであらうほどに私はなやまされたものであつた。かゝる時にあたつて、むら〳〵と私に大勇猛心――法悅を與へてくれたものがあつた。それは「エレンケーの兒童の世紀」私の年來、求めようとして求め得なかつたもの、それは、すつかり、この中にある。私は私自身に出會つたやうに嬉しくて躍り上つた。もう、矢も楯もたまらない、じつとしてはゐられなくなつた。

三

野バラの籔からは葡萄の實は穫られない。私はこれまで野バラの中からそれを穫ようとしてゐたのだ。自然は自分にそなはつた生に適したものを求めて生育する、だから強いのだ、美しいのだ、生々するのだ。私は兒童たちの生にさからつたものを與へ、求めもしないものを與へてゐた。そして、彼等の生でもないものを生長させ、求めようとこひねがつてゐた。自然は自ら求めて生長する、私は與へて生長させやうとしてゐた。しかも、求めもしないものを與へて……。教育は兒童の生長のためのものである。したがつて、教師――指導者は擔任教師一人が專有すべきものではない。森羅萬象のすべてがそれでなくてはならぬ。その中から求めるものを求めて自然は生長する。吾々は求めらるゝところのものを與ふればよい。兒童の生は兒童によつて異る、五十人は五十通に求めるところが異らなければならぬ。與へることを止さう、求めるところを與へよう、それは個人々々にだ。發問も、應用も、練習も、豫習も、復習も、教師が發動的に作用してゐたすべてのものは誤りであつた。過去のすべてを捨てゝしまはう、そして、今のこの心、これをそのまゝに育てゝ行かう。かう思ひついた私はさつそく兒童たちに言つた。「教へることは止します。求める人のみに教へませう。」と。

かうした心の狀態になると、これまでの、どんな兒童でもが可愛らしく見えて來る。けれど、永い傳統の囚になつてゐる兒童たちはなか〳〵求めには出て來ない。それを來させやうとする。一ヶ月餘の精進は見事に奏功した。五十餘の兒童たちは、優も劣も(これまでの)個人々々に其の慾するところ、求めるところを提げて求めに來る。いそがしくなる。そこに工夫が起る。又、新しいものが生み出される。かうして約二ヶ月、兒童たちはよろこびに滿ち〳〵て個人學習を繼續してゐる。

ところが或日の個人學習中に、誰いふとなく「一度、一緒におけいこして見たいわ、」との聲が教室に起ると全兒がそれに共鳴して、しきりに要求する、思ふに、これは、各兒の心中に伏在してゐた要求であつたらしい、私の言葉で言へば學級學習、相互教育をさせてくれとの意である。學級は兒童と教師との共同經營である。私の從來のは私の專制經營であつた。だから行はれなかつたのだ。かれらは獨自、個人の學習に興味を有つてゐる。けれどまた相互の教育にもあこがれを有つてゐる。それは獨自教育の自然の要求であらねばならなかつた。この二者は自然人の、生長人の自然の生活の要求である。けれど、いつも兒童より一足後れて目をさまし勝ちな教師――私には、かつて、なめさせられた苦痛と創痍とが癒えてゐなかつた。危惧の念に襲はれざるを得ない。けれど、「兒童の自然のまゝの幸福を念じて」ゐる今の私には無下に斷る勇氣も出なかつた。そくばくの時間の押問答、それは兒童たちの決心――要求の程度を確むべき――の末、兒童たちの要求に應ずることにした。その翌日となつた。兒童の自然の要求の試みらるべき日である。果然、私の危惧は抱憂に過ぎなかつた。かれ等は自己發表に目ざましい大活動を演じた。私は、こゝまでの長い教育生活中にかつて味はつたことのない嬉しさに小躍りせざるを得なかつた。これまで、理想――空想としか思つてゐなかつた所謂自發活動の猛烈なものがあつたからである。(この事は本誌創刊號より六月號までにわたり、相互教育の搖籃として書いたからこゝにはその梗概に止むる)今でも、當時のことを思ふとあの一人々々の兒童、其の活動の狀態、ほてつた林檎のやうな頰、眞珠のやうにかゞやく瞳、教室のさまが目の前にありありと浮んで來る。教育の實際の骨子はこの獨自と相互の二面、兒童は――人は、この二面によつて完全に愉快に生長するものであると痛切に信ずるやうになつたのはこの時からであつた。これが何の不自然もなく私の學級に採入れられたものもこの時からである。爾來、私は個人々々の學習を獨自自由の教育、學級一所の學習を相互自由の教育の名を附して其の研究をつゞけて來たのである。かくて私のさきの經營案は既にぐ捨てられてしまつて、今は新しい經營案が刻々に出來つつあるのである。「よるべきものではない。」と言つたのはこゝのことで、據つてゐて、どうして、こんな發展が期せられよう。さきのなやみのすべては、かの空想にも近い脫殼の案を固守し、實現しようとばかりしたからであつた。「兒童の幸福、自然のまゝ」を念ずるやうになつてからは一日々々の〆上げ、總計算が自然裡に行はれて行く。そして、それが、いつの間ともなく私の頭、兒童たちの頭に溶けこんで行く。かうして、自然に出來た軌道に乘つた私と兒童とは「明日はどんなものが現はれる?」を唯一の樂しみとして待つ、今、〆上げた總計算は、經營案は頭に殘さうともしなければ、殘すまいともつとめない、殘るべきものは殘れ、殘らざるものは消えよである。次の日も又その次の日もすべてがこれである。私と私の兒童たちはかうした悅の裡を進んで行くのであつた。特に兒童たちには、この獨自教育に無窮の生長の悅があると共に、相互教育に自己の獨自力を試す無限の躍動がある。そして、兩者が一團となつて所謂人生生長の眞義に徹し行く法悅を感じて勇み立つのであつた。

四

これからは各方面に於いて兒童の狀態が漸次變化して來た。かの多讀はどうしても必要なもの、單に國語の教育のみから見なくても、だから吾々はこれを兒童に强要したものだつた。けれど、容易にその風にならなかつたかれらは要求の滿足のために、趣味の滿足のために、自ら求めて多讀するやうになつた。教はらなければ讀めるものでないとあきらめてゐた困難な文章を平氣で讀みかゝるやうになつた。何時間かを費して指導しなければならなかつた、そして、容易に其の功果を收め得なほかつ辭書や參考書のくり方も極めて自然裡に使用し得るやうになつた。命ずれば脅威のために、名譽のために無理にもしてゐた、又命じてもなか〳〵になさなかつた豫習や復習の所謂自習も自ら勇んでするやうになつた。參考要具の數が少い、それが、いとも、平和の裡に使用されるやうになつた。備付の學習要具が公共物品として取扱はれねばならなくなつた。他人にさまたげされて困るやうに他人をさまたげてはならぬとの心も萠して來た。教室內の清潔整頓、これは各人に一つゞつの分擔と定めて吳れよと言ひ出した。見つかつたものが清潔をはかり、整頓をするものだとは從來が兒童たちに鼓吹してゐた公共道德であつた。けれど、かく言ふ私でさへが容易に實行し得ないことを、兒童に求めてゐたのはかへす〴〵も間違ひであつた。共同生活の何物かを知り得なかつた、又知らせ得なかつたものにむかつての公共道德それが行はれやうがない。獨自と相互が自己の生長に多大密接の關係あるを味ひ得た兒童たちは共同生活の眞義——自己もその一員たることを痛感せずにはゐられない。かれらは自己のなし能ふものを以て共同の幸福のために貢獻せんがために分擔の仕事を要求したのである。かうなると教授と訓練、あたかも兩立するものゝやうに考へてゐた經營案が耻づかしくなつて來た。全く、兒童たちが爲す如く教授と訓練とは一體だつたのだ。

五年から六年へと進んで來ると、かれらの讀んだこと、學習したことが、ボツ〳〵と、それから一個の意見、思想、感情となつて綴方や、圖畫や、手工などの發表學科の手によつて表はれはじめた。わかつたやうにしてゐて、其の實わかつてゐないのが教師の觀察した兒童である。考へて見ると、さうしたことはこの兒童たちには既に四年の末、五年の初期ごろからあつたのであつた。それが何の氣もつかずに葬られてゐたのである。教師の專制下にゐる兒童は不幸なものであり、その教師もまた不憫なものであつた。だん／＼この數と度とが增すに至つて私は目醒まされた。私が學習指導に求めてゐたところのものは兒童たちのこの創造性の發露ではなかつた。（實際をあぐるといゝが長くなるから略す）

全くの創造だ、學習材料に機緣を得て自己が目覺まされ、催芽されたのである。教育の目標は創造だ――など理窟としては何の奇異もないほど言ひふるされた事ではあつたが、眞に摑ませられたのはこの兒童達のおかげであつた。

五

兒童の學習が發展するにつれて、相談相手を仕ふまつてゐる私の頭がすべての方面に貧弱さを感じさせられて來た。白紗朱に交れば自ら紅くなる、朱であり得ない自分は人の子を害はないまでも、より幸福にはなし能はない。かう考へると、たゞに、兒童たちの生長に狹い、そして貧弱な糧しか供給してゐないおそれと共に、私の偏した性癖までが、かれらの純な心に影を印しつゝありはしないかと空おそろしくもなつて來る。私も伸ばねばならぬ、兒童のやうに伸び得ぬとしても、伸びようとする生々の意氣はかれら以上に熾烈でありたいと、念ずるやうになつたとともに、自分以外の多くの教師たちに接せしめて自分の缺を補はするに如かじと、分科擔任制を高調したいやうになつたのはこれらからであつた。（私の分科擔任制に對する考は後に多少變改するところがあるが）私はつとめて他の先生を兒童たちに紹介した。かれ等が教室をとび出して、これ等の先生の下に走るやうになつたのはこの兒の五學年の初期からであつた。

學習に要する參考物などはつとめて私から蒐めてやつてゐた。これ位のものは必要だ、こんなものを與へたら悦ぶだらうと。私はさうしてやることが親切でもある、愛でもあると思推してゐたから。ところが愛であり、親切であると教師が思推してゐたことのすべては、むしろ、兒童のためにはさうではなかつた。かれらは、こんなものはないが、こんなことは何を見たらわかるか、どこにあるか、と自ら求め自ら探さうことを欲してゐた。自ら求め、自ら探してゐる間に、かれら自身に學習の快味を味はつてゐるのであつた。四國地方の地理を學習してゐる兒童があつた。或日のこと、「先生！讀本掛圖はどこにありますか？」とたづねる。「私が持つて來てあげやう、何の繪か」「いらん、自分にさがします。」「時間が費へるよ。」「費へてもかまひません。」「では西廊下の壁に……」晝食後の休憩時になるとその兒童は簷竿を手にして、しきりと、掛圖をあさつてゐる。やがて、教室の後方の壁に掲げられたものは何？一頭の熊が後足で立つて鹽鮭をかついで行く繪。ところせきまでに飾られてゐる兒童たちの蒐集品の中に滑稽な熊の繪が一異彩を放つてゐる。見ると「高知縣の鮭、年產額三四七萬圓、我が國第一二位」堂々と書いた紙片がさげられてゐる。變だな、高知縣から鮭とは……と思つてゐると、他の兒童たちもまた「變だわ」とさゝやいでゐる。參觀人の方もまたいぶかつてゐる。けれど、御本人はいたつて得意なものである。かうして十日間も經たかと思ふ月曜日の朝、教室に入つて見ると不思議やその一異彩がなくなつてゐる。「皆さん、あの繪どうした？」「やあ、先生、あれ、まちがつてました。」と笑ひくづれて私にたゝきかつて來た。よく糺して見ると事情がわかつた。各縣の產物の額の大小を繪畫で比較したものがあつた。學習の要求を解決すべくその兒はそれを見た。「うまい！高知縣に鮭がとれる。」かうして、熊の鮭かつぎの掛圖を說明まで附して掲げたのであつた。高知縣はその他に鰹魚もとれる。鰹魚の主產地は靜岡縣とこの縣と鹿兒島縣、「なぜ、こんなところだけとれて日本海方面にはとれないのか」これを解決すべくこの兒はさまざまの參考書をあさつた。「潮流の關係だ」と知つた時は更に次の問題「暖流にはどんなものがとれるか、又寒流には・・

……？」が調べたくなつて來た。だん〳〵深入りしてゐると、鮭は寒流を好むとか、寒い地方に棲むとかは書いてあるが、暖流、暖い地方にゐると書いたものは一つも見當らない。「變だ、あれほど入念に見た圖表を、」と試みに最初見た參考書をくりかへしてみると、何のことだ、鮭と見たのは水產額の大小をわかり易く表はすための比較にとつた鮭であつて、鮭自身の產額を示したものではなかつた。かうなつては、一刻もじつとしてはゐられない、日曜の夜もろく〳〵眠れなかつたことであらう、月曜の朝、まだ誰も出校してゐない頃を見はからつて、こつそりと取り除いたのであつた。この兒はかうしてゐる中に鮭のこと、高知縣の水產物のことは勿論、潮流と魚族との關係、水產物の分布狀態、乃至は參考物の使用の骨などを十分會得し、しかも、自己生長の興趣を感じたことは到底敎師から與へられてゐた時と同一の論ではなかつたのである。

六

經營案を作りて、經營案を棄てゝゐる私ども敎兒はかくして刻々にまた經營案を作りつゝあるのであつた。こゝに學級には生々の氣みなぎり、その生々の氣はやがて又次の生々の氣を將來する。かうして私に敎育改造を敎へてくれた兒童たちは四、五、六の三ヶ年を了へて學校を出てしまつた。今や、かれらの影は消えたけれどかれらの殘しおいてくれた學習法は依然として私の血となり肉となつて殘つてゐる。私は更に新學級尋五女を受持つべき命を受けた。いよ〳〵かの兒童たちが敎へ殘してくれたものゝ總統計算をしなければならぬ時が來たのである。

第二案

一

四、五、六學年の總統計算である。もとより公表しよう爲に作つたものではない。私の手から主事の手へ、主事の手から再び私の手へ、と、たゞ二人の手を往復した闇から闇の日蔭ものである。これを明るみに出すことは何となく羞恥の情にたえないものがあるけれど、今は。ありのまゝを書くことにする。

大正十年度 尋五女學級經營案

一、兒童たちの生活それ自身が學習でありそれを向上發展せしむることが教育であるとの信念を強く有つことが出來たから、新學級に於ては更にこの點に徹したい。

二、兒童たちは一方に獨自に教育し一方に相互に教育することを悦び、自己の擴充、生長をなすものゝやうで、これは單に兒童のみではなくて人間生長の一般方式かとも思はるゝ。されば新學級に於いては一層個性、能力の發揮を促して自己をうち立てしめ、一方、相互扶助の精神を發揮せしめて、所謂學習の社會化につとめたい。

三、獨自自由の教育は自主的に獨自に滿足し生長することを目標とする。したがつて、各自は自己に要求し自己に疑問して自己に解決し自己に滿足を獲る手段方法をとつて自己滿足に到るものである。自己としてはこれ以上の慾求も、遺憾も、滿足もないといふまでの狀態にいたるのである。

四、この狀態にまで到るには多種多樣多方面にわたる豐富な要具、資料を要求するものである。學習要具はこれを分ちて物的と人的と見る。

物的學習要具とは實地、實際、實物、繪畫、圖表、標本、模型、辭書、參考書等である。これ等は兒童自らが要求に應じて詮索し、選擇し、利用することが本體で、場合によりては兒童たちの需めに應じて私がこれを提供することもあり。私の暗示、指導によつて兒童たち自らに索めしめることもあり、時としては、私よりこれを提供して所謂環境を作つてやることもあらう。又、兒童たち各自及び教師が家庭に於いて所持してゐるものを持ち來つて交換的に利用することも、各自が最も良參考と思惟したところの要具を互に報告し合つて相互の利便を交換したい。
五、人的學習要具とは私及び私以外の職員、及び學友である。兒童たちは獨自に疑問し要求したところを自己解決したもの、又は解決し得ないもの、不安の念に襲はるゝもの、これらをこの人的要具に相談する。教師は親切にして人格ある相談相手であり、學友は研究の伴侶であり相互開眼者である。そして共にかれらの試金石でありたい。
六、兒童たちの獨自自由教育に際しては教師はどこ迄も受動の位置にあるべきもの、しかしてかれ等の學友とともに時にかれらの學習動機の鼓舞者でありたい。かくて四十五人は四十五類の自己滿足を有つにいたるものである。
七、獨自教育の題材に對する兒童たちの進度は當然自由でなくてはならぬ。一題材の學習に滿足を得たものは次の題材、次々の題材、他教科、課外の仕事へ等と各がじじ進む。然らざるものは同一題材に踏止まつてとにかく自己の滿足を獲るまでに學習し、四十五人は四十五通りの進度をとる。あまりに後れがちの兒童に對しては教師は比較的發動の態度を以て輔導を加へ、學習の骨を會得させたい。
八、したがつて私は兒童たちのために學習進度の一覽表を作つて教室に掲げて置く。すると、兒童たちは自己の進度をこれに記入して行く。かくて、全兒の進度は一目して知ることが出來る。この一覽表は教師からは兒童たちに對しての差別的輔導及び次にのべるところの相互教育開始の唯一の參考資料であり、兒童たちからは共同生活の一員として爲すべき自覺心と協同互讓の心とを刺戟する資料である。
八、教科の數と量とが多い。學校制定の一日一時限の特設學習時間では到底兒童たちが自己を充實し、滿足するのに不足する。されば各科は各科に與へられたところの時間の中からこの時間をとる。もとより兒童たちの要求あ

りたる場合に、

九、相互自由教育は兒童對兒童によつて相互に與へ且つ採り、採り且つ與へ、開き且つ開かれ、開かれ且つ開く學習である。

兒童たちは獨自教育によつて十分滿足の狀態にゐる。しかし、この狀態は所謂自己のみの場合であつて必ずしも正であり全ではない場合がある。正であり全である場合があるとともに誤があり陷がある場合がある。相互教育は獨自教育によつて獲たるところのかの狀態の上に相互刺戟、相互省察を以て互に教育し合ひて生長の機緣を得んとするものである。かくして自己の矛盾や、缺陷や、空虛や乃至は優越を覺識して獨自教育はいよ〳〵眞に正に、しかも旺盛へと進み行く。したがつて、相互教育は必ず獨自教育をその前提とし、獨自教育は又必ずこの相互教育を隨伴しなければならぬ。すなはち兩者は二にして一である。

一〇、相互教育の要件として主なるものは自己を臆面なく虛心に發表することにある。惟ふに、家庭で、運動場で、教室外の何れの地に於いて自由に活動し發表してゐる兒童たちにして、室內、相互教育の場所に於いて自由に活動し發表し得ないものはあり得べからざることは私の經驗したところ、しかして、かゝる狀態の下に於いては對他的の社會的の訓練は自ら起るもの、又自覺せしむべきものである。

一一、相互教育中に於ける私に兒童對兒童と同等の地位にあるべきもの、相互中の一人である。機に臨みて自己の意見、思想、感情を赤裸々に吐露して兒童たちと共に參考資料を提供して兒童たち及び自身の學習力の向上を圖るものである。

一二、相互教育は相互に自己を吐露し、考を交換するのであるから、自らその材料の同一なることを要する。したがつて、獨自教育に於いては自由進度をとるが相互教育に於いては同一進度——卽學級進度をとる。

一三、相互に研究する問題は各自から提出されたもの丶中から學級に於いていくつかを選擇して中心問題をつくる。そしてこれに研究の順次を附する。中心問題外の多數の問題は、これを研究してゐる裡に自然に解決されて各自は落ちなく滿足されることになる。

一四、學習は即訓練である。一にして二ならざるものとして兒童たちは生長してゐる。そこで、個人として自由の生長をなさしむると共に共同の一員としてその責任と義務とに忠實ならしむることはかれらをしていよ〱よりよき生活に入らしむる所以であるから、この點に特に努力を拂ふ覺悟である。

一五、先の兒童たち自然裡に自發的に級の自治に關し、相互の幸福に關する相談會を週一囘開いてゐた。これは學習が眞面目になつた當然の要求で新兒童にもこのことの一日も早く來らんことをこひねがはねばならぬ。かれらは好んで一人一個宛の仕事を分擔し、共同體の一部の力をなしてゐた。そして、相當の成果を擧げたものであつた。新兒童に對しては更にこれを發展せしめて次の樣にまでしたらと思ふ。あるひは私の理想にとゞまつて實現するに至り得ないかも知れぬが。すなはち、

學級兒を六の自治體に分ち、各團體は各〻學級といふ大團體の活動上須要なる一部であつて各〻その一方面の仕事を分擔する。又、各員はそれ〲自己團體中の仕事を持つてゐる。自己の責任遂行のいかんはたゞちに自己團體及び學級の活動に關係し、各團體の責任遂行のいかんは又學級の活動に關係するものなることを覺知するとともに自己の自由なる活動にも關係するものなることを感ぜしめたい。そして學級全體に自活精神を漲らする便利の爲、總會、代表者會を設くる。(以上)

私が大正七年度より九年度末までの總〆高の梗概は以上の通りであつた。もとより、今から見ると何等見るべきものもない、至つてつまらぬものである。が、これは今日を得るまでの過程である。新兒童はこれをいかに訂正し、いかに發展させたであらう。

四　第二案より第三案まで

一

新學年はいよ〳〵開始された。この新五女の學級兒は、從前からこの學校にゐたものが二四人、新たに他から入つて來たものが二〇人、後から、また三人入つて來て、都合四十七人、私の學習指導法の骨は誰一人知つてゐるものではない。私はこの新學級をいかに導かうか、やはり、兒童の爲すがまゝに育てゝ見よう、この考は一貫してゐた。それで、まづ、第一日には次のやうなことを言つた。もとより、半數ばかりの父兄保護者も列席してゐるところで、

皆さんが學校に來るのは何の爲か、もしも私から敎はらう、こんな考へでゐたら大間違だ。私は皆さんが何を敎はりたいのか、それを知らないで敎へたり指導したりすることは出來ない。それで、私は、「こんなことが敎はりたい、」「これはどうしたらよいか」かう、進んで相談に來る人のみに敎へたり、指導したりするつもりだ。皆さんは、一人〳〵、自分の知りたいこと、爲したいことが起るだらう、それを滿足するために私なり、私以外の先生なりをおつかひなさい。私どもはよろこんで、かやうな人の相談相手になります。はじめて見た先生、はじめて來た學校、はじめてはいつた敎室、そんなことにとんぢやくして固くなつてはならぬ。席が立ちたければ、室から出たければ、いつ、何時でもお立ちなさい、お出なさい。他の敎室の他の先生のところに行つてもよい。見たいものがあつたら、そこに行つて見るがよい。かうして、この敎室にも書物や其の他のものがたくさんある。これらは、皆みなさんのものである。もうこの事は大丈夫だ、この課は滿足におけいこが出來た、かう思つたら、次の課、次々の課、次の卷、六年の仕事、高等科の仕事、女學校の仕事、あるひはそれ以外の仕事にうつつてもよい。とにかく、おけいことは他人のためではない、自分自身のためであるから自分に便利な、そして役立つ

やうにするがよい。自由に、樂に、自分の氣に合つたやうにするのです。
この春、卒業させた兒はいつも私にこんなことを言つて來たものだ。「先生、今のやうなおけいこの仕方はいやです。こんな風にかへて下さい。」とか「今日のおけいこはすきだつたから、いつも、あんな風にして下さい。」とか、私の爲たことをよく批評してゐた。自分のためのおけいこだから、かうなくてはならぬ。私のすきな兒は、自分の思ふこと、爲たいことを、思ふ通りに言つたり、爲たりする兒です。」
かうして、其の日から獨自學習——個別指導をはじめ約三週間ほどつゞけた。相互學習をはじめたのは五月の十日過だつたと思ふ。しかも、それは徐々に加味したものであつた。一學期、二學期と過す内に學習態度の傾向は意想外に良好に進んで行つた。そして、日一日と、第二案中の確信すべき部分と改善すべき部分と、更に加ふべき事項とを教へてくれるのであつた。

二

まづ、案の大綱たる個人獨自教育と學級相互教育、それから學習即訓練には些のくるひもないばかりか、いよ〳〵意を強うして益々研究に興趣を感じさせられた。

三

細部にわたつての改善——むしろ——増補させらるゝことは多々あつた。まづ個人獨自教育からいふならば、この特設學習時間中に學習の對象となる材料は「第二案を得るまで」の經驗からすると、ある教科、例へば讀方とか算術とかに學習者全體を同一にしてゐた。しかしこれはこの學習の性質上、又、兒童の實際の要求上、制限したり、特定したりすべきものではないどこまでも兒童の自由選擇でなければならぬ。ことを教へられた。即ち、學習は生活であることから教師の要求で材料を四十七人同一教科によらしむべき性質のものではない、兒童たちの實際生活の要求は四十七人が四十七通りでなくてはならなかつた。しかしこれは學習の態度が相當に確立したときに痛感させられたことであるから必ずしも、今、減じたまゝを最上策と心得る必要はあるまい。特に、かつて、かゝる學習法に何等の經驗をもたない、そして、その頭が分科學習的になつてゐる比較的高學年の兒童たちにあつては、その學習態度の軌道に乘るまでの期間は、全教科どれでももとしたら、今日はこれ、昨日はあれ、明日は又他の教科、極端なのになると十分間は地理、十分間は讀方、十分間は算術といふ風に一時限五十分の間に三科も四科も科を代へるものも出來てよい結果は結ばない。つまり、虻蜂とらずになつてしまふ。これでは、いつまでたつても、なかなか學習態度の確立は出來さうにもない。そこで、この時間に學習する科はある期間は特定して、深刻に學習させた方が、學習の骨を摑む上に、むしろ、經濟的である。したがつて、かゝる種類の學級を擔任した際は、まづ初期の間は科の制限をなし、次にその學習態度がやゝ確立する頃に至つたら、この制限を撤廢して自由に任するがよいと思つた。

四

第二案には獨自學習中の教師は發動的に相談に來る兒童たちの相手、どこまでも受動の態度でなければならぬことを言つておいた。しかし、兒童たちの學習力がだんだん發展するにつれては、こんな態度ではゐられなくなつて來た。これは一つの矛盾のやうにも見える。なぜなれば、學習態度の出來てゐない時期こそ教師は大いに發動して、かれらの蒙を啓いてやるべく、さうして、もうどれだけかの學習の骨をつかんで頭をつかつて仕事をするやうになつたら、どこまでも、かれらの爲すに委するが普通に考へられ易いことなのであるから。けれど、私が兒童たちから經驗させられて得た結論はこれと反する。かゝる時期こそ大いに發動的に活動しなければならぬのである。これは、見易い道理だ。從來は自習といつて「あすは何頁まで」あるひは「この次は何課を」と命じておく。すると、兒童たちは、其の晩、家庭などで自習といふものをして來る。それが學級教授として正課の時間に取扱はれる。年百年中、このことが繰りかへされる。初めのうちこそ、多少、好奇心にかられて、この所謂自習を爲て見てゐるが、一月、二月とたつうちに、くそおもしろくもない——と飽きてしまふ。それでも、續けてゐるとしたら、それは教師の威壓の爲か、乃至は學友間に於ての名譽を得んがための他律的の自習である。一の學習力を有つてゐるものが、一年間其の一の力のみで學習してゐたらどうなるだらう?。心の躍動、跳躍のないところに學習の興味の持續しよう筈はないのだ。

私はさきに教師は學習する兒童たちの環境の一だといつた。それは、しかも、人的の環境であつて物的の要具ではない。その教師が環境のはたらきをなさないで、たゞ單に受動の位置を固守することのみをしてゐたら、それは既に物的の環境とえらぶところはない。兒童と兒童との間、社會と兒童との間、學級との間、物との間、この間の交渉、關係を密接ならしめ、又は、學習そのものに心の眼を開かせて、要求に、つぐに、要求、跳躍につぐに跳躍をなさしむる——つまり、動機につぐに動機を旺んならしめるものは一に教師の仕事でなくてはならぬ。個人々々の指導にめまぐるしい間はともかく、いやしくも、さうでない時があつたら、机間を巡り、兒童たちの學習してゐる場所を廻り——もつとも機敏に——個人々々に指導しなくてはならぬ。躍動させなければならぬ。そこには得がたい、貴い幾多の指導資料が山積してゐる。私は、さきの案に於て劣等兒を忘却してゐた。この劣等こそはこの時にはじめて、眞に指導されるときである。「兒童が活動する場合は教師は退け」より以上の學習指導の眞理は「兒童が進歩すればするほど教師は發動せよ。」にある。私はこの眞理を兒童たちから摑ませられるに及んで、兒童たちのぐん〳〵伸展し行く快味を味ふことが出來るやうになつた。

五

第二案では獨自學習中、室外にとび出すことは隨意隨時であつた。もとより、これはよい。しかし、母のふところを根據地として三つ兒がヨチ〳〵足で疊一枚あなたの玩具をとりに行つたやうなものであつた。ふところを離るゝは離れたが玩具が手に入ると、すぐに、また、ふところに歸つて、そこで弄んでゐると同樣に、あくまで教室といふ根據地、そこに引つぱられてゐる。四五分、出てゐるかと思ふとすぐかへつて來る。ある日のことであつた。七八人の兒童たちがどや〳〵と教室を出て行つた。やがて四五分もたつたかと思ふころ一兒のみが走つて歸つて來た。「先生！一時間中、外に出てゐてもいゝんですか。」「やつぱり、拘束されてゐるなあ、私はかう思つたので「いゝとも〳〵」かれは、すぐにひきかへし、かけつて行つた。第二時限の正に始まらうとするころ、かの七八人は得意氣な顏つきでかへつて來た。理科室に行つた、參考になるものが澤山で、とても、教室に運び得なかつたので使者を立て、一時限中、外にあることの可否をたづねしめたのであつた。兒童たちは、まだ、環境そのものを學習の場所だとは思つてゐなかつたらしい、これはこれまでの教師の威力をそのまゝ私に當てはめて吾々は許されない自由をしてはならぬと思惟してゐたことも原因をなしてゐた。環境そのものが學習の場所。かれらは、以來、教師がゐるとゐないとに頓着なく學習をする。それは單に場所の解放となつたのみではなく、學習の時間までがこれによつて解放されてしまつた。遊ぶときも學習する時で、學習する時も遊ぶ時となつた。卽ち生活、卽學習はこれによつて具現されたわけである。郵便局での學習、呉服屋の店頭、西洋雜貨の店頭、物產陳列所、博物館、停留場、練兵場、銀行、會社、工場、市街の學習、これ等は時を問はざるところの學習の場所となつたのである。

六

したがつて、自然、教師といふものゝ範圍觀が前とはずつと異つて來た。銀行、店舖の番頭、工場の職人、郵便局員、陳列所の係員、代議士、市會議員、農夫、野菜賣、それら、社會に活動してゐる總ての人はかれらの良師友であつた。神とも、萬能とも目せられてゐた教師觀はかうして何の不自然もなくかはつて來た。それだけ私自身もじつとしてゐられなくなつた。私にもしも幾分でも奈良といふところを理解してゐることがあつたら、それは全くこの兒童たちに引ずられて、じつとしてゐられなくなつた賜物であるといつてよい。かの案の相談相手、それは擔任の教師他の職員、學友のみではなかつた。ひろい〳〵社會、そこに活動してゐる數多き人々はそれ以上の活きた相談相手であることとなつた。

七

遊ぶことが學習すること、學習することがすでに遊ぶことになつて、場所と、時と、人とを問はないやうになると、前案の學習即訓練の意味はいきほひ、ずつと擴張されなければならなくなつた。なぜなれば、學習の場所が主として教室であると誤解せられてゐたときの學習即訓練はまたいきほひ狹い生活範圍に限られてゐたからである。時を問はず、場所を問はず生活——學習する以上は訓練もまたそこに行はれなければならぬ。ある日の運動時間、兒童たちはよろこび狂つてインドアベースボールにはしやいでゐた。最中、一兒の打つたボールはウナリをあげて本校との境界、黑板垣を飛びこして寄宿舍の庭に落ちた。さあ大變、折角のベースボールはもうすることが出來なくなつた。長い竿を垣間より入れるもの、「誰かゐないの？」「ボール投げてちようだい」と叫ぶもの、板垣の下でわい〳〵言つて當惑顏。どれ、私がとつて上げよう。」私は通用門を迂回して垣向ふに出ようと走り出した。ところが、勇敢なる一女兒は身を挺して丈餘の垣をおどりこえた。ボールは忽ち、兒童たちの中へ投げかへされた。一同はどつとよろこんで舊位置についた。「先生！ボール出ました。」、走り出した。私を口を揃へて呼止めてゐる。いかにも、ベースボールはすでに開始されてゐる。「誰からとつていたゞいた？」「清水さんです」と清水といふ兒は皆から感謝的にほめたゝへられてゐる。そして、本人も得意げにしてゐる。「集れ！」私の聲に應じて兒童たちは私を中心に圓陣をつぐつて集合した。立武門破りの原田重吉、城をぬけ出でた谷村計介、鳥居勝商、その犧牲的精神と正に相匹敵する……と清水の行動を賞めた。そしておもむろに松平定信の關所通過、京都御所の入門を話しきかせた。「もしも、清水さんにして通用門を迂回してゐたら更に〳〵に立派な行動だつた。」とつけ加へて、惜しいことだつたとも、考が足りなかつたとも言はなかつた。「さあ、又、始めよう。」兒童たちは勇み立つて競技に復した。隨時に修身はあり、隨所に訓練は行はるゝものである。四間に五間の教室、そして一週二時間のきまつた時刻で何の修身があり訓話があり得ようぞ。

八

四十幾人を六組に分ち、學級團體の自治を向上せしむるため、級に總會あり、代表者會あり。としてゐた案は全然失敗に終つた。失敗するもよもとより道理、あれは、前の兒童の狀態をもととして、いらざる私の理想を加味したものであつたから。やはり、兒童の爲すがまゝの自然の發展を俟つに如くものはなかつた。私は自治制の形式を學級にとり入れたら、きつと有效にちがひないと、兒童にもないことを、境遇もかへりみずに行はうとしたのであつた。「面倒くさくつて、」と兒童たちは煩にたへざるものゝやうである。四十幾人の小團體、小社會、それは、やつぱり、個人と團體で十分であつた。小團體も、代表者會も要するに煩を招いて徹底をかぐもとであつた。總會一つでよい、個人が共同體に意義ある生活をなすためには。かうして、ついに、失敗に終つて、もとにかへつたのであつた。

九

今から思ふと何でもない、むしろ、自分の愚をあざけらざるを得ないやうなことを、數年かゝつて、しかも、懊惱に〳〵をつゞけて、やつと摑みあてたことが幾つもある。そのうちの一つは相互學習に於ける中心問題であつた。前案には、個人獨自の學習で、どうしても解決出來ぬこと、不滿、疑惑、不安なこと、それを互に持出して、これを中心に相互學習を進めて行くとしてゐた。これは、この案を得るまでにも始終私には不安があつた、兒童たちは、もとよりさうであつたらう。新學年を受持つてからもさうである。

夏休も過ぎて新學級も第二學期になつてのことであつた。どうも、おもしろくない。一度、兒童たちに相談して見

よう、と思つて、

「どうだ？私、近ごろ、ちつとも、おもしろくないやうになつたが、皆は……？」

「私どもも……」

と過半數のものが口を揃へて言ふ。

「なぜだらうね？」

「……　……」

「何とか工夫はないものかな？」

「…………」

「皆がかうしたら……と言ふことは何でもとり入れたいと思つてゐる。」

「先生、わからないこと、を、持出すのは困ります。」

と一兒が言ふと、一同も、思ふことを言つてもらつたやうな氣で共鳴した。

「さうだつたか、いかにも、」

聞いて見ると、滿足するまで學習せよと、獨自學習には要求しておいて、相互學習には疑惑、不滿、不安を持出せといつてゐる。まるで矛盾を要求してゐる。これ位、矛盾で、しかも、難いものはあるまい。私は兒童たちから目を覺まされて感謝の辭を惜しまなかつた。

「これは、私がわるかつた。では、何とか仕樣がありさうなもの、」

「めい〳〵の學習したことを言はして下さい。」

私は神の啓示を受けたやうにこの言葉が電光のやうに閃いた。もとより、皆の兒童たちも大賛成。「學習したことを言はして呉れよ」、十分滿足したことを持出さうといふ意である。「馬鹿!、これを得るまでに何年かゝつた?」自分で自分を叱しずにはゐられなかつた。

このことあつてからは、兒童の態度が一變したといつてもよい位に變つた。私はよみがへつたやうな氣になつた。「學習は教兒の共同建設である。」この意味がいよ〳〵私には眞に入つたやうな氣がして來た。

一〇

まだあげるものは盡きない。が、第二案の實行から、この一年間に私の得たところのものは大綱以上のやうなものであつた。これらは當然、次の第三案、尋六女の經營案として第二案の訂正又は增補さるべきものである。

(附言、第三案は以上のべたところから大體、いかなるものであるかゞわかる譯である。とともに頁數もかさむから略するとして、「第三案より第四案へ」更に「第四案より第五案」即ち、現在の高女一二の學級――これにはまた得がたいものを得させられたことが少くない。――を書いて、來るべきそれは何れの學級擔任を命じらるゝかわからないが――その學級經營案を書くべき責任があるのだが、時日の切迫と頁數のかさむのが氣の毒である。他日を期することにする。(大正、一三、二、二九)

学級経営苦

＊學級經營苦＊

奈良女子高等師範學校訓導　池内房吉

學級經營は苦しい、決して樂なものではない。

「あゝもしたい、かうもしたい。あゝなつて欲しい、かうなつて欲しい。」これが吾等のねがひである。此のねがひがあればこそ、いろ〳〵の研究もするのである。

しかし、實際は教師の云ふとほりにそんなに急に、成績はよくならない。ことに頭のはたらきの、にぶい者の多いクラスに於ては特にさうである。

かくて、

學級經營の苦しみが體驗される。はげます積りでも、其の要領がわるければ、却つてそれが無理と感ぜられ、壓迫と感ぜられて、兒童はます〳〵萎縮して行く、教師の心とは全く反對の結果になる。

といつて、「なるがまゝだ、何をやらうとしたところで此の兒童達では駄目だ」といふ氣になつて、うつちやつて置けば學級の空氣は、益々弛緩する、生氣といふものがなくなる。停滯して動かない。

壓迫を感ぜしめず、意氣を失はしめず、しかも吾が理想を實現したい。此の調和を保つて行かねばならぬところに經營の苦しみがある。私の如き凡夫は血の出る樣な忍苦をなめなければならない。

さわぐのは兒童の性、喧嘩するのも兒童の習ひ、等々々冷靜な時には、よくわかる。さわがないのはうそだ。喧嘩しないやうな者は望みがない。そんなにまで思ふ。兒童の生活については、よーくわかつて居る。

しかし、どうかすると、その調子がくるつて來る。もつと靜かに出來ないか、誰某のやうにあればよい。」と言つて居るうちはよろしいが、やがては、——「もつと靜かにせよ、誰某！」と調子が亂れて行かうとする。自分に疲勞があつたり、なやみがあつたりすると、常は問題にならないことまでが、悉く問題になる。御機嫌にさはることが多い。其處の調子を亂すまいとする努力は相當に大きい。

それほどでなくても、敎師が虛弱であると其の精神に緊張味がない。敎師は一人、兒童は五十六十の多數であるけれども、敎師一人の影響の方が多きい。兒童の氣分が引き立たない。躍動しない。

體操學校、算術學校、曰く何々學校といふのがある。のと同樣に何々學級といふのがある。何々の敎科なら誰某の學級の右に出づるものがない。よいことだ、非常に結構なことだけれども、多くは他の方面が十分でない。ひどいのになると殆ど顧みられないものさへあるといふ。かうなつては大變だ。普通敎育の意義がなくなる。基礎學年の敎育が偏頗になつては、何ともはや言ひやうがないではないか。

履修すべき敎科課程をちやんとやり、然かもなほ相當の成績を示さうといふことは仲々のことではない。だが目標は其處に極めなければならない。それがわれ〳〵のとるべき方針でなくてはならぬ。かたはになさぬやうに、しかも相當のところまでは仕上げなければ……かう考へて來ると敎師の骨折りも大きくなる。樂しいもの丶又苦しいことである。

兒童に對する要求は低いほどよい。と云へば如何にも變に聞えるであらうが、低いと考へても高いのが兒童に對する敎師の要求である。敎師の要求が高いと、つまり小兒に大石を持てと命ずやうなるもので實現が困難又は不能となる。

折角、新教育に乘りかへても、兒童に對する要求が過ぎてつまり早く成績のよいところ、學習態度のよいところを見せてやらうといふことになると、教師が焦るから、其の日其の日の兒童の活動、學習振りといふものに不滿が出る。指導する積りでも、内に不滿があるから、いつの間にか小言になる。小言が多くなると兒童は其の爲すところに迷ふ。そして遂には馱間つてしまつて何も云はない、何もしない。

人はいろ〳〵の考へのもとに動いてゐる。其の行爲の動機は單純ではない。早く成功したところを見よう。見せたいといふやうな氣持ちも、そんなところから起つて來る。しかも學級を經營する者殊に幼年兒童を受持つ者は、さうした氣持ちを或る程度まで抑へなければならない。はやる心をぢつと抑へて、ジリ〳〵と仕果して行かなければならぬところに、一種の苦痛があると言へる。

兒童の調子は高い。何事でもないと思はれることが大事なことであつて、教師の氣持ちから言ふと、萬事が調子はずれである。調子が高い。調子はずれだと感ずるだけそれだけ兒童と教師との間に隔りがある。教師の氣持ちに兒童の調子を合はせ樣とするところに無理が起り不滿が生れる

兒童の調子に教師の氣持ち（調子）を、うまく合はせることが出來れば、學級は圓滿である。兒童の活動やその氣分の上に不平不足は芽ぐまない。けれども、此の兒童の生活氣分に調子を合はせるといふことには、大きな努力と信念と或る意味に於ては超越した氣持ちも必要なことであつて、容易く出來ることではない。此處にも、しのばねばならぬことがあるではあるまいか。

勉强の方よりも遊ぶことの方がすき。これは大人でもさうだ。勉强しないで濟めば遊んで居り度い。特に兒童は大人の樣にかけひきなしで、遊ぶことに熱中する。五六年にもなると所謂學問慾といふやつが出來るので、教師も指導し易い。教へ易いけれども三年四年頃までは、そんな慾も起らない。こんな連中に對して讀書算數……を教へて行くことはなま大抵のことではやれない。まして自發的の學風を樹立するなんといふことは、頗る高尙なことであつて、教師の努力懸命の指導がなければ實現されないこと。教師

自身が好學心に富み、其の態度が眞劍でなければならぬ。でないと其の氣分、態度を兒童に移すことが出來ない。ロ先きで幾ら云つてみたところで敎師の思ふとほりにはならぬ。身を以て率ゆることが出來なければならぬ。しかも身を以て率ゆるといふことは容易なことではない。確に一つの大いなる修養だ。

自由を許す。努めて彼等の行動に理解を持つて行きたいと思つてるくせに、どうかすると直ぐ無理に秩序を要求したがる。机のそばに居て行儀よくやつてる兒童がよく見えて、あつちに、こつちに動きまはる兒童に對しては、「も少し靜に出來ないか。」と註文をつける。

一人につけ、二人につけ、……遂にすべての兒童に註文をつけて、机の中に押し込んでしまふその狀態を見て、「これでこそ。」と安心する。困つた性根だ。一見亂雜になつて居る。其の狀態も時と場合とによつては、出來てくることがあるだらうが、それが氣になるやうでは、下學年の先生になれない。

男女合級であると男の子供が女の子をいぢめる。一日に五人や十人は、きつと泣かされる。泣かされると、きつと敎師のところに屆けて來る。しかも五六人の者が泣く子を中にしてやつて來る。茶も煙草もゆつくりのめない。うるさい。しかし「うるさい」と言つて放つとくわけにも行かぬ。やつぱり適當に處理しなければならぬ。そこにも下學年兒童を受持つた先生の苦しみがある。

下學年の敎育は樂しい。敎育の趣味は下學年を受持つてみなければわかるものでないと云ふ。如何にも下學年の敎育は面白いと云へば面白い、だが其の一面には又人の知らぬ苦心といふものがある。此の苦しみなしに、樂のみがあると思ふものもあるまいが、此の苦しみを制禦して行き得ないところに、學級經營上の缺陷があるのであると思ふ。

これは他人の事ではない。自分に顧みて實際さうである。「どうして此の樣にまでなすことが出來たか」から云つて尋ねられることが多いまゝに、學級經營の一面――忍苦の生活を此處に書いて見たのである。

父母としての教室生活

父母としての教室生活

前奈良女高師訓導
池田小菊著

序

奈良の女高師に來て、七年と言ふ長い時間が經ちました。四十と言ふ歳を前にして、私は今、過去の教員生活を、つくづく回顧してゐます。よき仕事といふものは、なかなか出來るものではないと思つてゐます。若し今私が、ほんの一部分の人達からでも、認められてゐるとしたなら、それは教室を家庭に引返す仕事に、十年と言ふ時間をかけて働いて來たといふ、只そのことだけです。

厚生閣主人岡本氏が「先生としてのお父さんお母さん」と言ふ書物の姉妹篇として「お父さんお母さんとしての先生」と言ふ書物の原稿を、私に求められました。氏の意に叶ふ程のものは、多分出來ないだらうとは思ひました。だが、これなら書いてみたいと言ふ氣持が、十分に動きました。若しこの書物の內容に、世間の教育者の心に通ふ何物もないとしたなら、私の十ケ年間の苦勞は、無駄骨折りであつたのです。寧ろ、十ケ年を眠つてゐた方がよかつたのです。今私の自尊心が、そのやうな譏を受けないやうにと、私に向つて、しきりに警告してゐます。とにかくにも、獨りで培うて來た、私の仕事です。擴大もせず縮少もせず、通つて來た道を、通つて來た通りに、正直に書きつけてみます。父母としての愛を、教室生活に求めながら。

昭和四年盛夏

奈良にて

池田小菊

父母としての教室生活　目次

各科の材料とその取扱ひに就いて

――目次畢――

父母としての教室生活

一　學校が持つてゐる只一つの力

――世間の父と母へ――

或る自尊家が、私に向つて、教育の惡口を列べたことがあつた。自尊家に限らない。世間には教育の惡口をする人が實に多い。もともと教育と言ふ仕事は、學校教員だけの專有のものではないので、かつて、自分自身學校の門を潜つた經驗を持ち、父母となつては子を育てたことのある人々なら、誰にでも多少の意見がある筈である。ついては、自尊家であるないに拘らず、惡口善口の材料は、大抵みんなが持つてゐる筈でもある。

ところが、こゝに面白い話がある。われわれ同僚の間の打明け話であるが、自分が教員をしてゐて、教員生活の味を充分知つてゐながら、矢張り、學校成績がよくて、始終賞められてゐた長女の場合とは全然意味の異つた或る反感を、學校成績が惡いと言つて絶えず小言を喰つてゐる次女の場合に感じたと言ふことだつた。我子にケチをつけられるやうな場合に、どれ程出來てゐると思ふ人でも、さう客觀的な氣持にはなつてゐられないものらしい。さう言ふと、學校に反感を持つ人、教育の悪口をする人は、みんな出來の悪い子供を持つてゐるか、かつて自分自身の成績が悪かつたか、そのどちらかであり、或はどちらでもある人に限ると言ふ意味になるが、全部ではなくとも、大體それが人情らしい氣がする。

私は、教育と言ふ仕事について、長い渡世をして來たが、今の日本の教育を眺めて、これは感心だと思ふ程のことは實に少い。教育の悪口なら、世間の自尊家よりどれだけか餘計知つてゐさうに思ふ。知つてゐるから、今日迄の苦勞が出來たのだと言ふ氣がする。世間の自尊家は、いかにも得意さうに、學校はどうだ、教員は斯うだと悪口するが、殆ど全部は、無責任な只の悪口だから侮辱したくなる。他人の仕事に對して、責任の持てない、言ひ放しな悪口をする人々は、私達の立場から眺めて、少くとも敬意を表することは出來ない。私は自分の過去を顧みて、ペンでも口でも、よくこれ程の悪口が出來たと自分で感心する程、教育の悪口をして來た。が、考へてみて、無責任な只の悪口はしてゐない積りである。私は、世間の眞劍な多くの教員と同じやうに、教育の悪口を探し出しては、その悪口を一時も早く教育の畠から追出さうとして、苦勞を積んで來た。その點では、どれ程の世間の自尊家よりも、この仕事に誇を感じてゐる。われ〳〵教員の誇は、位置にも俸給にもあるのではない。行政官が目を通して選擇をしたその位置と俸給が、われ〳〵の心の誇とは一致しないことを明言出來る程、それ程今の教育には惡口してよいことが多いのだ。その惡口を、眞面目に探し出して、眞劍に排除しようと力を盡すところ、そこに教員の誇があり、渡世があるのである。家庭にゐて、自身我が子供の教育にさへ本氣になれないやうな人は、教育を惡口する資格を持たない。教育に無資格な個人主義者を、私は排斥する。さう言ふ人の言葉には耳を貸したくない。われ〳〵は眞直ぐに、この道に精進したい。そして、そこに、自ら誇を感じたいと思ふ。

今も言つた通り、私は教育を渡世として來ながら、惡口と言へば一番に飛んで出たがつた方だつたが、さてそれでは、やがて私が子供の母となつた時、それ程惡口を列べて來た學校へは、まさか子供を入れないだらうと言ふと、矢張り入れると思ふ。それだけ、學校教育と言ふものの眞價を、過不足なく私は信じてゐる積りである。

私は我が子を學校へ入れて、眞人間にまで育てゝ貰はうなどとは思はない。また、今の學校をそこまで信じてもゐない。將來は別として、子供の心へ打込んで、人間らしい力を育てるなど言ふことは、今の學校では出來ることではない。だが、こゝ十年前の女學生と、今の女學生の體格を比べてみて、私は矢張り、學校へは入れたいと思ふ。女學生に限つたことではないが、この頃特に目に立つことだから例にする。今の女學生の足の伸び方とかスタイルの出來方とか、さう言ふことは誰の目にも止つてゐることだと思ふ。この四五年の間に、平均身長四寸とか高くなつてゐると聞いたことがある。實際さうだらうと思ふ。澤山な金を持ち、特別な教育の出來る家は別として、普通われ〳〵の家では、學校へ入れずに家庭に置いたのでは、あのくらゐな訓練は到底出來ない。學校が生徒の洋服生活を奬勵し、盛んに國際的な運動をやらせるやうになつて、初めて目につき出した今の女學生の、女學生スタイルである。これだけは、學校と言ふ團體生活によらなければ出來ない仕事だと思ふ。

私が言ふ迄もなく、地理を教へるとか、算術を教へるとか、さう言ふことは學校の大きな仕事ではない。さう言ふ仕事に望みを持つのは、持つ方が間違つてゐる。現に子供自身に問うてみたがよい。小學校六ケ年を通じて（何も小學校だけのことではないが）算術の教科書が六冊たまるわけであるが、さて卒業と言ふ時になつて、六冊の書物のうちのどれだけのことが、子供の頭に殘つてゐるかである。早い話が、六年生になると、租税とか株式とか公債とか言つて、面倒臭い問題が澤山出てゐる。六年生では殆ど半年近い時間をかけて、それ等のことを教へることになつてゐるが、所得稅の稅率がどうとか、宅地稅は斯うとか、さう言ふ智識と言ふものは、後から後から直ぐ忘れて終ふ。さう言ふ智識を敎へてくれるからと言つて、私は子供の母として、決して學校教育を賞讃しはしない。それよりは、さう言ふ智識は敎へてくれなくていゝから、子供各自に十錢づゝの金でも出し合せて、教室文具店でもつくらせ、それを教室の仕事の一として知らない間に利息算や公債算が頭にはいるやうに仕込んでくれることを喜ぶ。何故なら、さう言ふ仕事は、團體生活でなければ出來ないことで、團體生活であつて、初めて簡單に出來ることだから。單なる利息や公債算を敎へて貰ふだけなら、何も子供を學校へ出す必要がない。それだけのことなら家庭で出來る。一通りの道さへ敎へてやれば、後は子供一人でも出來ることである。

私は敎員として、學校と言ふ團體を利用して、十束一からげな智識を授ける仕事には、私自身敎員としての意義を見出すことが出來なかつた。學校は團體であると言ふその强味を利用しての、一束の子供に一束の智識を授けるための經濟的教授場所ではないのだから。どれ程經濟的にめざめて來た世の中ではあつても、學校のこの經濟教授だけは堪らない。學校は團體であるからには、團體であることのその力だけを、節約しないで使ひはたしたい。個人個人の家庭では見ることの出來ない團體と言ふ力である。學校としての生命は、その團體であると言ふこと以外には、何もないではないか。學校は、團體的生活場所であると言ふ、只それだけの意義に於いて、家庭教育との距離を見出すことが出來るのである。それ以外のことなら、今時多くの世間の母の中に、教員以上の教育の出來る人がいくらもあらうと思ふ。教員としてどれ程の父母にも弱味を感じ得られることは、團體精神によつて教育し得ると言ふ、只それだけのことではないか。境遇の力、團體精神、協力共存の生活、さう言ふ點に向つて力の出せない學校、さう言ふ工合に教室經營の出來ない教員、さう言ふ學校と教員には、學校としての教員としての存在の意義がない。

これが、これ程惡口してゐる學校へ、私は矢張り我が子供を入れるであらうと思ふ理由である。私は今迄教員として、學校の存在を只それだけの意義に於いてだけしか認めて來なかつたし、將來母となつた場合にも、學校に對しては、それだけの信賴きり持たないだらうと思ふ。然もこれが、過不足のない學校價値の認め方だと思ふ。若し教員の中に、學校は團體生活だと言ふ只それだけのことを眞直ぐ信じて、それ以上または以下の仕事には、一切手出しをすまいと心得てゐる人があつたら、その人は教員としての自分の仕事に、樂しみを持つてゐる人だと言はう。若し父母の中に、それ以上のまたは以下の仕事を學校に要求しようとしない父母があつたら、そこの家庭教育だけは、信用出來るものだと言へよう。私はさう信じる。

私は、教員で渡世しながら、最も多くの悪口を、學校へ向けて投げつけたと言ふのは、今の學校が、餘りに非團體的に出來てゐるからである。今の學校では、子供を集めて、鐘をたゝいて、教室へ追込んで、本をひろげさせることを、一番大きな仕事だとしてゐるからである。さう言ふことなら家庭ででも出來るし、全然しなくてよいことさへ澤山あるのだから、今の學校では、小使が二分間の時間を間違へて鐘を叩いても、八釜しく言ふ。言はなければ濟まないやうに言ふ。それ程熱心な教員が揃つてゐながら、何故運動會と言へば年に一回きりしないのだらうか。校長は何故それを八釜しく言はないのだらうかと言ふのが、私の悪口の種である。運動會だけのことではない、學藝會にしても、遠足旅行にしても、みんなその通りである。教科書の內容が已にその通りであり、教室生活の狀態もまたその通りに出來てゐる。運動會の仕方、學藝會の仕方、音樂會のやり方、遠足の仕方、一々思ひ合せてみて、よくもこれ程、非團體的に出來てゐると思ふ。教科書のこと、教室生活のことは、別に一項として後で話す積りであるが、今の學校でしてゐることを、ずつと眺めてみて、どうでも取除けて終はなければならないと思ふことの何と多いことか。盛り澤山で實のないこと夥しい。どう言ふものを除いて、どう言ふところへ身を打込めばよいのか、事實の話はその項その項について經驗を語つて行かう。とにかくにも、今の學校の仕事と言ふ仕事は、みんな我身知らずに背負ひ込んだ教育雜務ばかりである。何もそんなに數多くの仕事をする必要がない。仕事の數は思切つて少くしたい。その代り、精神の働きを大きくするのである。學校は團體だと言ふその立場に於いて、節約することなくこの精神を發揮したいものである。

初めにも言つた通り、私は世間の自尊家の教育惡口に對しても、敬意を表することが出來ない。自尊家よ、學校に向つて、無責任な惡口をする勿れである。今の私達には、さう言ふ惡口家の氣焔を聞いてゐる暇がない。私達に向つて惡口しようと思ふ人は、先づ學校に向つて、教育改造のために、正眞正銘な力を貸し得る好意と熱とを持つて來ることである。私達が今社會の人々に向つて求めてゐるものは、單なる批評だけではない。教育の惡口なら、却つて私達の方がよく知つてゐる。只貸して欲しいものは、教育改造についての力と熱とをもつた手だけである。今時、實行力を持たない批評家が、幅を利かしてゐる時代ではない。一體、今の家庭と學校が、全然他人らしい涼しい顔で澄まし合つてゐるのは、どうしたことだらう。

この頃、どこの土地でも父兄後援會と言ふものが出來てゐるやうである。ところが、何と無意味な後援會であることか。大抵は月謝代りの金を學校のために出してゐる位のことではないか。

なる程學校は、その金でもつていろ〳〵な仕事をするではあらう。が、運動會の後で教員に一杯呑ませたり、オルガンを買込ませたり、貸與用の子供傘を作らせたりすることだけが、何の後援であらうかである。もつと深い所に後援してよいものがないのだらうか。學校としても、何故もつと、胸襟をひらいて後援して貰はないのだらうか。私はそれを不思議なことに思ふ。その點から言ふと、空つぽな批評だけではあつても、批評するだけ自尊家はまだましである。一簾めざめたやうな顔をしてゐる父母の中に、學校へ出して置きさへすれば、どうにか習つて來るものと思込んで、澄し込んでゐる人もまた實に多いのだから。今日子供は、學校で何をして來たのか。朝から子供部屋へ這入つたきり出て來ないが、何をしてゐるのだらうか。それさへ知らない父母も實に多いのだから。玆に一つの大きな山を越してからなら、それでもよい。父母としても、忙しい仕事を持つてゐるのだし、殊にこれからの世の中は、母と言うても、子供の世話ばかりに身を入れてゐられなくなる許りなのだから、子供のことは、信用して學校へ放り任かして置かなければならないのでもある。が、そこ迄行くには、否が應でも、教育制度の改革と言ふ、大きな山を越さなければならない。然も、今、時代は丁度その轉換期へ這入つてゐる。お互に陰の悪口など仕合つてゐてよい時であらうか。

二　教育であることとの資格條件はこの二つ

ぼつ〱、内容に這入つて話して行かう。

學校を參觀する場合に、まづどこの學校、どこの教室でも目につくことは、子供の成績品を周圍の壁にぺた〱と張付けてゐたり、色々な工作物をそちこちに陳列してゐることである。あれは一體、自分の教室の成績を他人に紹介しようとしてのことなのだらうか。それとも、子供を奬勵するためのことなのだらうか。參觀人の多い學校では、成績紹介のためにあゝ言ふことを必要とする場合もあらうとは思ふが、それなら、廊下の壁を利用するとか、どこか一室へ纒めて陳列するとか、他に方法があらうと思ふ。若し、學校内部、特に校長の手前、自分の熱心ぶりを知らせようとしての用意なら、さう言ふさもしい心は露骨に見せない方が美しい。それ等のことは別として、若しあれが、子供奬勵のための手段だとするなら、餘りに個人主義過ぎると言ひたい。時々は貼り代へられるにしても、少くとも十日二週間と續きつ張りに、あゝ言ふものを目の先へぶら下げて置くことは、目に慣れ印象を弱くするだけのことにしかならない。見て感心するのは僅かに最初の一日だけのことである。毎日眺めて毎日感心し、毎日自分を勵ますと言ふやうなことは、普通の子供にはないことである。然も、限られた場所を利用しての成績品掲示と言ふものは、何時も決つたやうに限られた子供だけのものとなり易いことである。學校と言ふ團體教育の場所で、さう言ふ頭で教育したのでは、本當の教育が出來ない。それに、あれでは部屋全體の感が薄穢くなつて不快でもある。今のところ、あれをすることが、どこの學校とも習慣にまでなつてゐるやうであるが、少し考へると、實に考へなしなことだと思ふ。あゝ言ふことをよいと思込んでゐるのでは、教室であることの資格に缺ける。なぜなら教室とは、親子の關係に於ける團體の生活場所なのだから。

第一、教室または學校が、團體の生活場所であるからには、團體的な動きの中で、一人の勉強が出來て行き、一人の力が練られて行くやうに仕組まれたい。でなければ、學校教育の意義がなくなる。教室が團體生活の場所であることの當然の結果として、教育がその團體的な力の動きに乘つた時、これに乘らないどの手段よりも、教育効果の大きいことを私は信じる。この條件をもつて、私は教室の第一條件に數へる。

今の成績品陳列の事に例をとつて、言つてみよう。つまり、年ケ年中する〳〵とあゝ言ふ仕事をするので、一學期に一回とか、年に二回とか、教室展覽會をやることだと思ふ。子供藝術展覽會と言つてもよからうし、教室展覽會と言つてもよからう。書畵手工品その他、場合によつて、適當な方法でやればよい。委員制度にして、計畫係、會場係、會計係、接待係など選出することも、立派にやれることである。四年生にもなると、子供も相當働けるやうになるのだから。さうして、一日の課業を休み、午前中參觀、午後批評會、續いて後片附けと言ふ順序でやるなら、實に面白い仕事が出來る。團體生活を基礎とした會合教育のことに就いては、倘後に述べることにするが、却々面白い仕事が出來て、影響の大きいものである。無論初めの間はまごつくことも多いし、批評と言つても碌なことは言へやしない。が、だん〳〵回數を積んで行くと、自然に子供の鑑賞眼が肥えてくる。無論陳列用具費として多少の金はかゝる。額縁とか襖とか陳列棚とか言出したら、際限がない。しかし、それ等はだん〳〵に拵へて行けばよいので、或る頃私は、茶のハトロン紙を襖大に繼合せ、自分で上と下に細竹を巻いて、軸ものゝやうなものを幾つか造つたことだつた。教室の周圍の壁に列べて吊るとして、何程の費用もかゝらなかつた。額は、はめる繪によつて色々考へなければならないし、さう言ふことを無頓着にやつたのでは、展覽會をやる意味がなくなつて、子供のための指導にはならないのだから、これは費用の關係上最初から數多くは望まれない。陳列棚としては、子供の背の高さに應じて、教室の一部に、二段または三段の適當な棚をつればよい。四分板一枚五十錢も出せば、相當なものが買へるのだし、棚をつる位のことは、女の私にでも出來るのだから。さう言ふ風にして、一度道具が揃ふと、あとあとは簡單に出來る午後の批評會は、作品に取卷かれたその部屋の中に、机を寄せ合せてやればよい。厄介に見えて案外手輕に出來るのは、斯うした仕事であることをも、附け加へて置く。

そこで、さう言ふ仕事の結果、どう言ふよいことがあるかと言ふことであるが、

第一に、處世的訓練のことを擧げたい。

處世的訓練、つまり世に處するの意力鍛練のことである。

自治的訓練とか教室の自治生活とか言ふことをよく言ふ。だが、意力教育に關することは、口で教へる位のことで出來るものでもないし、時間勵行だの自學自習だの言つてみたところが、部分的な動きである。ところが、かう言ふことは團體生活の場所である學校がやらなけ

れば、他にやれる生活はない。また、國體であるが故に、學校では他のどう言ふ生活よりも容易に出來得るのでもある。そのことは、前からもだんだん話したが、學校としての力の入れどころは、まづここではないのかと思ふ。世に處するの意力と言ふ意味については、別に説明の要もなからうと思ふが、とにかく、一生を通してこの身この人生を判くところの意志の力と言ふ意味である。

大體、教育に望むに、直接的行動であり過ぎると言ふのが、今の學校教育の大きな心得違ひだと思ふ。言葉遣ひをよくさせようとなると、只もう、よくせよ、よくしませうの一天張りで押しつけて行かうとするし、自學自習の習慣をつけさせようとなると、早速自習時間を設けるとか、宿題を出すとか言ふ風な方法で、自習せよ、自學せよと言つた調子で行かうとする。何だか、學校の教育法と言ふと、みんなさう言ふ流儀であるやうである。だが、考へてみると、これ程個人的なさうして露骨な教育法がなからうと思ふ。さう言ふ風なやり方では、その命令に從ふことの遲い個人が、直ぐ罪人としてあげられなければならないではないか。表向きに自學とか勉强とか言ふ臭い言葉は一度も使はないで、自然に全體として自學自習的な氣分に向はせて行くやうな、さう言ふ間接的行動で進むことが、まさか悪いわけでもなからうにと思はれる。

意力鍛練のための、只一つの方法としては、生活の組織をまづ團體そのものの上に立てることである。一人の教員が、大勢の子供を一束にして引張り廻すと言ふのではなくて、子供一人一人の意志が、一つの仕事を芯にして、團體的に動いて行くやうに組織するのでなければ駄目である。委員制度によつて、みんなの子供が、展覽會と言ふ一つの仕事に向つて動くと言ふことは、勿論初めから十分なことは望まれない。お互に感情上の問題も起らないではゐないのだし、それ〴〵に委員としての働きも要ることだし、いろ〳〵面倒が起きて來る。だが、度が重なり、力が練られて來ると、だん〳〵面白く出來るやうになる。面白くなると言ふのは、それ〴〵の働きに、それぞれ自信がついて來るからである。この自信こそ、教育としての獲物と言ふべきである。勉强だ自治だと言ふ臭い言葉は、露骨には見せないのだが、然も勉强し自治して行くところの意力の鍛練が出來てゐればこそ、結果として生れて來るところの興味であり、自信なのである。一般に、直接的手段によつてつけた力と言ふものは、一時的で消えて終ふことが多いが、間接的手段による教育には、威壓と壓迫が含まれてゐないだけ、やつた仕事が力として殘る。

教育の目的とするところのものは、先づ第一に意力の鍛練、それから第二に智識の教授であらねばならぬ。これは机上の論理から割出した目的論ではない。中年のこの歳を、今社會の荒浪にもまれながら、しみじみ感じてゐる私自身の實感である。

第二に、子供全體の氣分が、團體的に緊張し、團體的に融合すると言ふことである。

説明する迄もなく、展覽會があるんだ、批評會があるんだと思ふと、子供達の氣分が自然に緊張し、どの子にもこの子にも相通じた或る熱が出ることである。

第三に、傑作力作に向はうとする希望を、氣分として感じさせること。

今學校の教育狀態から見ると、一週一時間または二時間と言ふ圖畫手工の時間に、何時も決り切つた紙や木片を持たせて作品させ、出來た成績は教師の手許へ出させて、評點評語を加へ、そのまゝ返すとか、よい分は教室の壁に掲示するとか、大體さうなつてゐる。が、決りきつた紙の上で、さう言ふこと許りやらせてゐたのでは、打明けたところ力などつくものではない。大體藝術品（習字、圖畫、手工の類を、私は子供藝術だと思つてゐる）製作指導の要領は、作品させようと直接に強ひるよりも、他人の作品を多くみせて、鑑賞眼を養つてやることによつて、心に製作慾を起させることである。描きたいと言ふ慾望を感じさせ、その慾望に支配されて、面白がつて描き得るやうに仕向けてやることである。心の芯に、その感情がなければ、何遍描かせてもいゝものが出來るわけでもないし、力が伸びる筈もない。その點から言つて、今學校でやつてゐるやうな方法では到底駄目である。成績品を評點や評語で處理するやうな個人主義一天張なやり方は、露骨で、印象が薄くて、製作慾望を起させようとしても、あれでは決して起る氣遣ひがない。そのためには、どうしても團體的な氣分で大きく刺戟をし、動き出させるやうに導くことである。

第四に、駄作續出の弊をなくすること。

毎週圖畫の時間・手工の時間が廻つて來る度に、何か描かねばならぬ、描いて出さねばならぬと言ふ感じの上から來る義務的製作には駄作が多い。これは當然の結果である。しかし、教員の手許へ成績を出させることも、さう度々でなくてよいのだと私は思ふ。一學期に二つも出させれば、それで充分だと思ふ。その代り、その二つは愚作ではあつても、駄作ではないこと。つまり、下手であつても、眞劍な態度で作品したものであるやう、指導することである。平生の時間は凡て練習のためのものとし、その間に出來た繪の中から一枚または二枚だけを出させると言ふこと、その代り出來た一枚だけは、多勢の觀覽に供へ堂々と批評を受けると言ふこと、質の悪い仕事を數多くさせるよりは、數は少くてよいから、質のよい仕事をさせるといふ、さう言ふ精神を養うてやることが、製作技巧を教へる以上に、人生にとつて大切な心懸けである。

第五に、教員自身を事務的な仕事から救ふこと。

これは、前項の場合を、教員自身にとつた時のことである。

成績處理といつても、圖畫や手工の場合はまだいゝ。綴方の場合を考へるとぞつとする。一々取上げて目を通し、批評して返すなど言ふやうなことは、事實としては決して出來ることではない。若しやつてゐる人があるとしたなら、隨分大ざつぱな事務的な片附け方をしてゐるのだらうと言ふ氣がする。教員として、さういふ仕事に時間を費すことは少くとも恥辱である。こゝでも數は少くてよいから、質のよい仕事でありたいと言はう。評點・評語流の教育にも、いゝ加減別れを告げたいことである。綴方の作品をどう處理したらよいかについては、後に御參考までに私自身の授業速記錄を入れることにする。

第六に、躍進的進歩の効果を擧げ得られること。

三味線の稽古をするにしても、踊りの稽古をするにしても、何に限らず稽古ごとには、躍進的進歩の機會をつくることが、大事である。會へ出ると力がつく、と言ふことは、稽古ごとに經驗のある人は、誰でも認めることである。滿遍ない仕事の仕振りは、實際は倦きが來易く、力の這入つた伸び方をしない。この道理は敢て稽古事だけのことではないと思ふ。擧げてみると、大體右のやうなことになる。勿論これは、展覽會と言ふ一例について言つたことであるが、その他綴方の扱ひにしても、讀本の扱ひにしても、また地理修身などの扱ひにしても、みんなこの精神によつて考へて行きたい。實例については、後々、段々に述べて行かう。

一般に、教室（または學校）であることの資格を、どう言ふところに置くべきか、さうしてどう言ふ手段で進むことが、最も本質的であるかと言ふ、そこの問題について、眞直ぐに考へたいと思ふ。

第二の條件は、その親子の關係に於いてと言ふことである。

昔から、教育と言ふ言葉と、愛と言ふ言葉が、何か因緣的に喰着いてゐる、喰着いてゐるが故に、教育と言ふ仕事に、何か神聖な强味を感じる。むろん、この因緣に結びついて、却つて僞善の惱みに苦しめられてゐるのが、今の教員生活であるやうでもあるし、師弟の關係と親子の關係とは同一物でないことも事實ではある。が、育てる仕事に愛を感じるの情は、師弟とか親子とかの區別には關係のない、一般人情である。その點、師弟關係の最もよき狀態に置かれてゐる教室生活は、家庭生活に最も近い感情にあるものだと私は思つてゐる。その證據には、家庭的な感情に遠い教室ほど、その教育生活は不自然な狀態にあるやうだし、教員と子供の話振りを一寸聞いても、親子の情に近い或る親しみが感ぜられる時には、その教員の持つてゐる教室の氣分が、それだけ理想に近い狀態にあるものだと推察して、大抵間違つてゐないやうでもある。

昔の私塾では、斯う言つた感情が非常に濃厚であつたやうで、今の學校と比べて、大きな隔りのあることは、誰も肯定してゐる。それだけ、人物養成の教育が、多量生産的な義務教育に墮してゐるのだと言ふことも、人皆の認めてゐるところである。と言つて私は、今の學校を昔の私塾に引き直したいなど言ふ理想は持つてゐない。が、この感情を拔きにした、多量生産的な事務教育の中に生活してみて、教員としてそれは、どれ程淋しいものであるかを痛感して來た私である。前からも屢々言つたやうに、學問傳達本位な事務的な仕事と言ふものには、長く尾を引くところの力がない。その場きりで消えて終ふ仕事を、今日もまた繰返したのだと思つてみる時、淋しさが芯の底からこみ上げて來る。これは恐らく、私一人の感情ではなからうと思ふ。教育のためとか子供のためとか、さう言ふ窮窟な考へで仕事をしたくない。と言つて、甘酢つぱい感傷的な愛に引つ張られて、安價な涙でその場の氣休めをするやうな仕事もしたくない。育てる者と育てられる者の間に通ふ感情は、少くとも底の方から相通ずるところの力、つまり親子の感情に近いものでありたい。

それにつき少し考へてみたいことがある。

夏の或る朝、或る子供のところへ、二枚の繪葉書が屆いた。一枚は父からで、他の一枚は受持の先生からだつた。二人とも海へ旅行してゐるのだつた。父からのは普通の風景繪葉書で、それには、

「今日は父さんと信伯父さんと英ちやんと、大人五人少年二人で魚釣りに出かけた。河口ではキスがよく釣れるといふ評判だつたが、一日中舟にゐて、あはれ、たつた四尾の收獲なり。小鯛を釣上げたり、フグに針を取られたりして口惜しがつてゐる最中のことだつた。名は忘れたがトビによく似た鳥が一羽すつと下りて來て、水をたゝいたと思ふと、五寸許りもある魚をくはへて、ゆうゆうと飛立つた時には、誰も彼も羨しがつて、空を眺めたことだつたよ。内では母

さんも皆々達者でせうね」

としてあつた。

受持の先生が寄越したのには、三人の肉附のよい少年が、今海から上らうとしてゐる海岸の風景が、教員自筆のペン畫で描かれてゐて、それには、

「この海は、子供の海水浴場としては申分のない遠淺で、潮の干いた時には、十四五町もある海の中の島まで、着物のまゝ渡られます。今大阪京都の子供が二百人許り來てゐるだけなので思つたより靜かです。この繪に出てゐる三人の少年の肉附を見て感心しませんか。都會の子供だとは思はれないでせう。「勉强するか」「うんしよう」と言ひながら、海から上るところです。私は二十日頃までここにゐます」

としてあつた。

この繪葉書は、二枚とも、この子供に特別な親しみを持つて、書かれたものであることは勿論である。讀んでみたところ、父の愛と教師の愛に、變りがあるやうには思はれない。ところが、受取つた子供の方で、父からのを喜んだと同じ無邪氣な氣持で、先生からのこの葉書をも讀んだであらうかといふ、そこの問題である。

とにかくにも、世間の親は、面白かつた自分の經驗を、子供に話す場合に、面白かつたそのことを、面白かつたその通りに話して、子供をも面白がらせようとする。親はそこに樂しみを感じてゐるやうである。ところが、敎員の方のはさうではない。面白かつた自分の經驗を、子供に話す場合に、面白かつたそのことを、そのことだけ眞直ぐ話さないで、その中から何かの所感を引つ張り出して、その所感でもつて子供を感心させようとする。さうしてそこに、敎員としての樂しみを持つやうである。親は自分の話を聞いて理解してゆく、子供そのものに誇を感じるし、敎員は子供に理解させ、感心させることの出來た自分の腕に誇を感じるのである。親は何處にあつても、子供自慢と決つてゐるやうだし、敎員はどこにあつても腕自慢と決つてゐるやうである。

子供としては、親にも愛されたいし、無論敎員からも愛されたいに決つてゐる。どちらの心を疎んじようなどと言ふ故意はない。だが、親の話を聞く場合とは違つて、敎員の話には、變に毒氣があり、奥齒にものの挾まつたやうな、何か憂鬱を感じ、芯から親しんでゆけなくなる場合が多いのではあるまいか。親の話は、大體に於いて、無邪氣に、安心して聞いてゐられる。が、敎員の話には、その愉快がない。先刻の二枚の葉書にしてもその通りで、敎員のものには、自筆のペン畫もついてゐるし、子供の喜びさうな子供のことも書いてはある。だが、出て來る三人の子供が曰くものである。然も、その問答が陥穴になつてゐる。讀んでゐて懷しいには懷しいのだが、何か自分の行爲を咎められてゐるやうな氣がし、用心深い身構をしなければならなくなつて來るのではあるまいかと思ふ。笑つて讀みかけた葉書が、中途で笑へなくなつて來るのである。

現に、私などもさうだらうと思ふが、教員をしたことのある者の話振りは、どうも無邪氣でない。自慢氣が多くて、誇張的で、明快なところがなく、何時も心の底に、何か筋道を立てながら話してゐるやうな感じである。聞いてゐて、鼻につくことが實に多い。平生子供相手に貧しい內容の材料を形容倒しに話して聞かせたり、然も、對手の納得するまで、何遍でもくど〳〵と繰返したり、對手の心への影響を、絕えず計畫的に期待したり、芝居氣たつぷりで、すら〳〵としないところ、日頃の教員生活から來てゐるのである。人間に生れて、輕い皮肉の言へない人生は、どれ程淋しいことか。無邪氣に、明快に、自分を語ることの出來ない人生が、どれ程生甲斐のないことか。私は何時もそれを思つてゐる。

私は人の教室を拜見するやうな時、教壇に立つて話してゐる教員が、話してゐるそのことに興味を感じ、面白がつて、悅に入つてゐるやうな、さう言ふ純眞無垢な態度を見たいものだと、よく思つたことだつた。教員自身、何の興味も感じてゐない話を、やたらに粉飾して、子供を誘惑してゐるやうな話の中では、教育は常に枯死してゐる。家庭で見るやうな、生々した子供や、休憩時間の運動場で見るやうな、伸々した子供は、さういふ教室には一人もゐない。今の學校は、これ程教育的に墮落し、今の教員は、これ程無意義な人生を持つてゐるのかと思ふと、愉快ではない。

世間の親の中にはよく、「教育は家では出來ない。矢張り學校でないと駄目だ」と言ふ風に話す人がある。一寸考へると、それが本當のやうに聞えないではない。だがそれは、子供に學問を仕込む場所としての學校を指したもので、子供を育てる場所としての學校を指したものではない。一々考へ合せてみると、今の學校の生活で、根本的に失はれてゐるものは、教員としての親らしい態度だと思ふ。この態度が失はれてゐるが故に、あせつてもあせつても、教育の實績があがらないのである。あがらないだけならいゝ。段々多量生産的な事務教育に墮してゐるのである。かう言ふ調子で行つたら、どれ程教育改造のことが論じられても、教育の仕事は、どん〳〵墮落する許りである。肝心根になる力を培はないで、方針や方法許り八釜しく言つたところが、救はれる筈がない。教育の改造は、先づ教師自身の態度から。私はさう信じる。

要するに教員自身先づ親らしい態度をとること、さうして、子供達とともに、よき狀態に組織された團體生活を營むこと、この二つの條件以外には教室生活としての條件はない。この二つの條件を拔きにして考へる教育は、悉く邪道である。私はさう信じる。然もこれ二つきりだ、と。

三　よき狀態に育つてゐる子供の特徵

教育のよき狀態とはどんなのを言ふかと言ふことは、以上のことで大體說明をつくした。そこでこの項では、それでは、さう言ふ境遇に育つた子供は、大體どう言ふ風な特徵を持つものかと言ふことに就いて話してみたい。

先づ第一の特徵として擧げたいことは、何事に係らず、自分自身でことを裁きたがる傾向を持つことである。

例へば、子供達が競技の時、ボールを當てゝ、教室の硝子を破つたとする。その場合、硝子を破つたといふ失策を先生に報告しに走らうとはしないで、その場の片付、つまりその出來事を、どう處置しようかと言ふことを、先づ考へようとしたがるのが、この子供達の動き方である。自分共の失策から、硝子の破片のために、後で怪我人を出したりすることのないやうにするには、その場をどう處理してよいか。また自分共の失策について、出來るだけ他人に手數をかけないやうにするには、どう言ふ順序をとればよいかと言ふ風に心が動くのである。そして、その場合最もよいと考へた方法でそれを處置し、その處置の結果を先生に報告しようとしたがるのである。教訓本位な人から考へると、さう言ふ子供の態度を「出しやばる」とか何とか考へるかも知れない。そんな場合、教訓本位で育つた子供は、何を放つてもまづ先生にすがらうとし、犯罪者を明瞭にし、自分がその犯罪に關係のないことを明白にしようとするものである。そしてそれをしないのでは、我身のあかりが立たないかのやうに大騒ぎをしたがるものである。その點非常に違ふと思ふ。

「先生、今日運動の時にね、ボールが當つて家事室の硝子が破れたんですよ」

「幾枚？」

「破れたのは一枚ですけど、細かく細かくぐちやぐちやに破れて終つたんですの」

「………」

「硝子の屑は紙箱に入れて小使さんに渡しときました。屑はみんなでよく拾つたので、大丈夫と思ひますけど、でも放課後も一度よく調べておきます」

「硝子は光の工合で目の前にあつても見えないことがよくありますから、少し離れた所から透して見てごらん。ピカ〳〵と光つて目につき易いですから」

「小さい小さいのが光つてるのが見えるんですけど、なか〳〵うまく拾へないので、それは土ごと箱にとつて、運動場の隅の土手の所に埋めておいたんですけど」

「いゝでせうそれで。室擔任の先生によく申上げたかい」

「はい」

「運動する場所を考へたらよかつたのね」

「えゝ、でも他の組の方も出てゐたし、随分こんでましたので」

そのやうにして子供達は、失策は失策としては認めるが、犯罪としては認めないのである。従つて、誰さんがボールを投げ、誰さんと誰さんが受け手でなどと言ふ、うるさい説明によつて、犯罪者を明白にしようとはしないのである。凡てに罪と言ふ意識が薄いのである。これだけは、團體的生活によつて自律的に訓練されたものの、普通の心のやうである。皆で遊んで皆でやつた失策なら、皆に責任があるのが當然で、その責任はみなで果せばよいのである。と言ふ心が、無意識のうちに出來て終つてゐるのである。

大體今の學校のやうに、失策を犯罪かのやうな扱ひをしてゐたのでは、子供達は卑屈になるより道がない。卑屈と無責任は、處世上の惡德である。私達の育てる子供は、將來の社會に仕事を持たねばならない。將來の社會は今の世の中より、もつとずつと無責任と卑屈を蔑侮するであらうから。

次に第二の特徵として擧げたいことは、感じが明るくて氣輕く、至極近代的な感じのすることである。とにかく自律的に組織された環境に育つてゐる子供は、一般に、私達の先生とか、私達の仲間とか、私達の教室とか言ふ感じが強く、お互に隨分親しみ深い感情を持合ふやうである。それは當然さうなる筈で、先生一人が作つてゐる生活の中へ、この自分を順應させて行かうとすると、先生の機嫌を伺はねばならない必要も起るだらうし、日常の生活に隨分怖々しなければならない場合が多からうと思ふ。が、自分共で作つてゐる自分共の生活を、自分共で發展させて行くのだと言ふ落着きを感じる場合には――無論子供達はさう言ふことを智識として意識はしてゐないだらう。が、日々の生活に變な壓迫がなく、先生に對しても過度な威壓を感じなくてよいのだから――その感情は自然に伸々する道理である。殊に、日々やつてゐる仕事について、たとへ先生が中心になつてゐるにせよ。自分もその團體の一人であると言ふ自信を持ち得ることは、子供達にとつて、どれ程樂しみなことか。樂しみを持つ者の心は、常に快活である。人をねたみそねむことを知らない。あつさりとしてゐて、親切で、全體に明るい感情を持つことが、この子供達の特色である。

とにかくにも、伸々と育つてゐる子供は、色々のことにこだはらない。氣輕い。自然、共同生活である教室の暮しに、暗闘的ないがみ合ひが起らない。さう言ふことを、卑しい心得だと侮辱するやうに、だん〱覺つてくるのである。ぐじ〱としてゐてはつきりしないこと、大人びてゐて伸々しないこと、ひねくれてゐて快活でないこと、など、古い型のいやな性質には、われわれはもう愛相をつかして終つた。

子供達はまた、自分の仕事自分の作品を、非常に大事にする、と同じ心持で、他人の仕事、他人の作品を損ねることの、無禮を知つてゐる。それだけに、何事をするにも、雷同を忌むやうになり、自分自身の心から湧いて來る熱心を得意にするやうになる。だから、仕事中の雜音が、ひどく耳障りになるらしい。靜かにしようとか、邪魔されては困るとか言ふことを、だん〳〵口にするやうになる。だからこそ、よく一致協同出來るのだと思ふ。外で遊んでゐる時でも、部屋で仕事をしてゐる時でも、眺めてゐて、とにかくその熱心ぶりが見える。身を打込んで、面白がつてやつてゐることがわかる。見てゐても、自然に引つ張り込まれて、いゝ加減なさし出口が言へなくなる。

その代りに、子供達の腰はなか〳〵强い。五六年頃にもなると、いゝ加減な胡魔化しではウンと言はなくなる。町を歩いてゐる樣子を見ても、その態度は、たしかにそれを證明して見える位である。さう言ふところ、敎訓本位な敎育者の目障りになるところかも知れない。

大體今の學校では、子供の子供らしい姿を、その儘の姿で認め、その儘の姿で洗練して行かうと工夫しないのは何故だらうかと思ふ。矯正する道に苦勞して、洗練する道に工夫しないのは、餘りによい心掛けだとは言ひ得ない。殊に敎訓本位の敎育者に言ひたいことは、餘り結果を急ぎ過ぎてはならぬと言ふことである。今言つて聞かせて、直ぐ次の時間から良くならせようとか、良くなつたやうな振りを見せてくれないと氣が濟まないとか、隨分强慾な話だと思ふ。そんなにうまく行くものなら、誰も苦勞はしない。敎育と言ふ仕事は、どんなにあせつても、短い時間ではつきりした結果など見られる筈のものでない。長い時間をかけて、識らず知らずの間に、何ものか目に見えて來るのが、斯う言ふ仕事の性質である。前にも言つた通り、われわれの苦心は、矯正を目的とする威壓的な言葉を一度も使はないで、そして矯正してよいものだけが自然に矯正されて行くやうに、そんな風に躾けて行きたいところにあるのである。

次に第四の特徵として、批判力と鑑賞眼と、その感情生活について擧げたい。

敎育のよき狀態に育つてゐる子供は、ものの批判に慣れ、鑑賞に慣れてゐるから、自然自尊心が强く、眼が高い。例を女の兒にとつて言ふなら、一寸手提袋を作るにも、自分の着る洋服を作るにも、鞄・帽子などを買ひ求めるにも、ハンカチの隅に一寸した縫取をおくにも、自分達同志で作つた文集や歌詩集の表紙繪を描くにも、それを綴ぢるリボンの選擇をするにも、その色とか形とか言ふものについて、まるつきり無頓着ではないことである。自然物を好み自然界に親しみたがるのは、子供一般の通有性ではあるが、よき狀態に育つてゐる子供は、さう言ふことにも特別な親しみを持つやうである。教室の花瓶に四季折々の花を忘れるやうなことも、恐らくなからうと思ふが、植木鉢に花卉を育てゝ、魚類鳥類などを養ふことをも非常によろこぶ。さう言ふことに興味を持ち、面倒がつたりしない。

それにつき思出すことがある。私が病氣をして、長く學校を休んだ時のことだつた。愈々全快の日が來て學校に出てみると、教室の眞中に一つの催し物が出來てゐた。卓子を三つ許り持寄つて臺にし、その上に段をつくりなどして、白い窓掛を掛けていゝ工合に覆ひにし、人形をかざり、花を生け、隨分念のいつたものが出來てゐた。私の全快を祝ふために、みんなで考案して作つたものだと言ふことだつた。私の病氣がだん〳〵よくなり、學校へ出られる日が近づいて來たについて、子供達は放課後になると集つて、人形の着物を縫ひ、帽子をつくり、笠をつくり、下駄をつくり、踊り子、令孃、福の神、百姓、船頭、犬、猫などと、いろ〳〵のものを造つたのだつた。さうしてそれを飾り、花を集めなどして、私を喜ばせたのだつた。子供達は私をその催し物の近くに腰掛けさせておいて、私の留守中病氣中に出來た作文とか詩とかを聞かせてくれるのだつた。その時私の目に涙がにじんだことだつた。私は自分の教室生活など、まだ〳〵理想に遠いものだと思つてゐる。だが、その時は嬉しかつた。子供達のことについて、日々何か考へるだけの熱を失ひさへしないなら、私は決して孤獨をなげかなくていゝのだと言ふ氣がした。

よき狀態に育つた子供達はまた、だん〳〵奇麗好きになるやうである。身の廻りから、部屋の掃除、机の中の整頓のことはもちろん、不潔なもの不正なもの、惡なもの、醜いものに對しては、總がかりで憎まうとする傾向を持つ。垢をつけたり、髮に虫をわかしたり、不作法な辨當の喰べ方をしたり、上靴を机の上にのつけたり、口を歪め眉をしかめて物を言つたり、さう言つた類の見て不快な感の起るやうなことに注意する。自分共の仲間にさう言ふことを平氣でやる者があつたりする場合、決して見逃すことをしない。だん〳〵に氣持が出來て來ると、自然氣にかゝつてくるらしい。だが、お互にこだはり合つたり、憎み合つたりはしない。實に簡單にあつさりとさう言ふ出來事の處置をつけるから、流石に子供だと言ふ氣がする。とにかくにも、團體生活としての親昵の情が子供達お互を、心安く結びつけるのであらう。

最後に尙一つ附加へて置きたいことは、何事にも物喜びをすると言ふことである。一寸したことをでも非常に喜び、感歎詞をよくつかふ。無論、悲しみごと、心配ごとについてもさうであるが、惡く言ふと、大層がり屋のはしやぎ屋である。だが私は、その根に强い感激性と純潔な感情の流れてゐることを見逃したくない。むろん、何事によらず度の過ぎることはよくない。度が過ぎると言ふのは、自分の心の中にある感情を表へ出し過ぎることで、それはまた出し足りなくても、よいことではない。心の中の感情を過不足なく表現させるやうに、出し過ぎた場合、出し足りない場合をだんだん經驗させて、導くことが大切であるが、それは別のこととして、とにかく私は、仕事に感激を失はない心を喜ぶ。その心と熱心さへあれば、人は永久に伸び、他を抱擁するやうになる。私はこの特徴を子供達に見ることを何よりも教育に求めたいのである。

四　教室生活の狀態に就いて

――設備及び形の上のこと――

教室生活の內容のことに就いては、第二項「教室であることの資格」のところで大體述べた。だから茲では、設備その他形の上のことに就いて、一通り述べることにする。

設備その他形の上のことに就いての私の理想は、すつきりとやつて、ごた〳〵薄穢い取付けをしないことである。

周圍の壁に成績品を張りつけたりするあのことに就いては、已に述べたが、大體あゝ言ふ風なことをしたがる氣が知れない。前にも言つた通り、勉强奬勵のためなら、もつと徹底したもつと眞劍な他の方法でやればいいのだし、若し自分の教室の成績を他人に紹介しようとしての陳列なら、さう言ふさみしい心はまづ取除けてかゝらないと、本當の教育にはならないのだし、それに第一田舍の芝居小屋の吊り札のやうな、あゝ言ふむさ苦しい環境では、氣持がすがすがしない。目に慣れてゐる人には、あれでも何かの意義をもつて見えるのかも知れないが、外から見ると、隨分暑苦しい。ちゝむさい許りでなく、學校らしい威壓が夯々としてゐて、一寸鼻向けならない感じである。今から二年許り前に出した拙著「文の指導とその教室經營」と言ふ書物の中に、私は次のやうなことを書いてゐる。

B……近頃新しい學習法を研究してゐる學校へ行きますと、決つたやうに教室の周圍に、ずらりと、小黑板の並んでゐるのを見受けます。それはどこの田舍まで行つても、大抵ゆき亙つてゐる最近の教室設備の形かとも思ふ位です。しかしあゝ言ふことが、心得のいゝ設備の仕方でせうか。あれが目障りにならないといふのも、まあ言へば指導教師の目がそれだけ痺れてゐるのだとも言へるやうな氣がします。世の教育大家の中には、あゝしてすらりと問題を並べて置けば、生徒は長い間氣にかゝる問題として常に頭の中に止めて置くことになるからいゝのだ、又一つには優劣によつて自由な進路を取らせるための便宜ともなるのだ、と言つてゐますが、只それだけのためのものなら、わざ〳〵教室の壁に並べなくても、どこかの隅へ適當に仕末しておいても、差支へのないものだと思ひます。

考へて見ますのに、あれは自分の學校經營の方針を他人に紹介するため、又はその學校の生徒の優秀な成績を他人に紹介するの便宜から、參觀人の多い學校から流行り出した一つの宣傳形式をとつた經營法が、誤り傳へられたものではないでせうか云々。

私は今の教室から、あのむさくるしい感じのする黑板を全部取り下させたいと思ひます。さうしてこれに變へるに、額緣の幾つかゞ用意されたいと思ひます。教室に何時も、美しい花の活けられてゐるのもいゝことです。さう言ふことは、教員の個性によつて、理科的趣味に富んでゐる人、繪畫的趣味を持つてゐる人、文學的趣味に富んでゐる人と、色々ありますから、細かくは申しませんが、とにかくにも教室の設備は、大體落ちついたゆつたりとした感じのする、明るさを持つたものでありたいと思ひます。本當に身のは入つた仕事は、さういふ所でなければ出來ないのが當り前です。

一寸思ひついたから言ひますが、この頃合科的學習、綜合學習といふことが、一つの方法として流れ傳はつてゐるのを見ます。一例を擧げると、國語で學習した材料を繪に描かせるとか、又は工作の上に表現させるとか、そしてそんなものを大袈裟に教室の中へ持ちこんで、學習させるとかと言ふあのやり方です。それによく小黑板を幾枚か續けて、一つの歷史的物語りを描き合せたやうな繪の吊り下げられてゐるのを見ることがあります。あれを見た場合、大阪千日前の活動寫眞館の屋根に懸つてゐる續き看板と、それ程大して差のない低級な厭な感じがします。あゝいふやり方をして、それで綜合學習だ、合科學習だと言ふなら、大分勘違ひだと思ひます。國語讀本に出てゐる一つの文章を讀んで、何かの感激が起り、それを一つの繪として出さなければ我慢出來ない程、高調した氣分が起つたものなら、その高調した氣分を、何故高調した姿で出させないのでせう。色の汚い禿げちらかした紙黑板に、活動寫眞の續き看板のやうなものをかゝせる位なら、書かせない方が餘つ程奥行があつて美しい。書かせるからには何處までも藝術的なものであつてほしいと思ひます。繪に描かせることが何も綜合であり渾一であり、合科ではありません。書きたいと思ふ心が、書きたいと思ふ姿で、存分に表れてこそ、綜合であり渾一であるのですから。無論學年によつて子供の年齢にも相違のあることですから、下學年なんかでは興味を持たすための手加減から、繪說き話のやうな形をとつて、まづ繪に親しませて行くことから始めねばならないことがいくらもあります。それにしても、薄穢い浦島の繪を見せて、龍宮を想像させようと言ふのは無茶な話です。穢い繪しかないなら、繪は見せないで、話だけ聞かせておく方が、子供達の美しい夢を損ねません。況して尋常四年以上所謂高學年と言はれる教室では、生徒の美に對する憧憬が、もつとずつと洗練されてゐなければならない筈だと思ひます。描きたがる繪なら、あのやうな續き繪看板にしないで、大型畫用紙を使はせ、本氣に描かせればいゝでせう。壁に揭げるにしても、それだと厭な感も起らないでせうし。

A……いかにも、私もやはりあなたと相通じた氣持で、方法の流行には一つの疑ひを持つてゐました。實は私もその方法だけの眞似をやつたことがあるのです。教室內が非常に汚くなると言ふ感じを持ちました。かう言ふと語弊があるかも知れませんが、學習法と言ふことは、何だか頭くらべ腕くらべといふやうな感じのする教育法だと思つたこともありました。それだけ優等生本位だとも言へませう。あなたはさつき、學習法は教育の雜音化だと申されましたが、本當に教室の中が、埃まみれ、紙屑まみれ、木片まみれになりましたよ。私は少し潔癖と思ふ程埃が氣になる性ですが、だからと言つて、何も仕事場ともいふべき教室を潔癖的に考へるわけではありませんが、どうもあれには困りましたね。矢張り主知主義的に考へ出した方法は、どうも、人間の心全體の氣分とか落付きとか言ふことを忘れるやうでいけません。

掃除とか服裝檢査とか言ふやうなことも、今時は取上げるに足りない些細なことのやうに考へられてゐますが、これ等も私は氣に入りません。實は私は掃除きちがひでしてね。出來るだけ手を省いて、そして始終美しい儘で置ける掃除の仕方はないものだらうかと考へたこともあります。濡れ雜巾を使はないことにしたのもそのためでした。最近は糠磨きをやらせてゐます。薄く油を引いた方が埃を吸はないから、尙長持ちがすると聞いたので、今はそれを實行してゐるのですが、一年に二四回學期の始めに、床洗ひをしてその後手加減に油を引くとか、僅か油を浸した糠でこすらせるとかして置くと、その學期間はとにかく雜巾を使はないで、綺麗なまゝの教室を持つてゆくことが出來ますよ。これもあなたのお說に結びつけて申しますなら、落ちついたゆつたりとした明るい教室を造るためのかなり大きな仕事の一つだと思ひます。

Ｂ…　むろんこれで私は見かけに似合はない整頓好きなんですよ。掃除のことについてはかなり苦心をしたことがあります。私もあなたと同様油引きをやつて居りますが、毎日のお掃除は僅か三四人の子供で手輕にすんでゆくやうです。それでゐて床板には光りが出て觸りのいゝ感じがします。あなたの仰言る服裝のこと等も私はあまり見逃してはゐないつもりです。檢査といふやうなことはやつたこともないし、又それは家庭と深い關係を持つものですから、あまり氣にさわる程度にならないやう注意はして居りますが、美しいもの汚いもの、上品なもの野卑なものに對する憎惡愛好の心を洗練するためには、身體にぢかにつくものであるだけ着物は直接な感を引くものでせう。かう言ふことを話してゆけば限りがありませんが、とにかく一つの棚を作るにしても、教室内の存在となるものは、どこまでも見て落ちつきの有る感心のするものでありたいと思ひます。机の中の整頓、學用品の選擇等々と、こちらで八釜しく言はないでも、子供達の方で自然に氣をつけてくれるやうな、全體の氣分を作つて行きたいと思ひます。尙ついでですから話しますが、學用品とか服裝とかいふやうなものも、近頃は非常に實用本位で選擇されてゐるやうですが、あゝいふことも多少は考へものだと思ひます。むろん、實用本位であることには異論はありません。しかし快く實用出來るもの、樂しく實用出來るものでありたい。品物に對して愛着を感じ得られる程度を無視しない實用でありたいと思ひます。參考讀物、學習用具等も最近は何處の學校とも教室設備と言ふので、いろ〳〵と教室へ持込むやうで、それも結構ではありますが、只惜しいことには、量本位・單なる實用本位に偏してゐるのがかなり多いやうです。低級な讀物は、讀まさない方がいゝし、義務を感じて厭々讀まなければならないやうな、やゝこしく六ケ敷い物なら、却つて讀ませて損をさせることになるのですから。

大體これで、私の考が解つて貰へると思ふが、一般に今の教育は、方法倒れ、設備倒れに陷つてゐないかと思ふ。その癖內容はと言ふと、二十年も三十年も時代に遲れたやうなことをやつたり考へたりしてゐるのだからやり切れない。何事も本氣でやりたいと思ふ。仕事の數は少くてよい。最少限度であつてよい。その代り精神の働きを大きくしたい。仕事の數を少く精神の働きを大きく、そのことに就いて尙後で話さうと思ふが、教室の設備も凡てその精神から考へたいと思ふ。

五　私と子供達のこと

今年の三月に卒業していつた五十二人の私の子供達は、六年間を私と一緒に連れて來た、關係深い子供達である。最初に預つたのは、二十人きりの一年生だつた。一年生の二十人は、私の手にはまだ多少無理だつた。十五人か、十七八人位のところが、一人の教師の手一杯ではあるまいかと思ふ。さて、そのうちに、子供達はだんだん共同生活に慣れ、自分で自分の仕事を見出すことが上手になつて來た。從つて、それ程私の手がかゝらなくなつて來た。三人增し、五人增し、十人增しながら、私は二年三年四年を迎へた。私は、算術や理科の仕事には自信がなく、圖畫や手工や音樂や體操にもそれを引受けてやつてみる程の覺えが腕になかつた。子供の仕事がだんだん進んで來るにつれて、それ等の仕事はそれぞれ別な專門家に賴むことにして、私は私に出來ることだけをやつた。それでも一日四時間は、子供達に喰つついてゐることになつた。

さうして、私達は六年目にかゝつた。その年の冬だつた。私は病氣をして、或日、教室で腦貧血を起した。翌る日もまた倒れた。學校に出るのは危險だと、醫者が言つた。用心しなければいけないと、友人が注意した。自分もさうだと思つた。しかし、私は學校に出て、子供達と一緒にゐることに、少しも不安を感じなかつた。寢込まねばならない程惡ければだが、學校に出て、子供達の中でまた卒倒することがあつても、心配はいらぬ氣がしてゐた。子供達は、その私をどうにかするだらうと思へた。冷い床板の上に、長いこと私を放つて置くやうなことはしないだらうし、私が倒れたからと言つて、他の教室にまで迷惑をかけるやうな大騷ぎを始めて、まさかうろたへ廻るやうなことをもしないやうな氣がしてゐた。彼女達は、適當に醫者を呼び、私を靜養室にかつぎ込んで、私の目の覺める迄、かはりばんこに、靜かに守をしてゐてくれると思つた。家にゐて、貧血が來ないか來ないかと、氣を病んでゐるより、學校に出て彼女達と仕事をしながら、不意に倒れて、さうして貰ふ方が、樂でありさうな氣がしてゐたのだ。

私は、愈々寢込まねばならなくなる迄、學校に出た。その時私は、平生自分が心の中で、どれだけにまで子供達を信頼してゐたかゞ、はつきり解つた氣がして、ひとりでに涙ぐめて來た。日々の中にはうるさいこともあり、不愉快なこともあり、可愛いゝ可愛いゝにしても、その事だけを取立てゝ人に吹聽してみたい程のこともない。しかし、顧ると、實際私はそれ程迄に、子供達を信頼してゐたのだつた。

私は長い間教師をして來たが、師弟愛といふ言葉には、かなりな疑ひを持つてゐた。他人の子供を大勢預り、平等に然も芯から可愛がるやうなことは出來ぬことだと思つてゐた。事實そんな氣持にもならなかつた。芯から可愛いゝと思ふ子供もゐたし、何とも感じの起らない子供もゐた。嫌ひな子供さへあつた。或る頃にはまた、日々の仕事を、まるで勤めでしてゐるやうな氣がして、子供がうるさくてならないこともあつた。しかし、今年卒業させた子供達こそは、預つたその日から胸に應へて、我子だと言ふ氣が強くした。私の心の中に、新しい試みに向はうとする希望が燃えてゐたこともある。子供達の人數が、自分の希望通り二十人きりであつたこともある。これから六年の間、他人の手に渡すのではなく、自分一人で育てるのだといつたうれしさもあつた。とにかく、今度こそは我子だと思つた。これでもまだ幻滅を感じるやうなら、喰ふに困つても教師はせぬとまで思つた。それ程の意氣込みで私は仕事にかゝることが出來たのだつた。今でこそ、合科學習と言ふ言葉が、教育界に相當知れて來た。その合科と言ふ仕事が日本に初めて誕生したのは、今から七年前で、私の教室がそもそもの産屋だつたやうに覺えてゐる。そんな事はどうでもよいことだが。それからの六年間は、恐らく私の心の芯にまで愛の屆いた、教育生活の愉悦時代だつた。

教壇に立つこと、鞭を用ふこと、大きな聲で講話すること、この三つを捨てた生活から、私はまづ伸んびりとした落着きを感じ出した。我こそは教育者だ。この子供達をどうでも、かう教育しなければならぬと思ふ。野暮な意氣込みが、私の心からとれて來た。粘土を材料にして仕事してゐる子供もあれば、讀物にふけつてゐる子供もあり、教室の外に出て、大工をやつてゐる子供もあり、文をかき、繪をかいてゐる子供もある。仕事には時間の制限がないのだから、疲れたら一人で勝手に休む。仕事のよい切れ目には、皆一緒に外に出て、遊戲をしたり歌つたりする。子供の多い家の日常の家庭生活と大した差はなかつた。

私のこの仕事は、別に教育學の原理から割り出したものではない。また、學說的に自分の思想をまづ系統立てゝから、かゝつたものでもない。只、或る材料を、教師の方で調べて、それを傳へて、それによつて子供の心を育てゝ行かうとする演繹的な教育に、愛の幻滅を感じてゐた私は、今度はまるつきり反對な立場に立つて、一切を子供から引き出し、出て來た一々の具體について、それを育て仕立てゝ行かうといふ、歸納法をとつてみただけのことである。理論といふのは、只それだけのことである。それをするには、最初から大勢の子供を引受けられさうになかつたから、先づ二十人位といふ見當をつけただけのことである。

さて、かうして始つた私達の生活が、三ケ月五ケ月と進んで行くにつれて、私は自分のつけてゐる袴が、何だか氣になり出した。袴をつけた自分の姿がその生活とぴつたりしないやうに思はれ出した。私は、帶を締め、品のよい羽織を着て、子供達と一緒に暮したくなつて來た。今、私を知つてゐる人の中に、私を、見かけによらないおしやれだといひ、着道樂だと言ふ人がある。懷の中のものが知れてゐるのだから、着物に道樂をする程の餘裕は、勿論持たない。しかし、人がさう言ふと、それ程のことはない迄も、それに近い感が自分にもする。かう言つた氣持が、私の中に何時頃から芽生えたのか、それは丁度今から七年前頃からである。つまり彼等との生活をはじめた頃からである。初めのうち子供が私に話しかけて來て、話に實が入ると、ふつと「ねえ、お父ちやん」とか「ええ、お父ちやん」とかと、言つたりした。さうしては慌てゝ「あゝ先生だつた」とか、「ねえ、お父ちやん」と言つて、私の顔を見上げ、「あゝお母ちやん」とうつかり言變へたりした。男性的な私への親しみが、とにかくさう言つた感じを子供達に持たせてゐたらしかつた。お父ちやんと呼ばれても、お母ちやんと呼ばれても、私はまごつかずに、「はア」とか「うん」とか、その場にふさはしい言葉で、答へられたから妙だつた。

私は以前から子供は好きな方だつた。が、さうなり出してから、急にその心が進み出した氣がした。勤めの立場から袴を外づし、帶を締めて出ることは、遂に出來なかつた。しかし、子供達のよい友達であり、よい母であるらしい身だしなみには、不思議と不注意ではゐられなかつた。私は、自分の感情が、だんだんに和らかになつて行くことを感じて、うれしかつた。私はぼつぼつ繪を見て喜び、音樂を聞いて感謝するやうになつて來た。自分の家の中、書齋などの裝飾にも目がつき出した。子供達と一緒に、教室でセキセイや十姉妹やカナリヤなどを飼ひ、窓外に鳩を養ひ、花作りを始めたりし出した。一緒にピクニックに出かける時には、お辨當やお菓子の用意が、何となく樂しかつた。私の子供達は、今年の三月きりで、私から離れて女學校へ進んだ。學校の歸り、彼女達は立ち代り入れ代つて私を訪ねて來る。その時、約束でもしておいたやうに、彼女達自身園藝で作つた花を、拂ひ下げてもらつても、持つて來てくれる。四月の頃にはシネラリヤ、チューリップ。六月の頃には薔薇。さうして六月から七月へかけて、ダリヤの花束。私と彼女達とは、遂にさういふ因緣に結びついて終つたのである。六年間、私達はよく一緒に公園に出かけた。私が私の小說を、社會に發表し始めたのも、その間のことであつた。

私は彼女達と一緒に暮し始めて、初めて、落ちつくところに落ちついた氣がした。彼女達の聲によつて、初めて呼び覺まされた氣がした。

私は、子供達の卒業と同時に、學校を退いて終つた。いよ〳〵その子供達と別れて終つた後の自分を思ふと淋しい氣がして、一人學校に殘つて居られなかつた。六年もかゝつて育て上げた子供達と別れて、すぐにまた、別な子供と緣を結ぶやうな、氣持にはなれなかつた。改めてもう一度、別な子供の世話をしてみる氣になるまでには、とにかく一二年、今の熱を冷してからでなければ、出來さうになかつた。やめた方が嬉しいか、學校に殘つてゐた方が嬉しいかと、子供達の心を聞いてもみた。やめても困らないなら、やめてくれた方が嬉しいと多數の子供が答へた。いかにもと思つた。長いこと自分達を可愛がつてゐてくれた先生が、別な子供と暮し出した姿を見ることは、子供心にも嬉しいことではなかつたに違ひない。私は迷はずに、一先づ學校をやめた。

長いこと頼つてゐた背景を捨てることは、外目からみて勿體ないことにも見え、馬鹿なことにも見え、淋しいことにも見えたに違ひない。私の心を知つてゐてくれる同僚達は別として、何にも知らない郷里の姉達は、隨分惜しがつて私に忠告したりした。しかし、私はそれで滿足してゐた。卒業式に出て、私はむせび泣いた。その日、遠方にゐる友人知人から祝電を受取つたことが、私の心を何と感傷的にしたことか。教師になつてから、これ程感激したことは、恐らく初めてだつた。子供達と別れた當時は、ぼんやりとしてゐた。二月ばかりは一枚の原稿も書けず、一冊の書物も落ちついて讀めなかつた。二三年遊ぶ間に、小說の方も勉强し、教育のことにも精進しようと心構へながら、何とぼんやりした私の心だつたらう。しかし、私はこれで母らしい資格が、いくらか出來た氣がしてうれしかつた。子供達によつて、母らしいものにして貰つた氣がして、有難いことに思つた。

今、さうした過去五年間の生活を振返つてみて、私の心の中には算術の仕事のことにも、地理の仕事のことにも、思ひ出してなつかしいものが一つも殘つてゐない。それ等の仕事も、やることはやつたのだが、私の心と子供の心を結んだ橋渡しにはなつてゐない。只もう子供達の綴り方のことだけが、なつかしい記憶となつて眞先に出てくる。綴り方といふ玉を持上げると、讀本といふ玉、修身と言ふ玉、歴史といふ玉が珠數のやうに、續いて引き出されてくる。その後にごちや〳〵と、まだ何か續いてゐるやうだが、之が算術なのか地理なのか、とにかくごちや〳〵見えるだけである。若し私に、圖畫・手工・音樂の中のどれか一つだけでも、引受けてみるだけの自信があつたなら、今の思ひ出がどれほど懷しみを深めてゐるかも知れない。その能を持たない自分が恨まれる。

一二年の幼なかつた頃には、子供達は綴り方を繪で表現し、手工(主に粘土)で表現した。三四年生の頃には、盛んに言葉(話し方)で表現した。子供達の繪物語や粘土物語を見て私がうれしがつてゐる間に、子供達はだんだんに話上手になつていつた。彼等は私によい話をして聞かせた。私もよい話をして、彼等に聞かせた。子供達は、むさぼるやうにして、歴史物語を讀み、童話を讀んだ。さうして五六年生に進み、子供達は文字を持つて表現する、純粹の綴り方に興味を持ち出した。

綴り方を作らせよと强ひたことはない。自然にさうなつて來ただけである。だん〳〵に、子供達の思想感情が豐かになり、文字が自由に書けるやうになり、さうして、綴方といふ一つの形が、自然に產れて來たのである。

私は今、子供達に感謝してゐる。眞面目に感謝してゐる。脅えず恐れず、繪物語や粘土物語にして見せ、よい話にして聞かせ、文に綴つて見せてくれた。その開けつ放しな心に、心から感謝してゐる。私は、子供達からいろいろな心を見せて貰つた。いろいろな美しい彼等の心の持物を見せて貰つた。修身でも地理でも、見ることの出來なかつたものを、綴り方で見せて貰つた。私は母にして貰つた。さうして私は、母には母の修身があり、母には母の歷史や地理があることを、だんだんに悟らせて貰つた。私の夢は、子供達の美しい世界の想像の中に遊ぶ。私は矢張り幸福者だといふ氣がする。

五十二人の私の子供が、五十二人とも女學校へ進みたいと志願した。揃ひも揃つて同じ附屬の高等女學校へ志願してくれた。附屬高女は二つとも、關西では一流どころと言へよう。每年募集人數の五倍七倍の志願者がある。二校の募集人數を合せて百三十名しかないところへ、五十二人も突出して頑張つてみたところが、それがどうにもならないことは、見え透いてゐる。それでも彼女達の希望はさうだつた。勿論、いづれさうなるだらうことは前から解つてゐた。

私は、一人の教師が、どの位の人數にまで殖しても、無理なしに世話が出來るかを試してみたい興味から、年々に殖して來たその人數だつた。（一年生の時には、二十人きり預からなかつたのだつた）だから、六年後のその時になり、愈ゝさうと決つた時には、私も一寸突當つた感がした。どの子供の顏を眺めても、今後女學生になる資格を持たないやうなのは、一人もないのだつた。白痴があるわけでもないし、共同生活に參加出來ない程の不具者があるわけでもない。しかし、何といつても、生活内容を智力標準に組織してゐる、今の女學校へ送るには、また別な標準で、子供達の選り分けをしなければならなかつた。私は溜息をついた。そして遂に四人の不合格者は出したが、他の四十八名は、とにかくにも入學を許された。子供達は隨分喜んで、はしやぎ廻つた。その日は私も、やれ〳〵と思ひ、胸をなでたことだつた。しかし恣からは喜べなかつた。うれしいにはうれしいのだが、何だか恐しかつた。皆が皆までこの先うまくやつてくれようとは思はれなかつた。正式な試驗は無かつたにしても、日常の私達の生活をよく調べ拔き、その上に職員會議にまでかけて、事の決つたわけなのだから、先が惡くても私の知つたことではない筈ではあつた。だが、そんな氣にはなつてゐられなかつた。

愈々入學して終つた後、私は時々そこの先生方に、自分の子供達の樣子を聞いた。私は、子供達の仕事の工合ばかりを氣にしてゐた。私は已惚れから、自分の信じた道について、六年間を押切ることは押切つた。が、さてさう言ふ風に育てられた子供達が、女學校と言ふ別な組織の生活に順應し難いのでは困ると思つた。一學期の終りが近づいた時、私は子供達の樣子を聞きに行つた。大體ついて行つてゐるといふこと、子供達はみんな快活で、談話上手に慣れてゐる故もあるが、とにかく人觸りが柔く穩かだといふこと、附屬小學校から來る子供には、年々どうもそのことを鼻にかける癖があるが、今年のはそのことが目にたゝないので、一般に氣受けがよい、といふ話を聞いて私は滿足した。缺點の方は、向ふの愼しみから言はないのだ。いゝことだけを私に聞かせてくれたのである。さう思ひながら、私はうれしさから涙ぐんだ。

その中に終業式の日が來て、子供達は「成績通知簿」を貰つて來た。私との生活には、さう言ふものを貰つたことのない子供達だつたので、子供達は、「通知簿」のことを隨分氣に病んでゐた。その日歸りがけ、それを見せに、彼女達は私の家を訪ねて來た。その日は朝から、私もそれを豫期して心待ちにしてゐた。ずつと一通り見て、私はほつとした。どの學科も揃つて優れてゐる子供といつては、まづ三人位しかなかつた。しかし、育てた個性は、矢張り働くと思つた。修身や地理では認められてゐない子供でも、體操や園藝で認められてゐた。體操や園藝の拙い子供でも、作文や講讀で優れた力を出してゐた。平均してみると、多少の差はあつても、ひどく見劣りのする子供はゐなかつた。個性は、どの道からか、それぐ一人前の能を見せる。私は矢張りうれしかつた。この先どうなつてゆくか知らないが、とにかくにも、それで自分のして來た仕事に多少でも安心してよい一段落がついた氣がした。

私は平生、どの子供にも一つはある筈の得意を、どの子供にも持たせたいものだと、心掛けて來た。凡ての教科に滿點をとるやうな子供は稀でも、何か病理的な缺陷を持つた子供でない限り、十三四科目もある教科中の、どれにも力の出せない子供はない筈だと思つた。一寸した手掛りでもよい。目には見えないやうな草の芽でも、土と熱とに惠まれさへすれば、きつと大きく育つ。一寸した手掛りでも芽ぐむに都合のよい境遇さへ持つなら、きつと眞直ぐ豐かに育つ筈だ。自分はそのための母でありたいと思つた。とにかく、交際甲斐のする、見て見倦きのしない子供を育てたいものだと思つた。學問が優れてゐても、酢の利きすぎたさかしい子供は、交際倦きがする。それかといつて、頼りない子供では、交際は永續きせぬ。勘定高いのは恐しい。意地悪くひねくれたのは、尙恐しい。理窟つぽい勝氣者には、肩が凝る。さういふ性向は、生れつきではあつても、性格の決定は、生後の生活から來るとしなければならぬ。見て見倦きのする、つきあつて交際甲斐のないやうな、厭な事柄に、日頃興味を持たせたりしないやうに、それが母である自分の心掛けだと思つた。伸びる美しさを持たない者は、生れながらにどれ程美しい外面的容姿を持つてゐても、人に蕊からの幸福を感じさせる生きた魅力が備はらない。人生の平和と幸福は、つきあつて交際倦きのしない、その性格者によつてのみ續けられる。彼女達を育てながらも、私の心は何時も社會的によき仕事の出來る、明るい感じの若い新妻の姿を想像に描いてゐた。今のモダーンでは眞平だと思ふ。頭の固い職業婦人型も困り者だと思ふ。心の調和を失はずに育つた者だけは、職業人になつても、人妻になつても、女中になつても、その場合々々を、すねずに切り拔ける裁きのよさを持つだらうと思ふ。私はさう信じて來た。

敎師の心は、すぐ子供に移る。意地の悪い敎師は、子供の意地の悪い仕事に、すぐ興味を持つ勘定高い教師は、勘定高い話が出ると、すぐ乘氣になる。理窟つぽい教師は、その場が理窟つぽくならぬと、興醒めた顏をする。口ではそれ等のことを奬勵してはゐないのだが、互の心が不知不識の間に通じて、結果が氣分的にさう向いて行く。教師自らの省察と精進が、教育上どれ程大事なことか。

私は非常に氣の早い性質を持つてゐる。ぐずぐずしたことが嫌ひで、自分の心に決めたことはどうでもすぐ實行に移してみないと、氣に入らない性を持つてゐる。若い頃にはそのことでよく失敗した。ところが、子供との交際がだんだん深くなつてくるにつれて、その缺點が非常によく自分の目につき始めた。生活が落ちつくと、それだけ心にゆとりが出來るのだと思ふ。自分の家を遠くの方から眺めてみるやうな態度で、自分の心を主觀にとらはれずに眺めることが出來るやうになつた。客觀的に眺めてみると、自分の缺點がよく解る。その態度の出來ない間は、人から一寸した缺點を指さゝれても腹が立つた。自分を客觀視する落ちつきが出て來ると、腹が立たずに苦笑が出る。そして、その缺點が作り出してゐる日常のいろいろな失策が、頭の中に出て來て、可笑しくなつたり、冷汗が出たりする。詫びしい氣持にもなる。人を憎めなくなる。美しい姿を愛し、醜い姿を憎む力が增してくる。われわれ人生にとつて、割增しもなく割引きもないところの、正しい批判を自分の心に下し得るところまで行くことが、どれ程樂しみ多い仕事であることか。苦しみも多いが、これ程愉悅に富んだ仕事は恐らく他にあるまいと思ふ。敎育は人を育て、我身を培ふ。私はそのことを、敎育者としての理想的態度だと信じて來た。

教育の方法に就いて

一　授業に就いての根本條件はこの三つ

授業に就いての第一の條件は、

一、仕事中に、教師が方法を意識した時、その意識分だけ教育効果は減る。

と言ふことである。

私は過去の教員生活を顧みて、一番廻りくどい、そして一番無駄な働きをした時代は何時であつたかと思ひ返してみると、それは方法研究に身を入れ、教育は方法で裁けるもののやうに考へたりしたその時代だつたと思ふ。それと反對に、一番よく仕事の成績を擧げ得て、そして愉快だつた時代はと言ふと、方法研究から離れて材料研究つまり内容研究に這入つてからだつた。と言つて、方法を絕對不必要だと言ふのではない。多くの方法や計畫に手傳つて貰はなければ、教育の出來ないやうな人は別だし、また、方法研究だけで世渡りをして行かねばならない立場にゐる所謂方法學者は別だと思ふ。私の言ふのは、二十坪の教室を、我が家庭と心得、そこで日々子供達と共に生活して行かねばならない私達教室の父母の立場に立つて言つてゐるのである。由來私は、前篇でも言つたやうに、前から行事を決めてかゝるやうな教育は、得て失敗するものだと思つてゐる。目に見えた失敗はないにしても、本當の成績を上げることは出來ないものだと思つてゐる。方法とか計畫とか言ふものは、もと〳〵教師と子供の間に挾つた介在物で、それが多ければ多い程、仕事は事務的になり、兩方の精神が直《ぢか》に觸れ合はないことになる筈なのだから、方法計畫は教育作業の邪魔物である。さう心得ることが、教育の第一義であると私は思つてゐる。世には、教授法が古臭くて、學習法でなければ、教育出來ないかのやうに、言ひもし考へてもゐる向きがあるやうだが、實際の教室では、教授も必要なら學習も必要で、要は、その日その日の教材と子供をかみわけてかゝれるところの、教師自身の腕の問題ではなからうか。

こゝで少しく、學習法のことに就いて言はうと思ふ。

私が奈良に來たのは大正十年の一月だつた。學習法が今これから雄飛しようと言ふ時で、學校の中は大した熱のかゝり方だつたものだつた。さうして流行全盛の樣子を見、續いて沒落の姿を見たのだつたが、流行も流行、よくもあれ程流行つたものだと思ふ程、學習法も一時は素晴らしい景氣だつた。だが、今のさびれ方と來たらどうだらう。この頃は一日五六人位の參觀人きりないやうに聞いてゐるが、餘りに生命が短かかつたと言ふ氣がする。無論今時は、テンポの早いところに新時代があるのだと言ふやうなことを言つたりする所謂モダンの流行る世の中だから、三年も生命を持續けたら、大したものだと言はねばならない。だが、教育の仕事は、着物や洋服の流行とは同樣には考へられない。頭のいゝ人なら一回、頭の惡い人でも、二回も見れば、大體底の見えさうなのが奈良の學習法だと思ふが、それは私の惡口だらうか。無論私は、學習法の精神を否定するものではない。教授本位に對する學習本位、教師本位に對する子供本位、分類本位に對する綜合本位、主知主義本位に對する行動本位、さう言つた精神に反對するものは、今の世に一人としてゐない筈である。學習本位とか、子供中心とか、行動本位とか綜合的とか言ふ考へは、已に二十年も前から、我が教育界を動かさうとしてゐた社會思想的動力であつて、奈良に木下氏があつて、初めて生れた力ではないのだから。私の木下氏に對する敬意は、思切つてこれを實行に移した勇敢さである。世の中の思想的動力をうまく利用したことと、それをするのに最も有力な高等師範の主事と言ふ地位にゐたこととを併せて、氏の幸運をも否定しない。而して、私の木下氏に對する不滿は、それ程の氏の仕事が、何故あゝ雜薄なものになつて終つたのか。彼の仕事からどうして底光りのする生命が生れて來なかつたのかと言ふ點である。これがそも〳〵學習法沒落の原因なのではあるまいか。私は、氏の踏まれた道行をつく〴〵眺めて、氏の學習法が、教育界に影響したその力よりも、今では、氏の踏まれた道行が、どれ程教育の本道に遠いものであつたかと、人々に反省させてゐるその力の方が、更に大きいのではないかと思ふ。發生から沒落まで、當然過ぎる程當然な道行きを、氏は踏まれたのである。その點、私達實際教育家にとつて、實に反省の模範的先例だと言つても、惡口にはならないだらうと思ふ。

大體教育の仕事は、一人一人の教員の精神によつて、その內容は隨分異ふが、極抽象的に言ふと、二つの行き方がある。一つは、目的に向つて構成的に進まうとする方で、他の一つは、無形的に、直に子供と接觸して行かうとする方である。つまり前者は、論理的計畫的に進まうとする方で、後者は、心理的實質的に進まうとする方である。さうして、木下氏の道行は、前者即ち目的に向つて構成的論理的に進んでみせた、最も明瞭な模範である。

言ふ迄もなく、目的に向つて論理的構成的に進んで行くと、結果として、必ずまづ方法手段が生れることは、餘りに明瞭當然なことである。氏の有名な著書である「學習原論」及び「學習各論上・下」を通してみても、氏獨特の學習法なるものが、如何によく構成され計畫された一つの型であるかが明瞭に解る。學習の原論は斯うだ。だから、日常の授業には、獨自學習と相互學習と言ふ二つの場合が生れなければならない。更に、獨自學習を分類して何と何、相互學習では云々と言ふ風に、だん〳〵細かく分類して行く組立て方である。さうして組立てた所の方法をもつて、日常の授業を形づけて行かうと言ふのだから、その方法は、如何にもよく構成され計畫されたところの、一つの型となるより他ないではないか。奈良の敎育を見學された人は、誰も氣づいてゐることだらうと思ふが、どんな授業中にも、決つたやうに、出てくるのは「私はこれを繪にかきました」と言ふ子供である。そして用意の小黑板を持ち出して、自分の描いた繪について說明すると言ふ段取になることである。さうして、同じやうなことが二人三人續けられた時、今度は「私はそれを歌につくり、作曲しました」と言ふ子供が飛んで出ることである。これは一例に過ぎないが、地理をやるにしても理科をやるにしても算術をやるにしても、さう言つた型がちやんと立派に出來上つてゐる。この型は、氏の理論から當然の結果として生れたものであつて、氏はこれを合科的取扱と言ひ、今では更にこれを大合科中合科小合科などと分類し、色々の場合に當て嵌めてゐるのである。氏自身が、學習法を提げて起つに至つた動機は、舊敎授法の餘りに組織的な、そして構成的な、そして計畫的なその劃一精神の打破にあつたのではなからうか。それにも拘らず氏自身自身が組立てたところの學習法もまた、矢張り同じ所へ來て終つてゐることに、今氣がついてゐるだらうと思ふ。氏自身程、綜合と言ふ言葉、渾一と言ふ言葉、融合と言ふ言葉を、甚だ屢々、然も明瞭に使はれた人はないやうに思ふ。綜合、渾一、融合と言ふ言葉は、學習法にはつきものいで、然も木下氏を代表した言葉であつたやうな觀さへする。だが、惜しいことには、氏はそれ等の言葉の精神を内面的實質的に求めようとしないで、方法的外面的に求められたのである。その結果は、折角の合科も綜合にはならずに、雜務的組合せになつて終つたのである。氏の進まれたその道行とその結果とを眺めて、私達は何と大きな反省の種を得たことか。

先刻私は、教育の考へ方に就て、大體二つの行き方があると述べ、一つは、目的に向つて構成的論理的に進まうとする方で、木下氏の學習法は、即ちその模範的實例だと言つた。そして、一つの行き方は、心理的無形的に、眞直ぐ子供に觸れて行かうとする方だと言つた。心理的無形的にと言ふのは、方法的な型を造らずに、子供の心理的動きに直面すると言ふ意味である。ところで、眞直ぐ子供に觸れて行かうとするには、何を放つても、子供の仕事を理解し、それを指導して行けるだけの、實質的内面的な腕を持たなければならないと言ふことになる。だから、後者の考へ方で進むと、結果として、材料即ち教科の内容研究と言ふものが、當然の要求となつて生れてくるのである。今この二つの行き方を並べて考へ合せた時、そのどちらが教育の本道であるかゞ明瞭に解ることと思ふ。外面的に進む方と、内面的に進む方、方法的に進む方と、實質的に進む方、そのどちらが、本當の學習であるかと言ふことである。

要するに、方法だけの研究と言ふものは、これを理論だけの價値としてをはらせるならとにかく、それでもつて、教育の事實を束縛しようとしたなら、必ず雜務的となり劃一的となるに決つてゐる。方法倒れと言ふことを言ふが、この邊の呼吸を、よく言ひ表した言葉だと思ふ。

それでは、方法によらない授業とはどんな授業か、と言ふことになる。私はこゝに、次の二つの條件を擧げよう。さうして、私自身の授業の速記錄を入れて、それについて見て貰ふことにしよう。

他の二つの條件とは何か。

二、授業とは、子供と教師の仲よい座談會である。

三、自然な態度と、自然な言葉て座談會が進んだ時、教室の氣分は最高の位置で融和してゐる。

と言ふことである。

次に出すところの授業速記録は、私が考へて理想としてゐるところのものである。と言ひながら私自身の授業速記録を出すのは、少々晴れがましい氣がする。だが、事實を以て證明しなければならない立場として、折角皆さんの御批評を仰ぎたいと思ふ。尙この速記録は、二つとも、已に他の單行本で發表したものであることを斷つて置く。色々の場合にわたつた、教室日記はとつてゐるが、授業の完全な速記録と言へるのはこの二つきりないので、その邊了解して戴きたい。

二　讀本の授業例

――私の授業速記録――

一、材料。小さなねぢ――國語讀本巻十二第十二課――

暗い箱の中にしまひ込まれてゐた小さな鐵のねぢが、不意にピンセットにはさまれて、明るい處へ出された。ねぢは驚いてあたりを見廻したが、いろ〳〵の物音、いろ〳〵の物の形がごたごと耳にはいり目にはいるばかりで、何が何んやらさつぱりわからなかつた。しかしだん〳〵落着いて見ると、此處は時計屋の店であることがわかつた。自分の置かれたのは、仕事臺の上に乘つてゐる小さなふたガラスの中で、そばには小さな心棒や齒車やぜんまいなどが並んでゐる。きりやねぢ廻しやピンセットや小さな槌やさまざまの道具も、同じ臺の上に横たはつてゐる。周圍の壁やガラス戸棚には、いろ〳〵な時計がたくさん並んでゐる。かち〳〵と氣ぜはしいのは置時計で、かつたり〳〵と大やうなのは柱時計である。

ねぢは、これ等の道具や時計をあれこれと見比べて、あれは何の役に立つのであらう。これはどんな處に置かれるのであらうなどと考へてゐる中に、ふと自分の身の上に考へ及んだ。

「自分は何といふ小さい情ない者であらう。あのいろ〳〵の道具、たくさんの時計、形も大きさもそれ〴〵違つてはゐるが、どれを見ても自分よりは大きく、自分よりはえらさうである。一かどの役目を勤めて世間の役に立つのに、どれもこれも不足はなささうである。唯自分だけが此のやうに小さくて、何の役にも立ちさうにない。あゝ、何といふ情ない身の上であらう」

不意にばたばた〳〵と音がして、小さな子どもが二人奥からかけ出して來た。男の子と女の子である。二人は其處らを見廻してゐたが、男の子はやがて仕事臺の上の物をあれこれといぢり始めた。

女の子は唯じつと見まもつてゐたが、やがてかの小さなねぢを見附けて、

「まあ、かはいゝねぢ」

男の子は指先でそれをつまもうとしたが、餘り小さいのでつまめなかつた。二度、三度。やつとつまんだと思ふと直に落してしまつた。子どもは思はず顔を見合はせた。

ねぢは仕事臺の脚の陰にころがつた。

此の時大きなせきばらひが聞えて、父の時計師がはいつて來た。時計師は

「此處で遊んではいけない」

といひながら仕事臺の上を見て、出しておいたねぢの無いのに氣が附いた。

「ねぢが無い。誰だ、仕事臺の上をかき廻したのは。あゝいふねぢはもう無くなつて、あれ一つしか無いのだ。あれが無いと町長さんの懷中時計が直せない。探せ、探せ」

ねぢは之を聞いて、飛上るやうにうれしかつた。それでは自分のやうな小さなものでも役に立つことがあるのかしらと、夢中になつて喜んだが、此のやうな處にころげ落ちてしまつて、若し見附からなかつたらと、それがまた心配になつて來た。

親子は總掛りで探し始めた。ねぢは「此處に居ます」と叫びたくてたまらないが、口がきけな

い。三人はさん〴〵探し廻つて見附からないのでがつかりした。ねぢもがつかりした。其の時、今まで雲の中に居た太陽が顏を出したので、日光が店一ぱいにさし込で來た。するとねぢが其の光線を受けてぴかりと光つた。仕事臺のそばに、ふさぎこんで下を見つめてゐた女の子がそれを見附けて、思はず「あら」と叫んだ。

父も喜んだ。子どもも喜んだ。しかも一番喜んだのはねぢであつた。

時計師は早速ピンセットでねぢをはさみ上げて、大事さうにもとのふたガラスの中へ入れた。さうして一つの懷中時計を出してそれをいぢつてゐたが、やがてピンセットでねぢをはさんで機械の穴にさし込み、小さなねぢ廻しでしつかりとしめた。

龍頭を廻すと、今まで死んだやうになつてゐた懷中時計が、忽ち愉快さうにかちかちと音をたて始めた。ねぢは、自分がここに位置を占めたために、此の時計全體が再び活動することが出來たのだと思ふと、うれしくてうれしくてたまらなかつた。時計師は仕上げた時計をちよつと耳に當てゝから、ガラス戸棚の中につり下げた。

一日おいて町長さんが來た。

「時計は直りましたか」

「直りました。ねぢが一本いたんでゐましたから、取りかへて置きました。工合の悪いのは其の爲でした」

といつて渡した。ねぢは、

「自分もほんたうに役に立つてゐるのだ」

と心から満足した。

第一時

私は池田さんから授業の速記を頼まれて教室に行つた。池田さんはまだ來てゐなかつた。私は窓際に備へてある卓子につき、鉛筆を削つてゐると、池田さんが見えた。私は時々授業の速記をたのまれて、この教室に來るが、何時來てみても子供達の態度の自然なのに感心する。先生が見えたから他人が居るからといつて、殊更らしい態度をちつとも繕はない。また、さあこれから、授業がはじまるのだといつた固苦しい態度もしない。話したいものは話してゐるし、書物をひらいて讀まうとする子供は、他人にかゝはりなしに讀んでゐる。黒板に準備をしてゐる子供、窓掛をひいてゐる子供、先生の机のあたりを整理してゐる子供、書棚の前に立つてゐる子供、騒々しくなく皆自然に動いてゐる。六年生の女子五十二人といへば、可なりな嵩だが、這入つて見て、耳ざはり目ざはりになることが少いから氣持がよい。池田さんが過去六年間丹精をこらして育てあげた組で「六年もかゝりながら、目立つた研究の出來なかつたのは氣殘りだが、敎室を家庭に引直した感だけは、自分でも滿足してゐる」と、池田さんは言つてゐる。その親しみ深い、快活で無邪氣な氣分は、恐らく池田さんにして初めて持ち得る誇かとも思ふ。とにかくにも、敎室に這入つて行つて、敎室だといふ重苦しい感じの起らない明るい氣持のすることは、這入つたことのある人は誰も認めてゐることだらうと思ふ。

池田さんが見えて、敎室の正面に備へてある卓子の前に立つと、子供達も立つて禮の心構へをした。様子を見て池田さんが頭を下げると、子供達も下げ、腰をかけた。池田さんも一緒に椅子にかけ、卓子の引出しから、敎科書と筆記帳と鉛筆を出して、子供達と同じやうな學習の用意をされた。その間に子供達の用意もみんな揃つた。

――同校助敎諭宮崎かよ子――

先生（書物をひらきながら、子供達の方を一寸見て）

「小さなねぢでしたね」

子供達「はい」

先生「中西さん、讀んでいたゞきます」

子供達の席は圓形に列べられてゐて、中西と呼ばれた子供は、先生と向合せの背面黒板の方の前にゐる小さい元氣さうな子供だつた。後で池田さんの話を聞くと、最初は、言葉の明瞭な落ついた子供に讀ませることにしてゐるといふことだつたが、なる程中西さんは、文章の區切り區切りを實に明瞭に言葉正確に讀む子供だつた。

中西さんが全文の初め四分の一ほどを讀むと、次は乾さん、次は木本さん、次は稻田さんと、一渡り讀んで終つた。讀んで終ふと四五人手を擧げて、中西さんを呼んだ。讀んだ人々へ、順々に批評をしようといふのだつた。中西さんは立つて、手を擧げてゐる友を見、

「柳生さん」

と呼んだ。

柳生「五十三頁の終から二行目、もう一度讀んで下さい」

中西「かち〳〵と氣ぜはしいのは置時計で、かつたり〳〵と大やうなのは柱時計である」

柳生「あなた、おきとけい、いいいいいいいい、はしらとけいと讀まれるけれど、それはおきどけい、いいいいはしらどけいと濁つて讀んだ方が聞きやすいし、ふつうは矢張り濁つて言つてゐると思ひます」

大勢「さうです」

島田「ここだけでなく、日本橋とか、朝曇とかいふ風に、みんな濁るので、濁ると口調がごつごつしないからです」

中西「わかりました」

（以下全文にわたつて、この種の批評が四五出てゐるが、この文は形式のやさしい文なので、別段大したこともないから、紙數の都合上それ等は省くことにする。――池田）

先生「ぢや、もう一度全體で」

全兒齊讀。

池田さんは、齊讀の音量は、教室の窓からあふれ出ない程度にといふのを理想にしてゐるさうで、みんなしつくりとした聲を出す。齊讀に限らず、全體に子供の――無論教師もであるが――聲は地聲である。喉に筋を立てるやうな子供もゐないし、汗の出るやうな聲を出す子供もゐない。從つて子供同志の對話にも、議論じみたところがなく、談話風に樂に話して行くのを見た。

齊讀が終ると、池田さんは顏を上げ、

先生「ぢや、どこからでも始めて下さい」

大勢　（手を擧げて）

先生「杉原さん」

杉原「出てくる人は、父の時計師と子供の二人と町長さんと、それから人ではないけれども、人のやうにして出してゐる小さいねぢとですね。その内主人公は誰になつてゐるのですか」

平井「主人公つて何ですの？」

杉原「人は四人ですけれども、ねぢもまぜてまあ五人でせう。そしたら誰か芯になる人がなければならんでせう。その芯になる人のことです」

平井「作者のことですか」

杉原「さうです」

乾「ちがひます。作者が主人公になつて書く時もあり、ならないで書く時もあります。それでもこの文では、主人公も作者も父も子供もごちやごちやになつてゐて、作者の位置が、一つも決つてゐません」

大勢「さうです」

先生「平井さん解つて？　一寸待つてゐてごらん。話を聞いてゐるうちに、だんだん解つて來ますから。それで杉原さんの意見は？」

杉原「乾さんが言うたことと大體一緒だけれども、この文を讀むと、題も小さなねぢとなつてゐるし、作者がねぢになつて書いてゐるところが多いんですけれども、それでも、その位置がちよつとも決つてゐないから」

乾「まあ斯うでせう」

と言つて、乾さんは讀本を持つて席を離れ、黑板の前に立ち、讀みながら、

乾「書き始めの『暗い箱の中にしまひ込まれてゐた小さな鐵のねぢが、不意にピンセットにはさまれて、明るい處へ出された』といふところでは」

と言つて、黑板に次のやうな圖をかき、

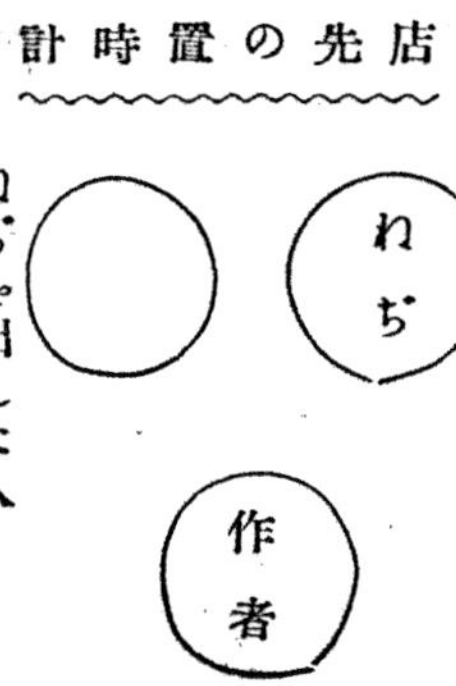

乾「作者は、ねぢでもないし、ねぢを出した人でもないし、傍からその様子を見てゐるのでせう。そやけどその次になると『しかしだん／＼落着いて見ると、此處は時計屋の店であることがわかつた』といふ所から『かち／＼と氣ぜはしいのは置時計で、かつたり／＼と大やうなのは柱時計である。ねぢは、これ等の

道具や時計をあれこれと見比べて、あれは何の役に立つのであらう——などと考へてゐる中に、ふと自分の身の上に考へ及んだ。「自分は何といふ小さい情ない者であらう」』まあこんなやうになつて來て、作者がねぢになつて終つてゐるでせう。そやけどもね、その次のところ五十六頁の終りから五行目『時計師は、「此處で遊んではいけない」といひながら仕事臺の上を見て、出しておいたねぢの無いのに氣が附いた。』としてあるでせう。そしたら、今迄作者がねぢになつてゐたのにまた父の時計師になつて終つてゐることになるでせう。ねえ、さうでせう」

小銀治「なぜ?」

この時、先生は立つて黒板に「一、作者の位置」と書かれた。その間にも、乾さんの説明が續く。

乾「なぜて、作者がねぢの心の中にはいつて書くことになるのですから、ねぢが思つたり感じたりすることは、作者の心になるのですから、そりや解ると思ひますけども、ねぢより他のものの心、まあ例へていふと、父の時計師とか子供とかさういふ人の心の中で思つたり感じたりしてゐることが、ねぢには解らないでせう。ねぢは自分だけの心の中なら解るけれども、人の心の中は解らないでせう。それで、作者がねぢと決つてるのやつたら『ねぢのないのに氣が附いた』といふ風に、はつきりそんなこと言へないわけです」
小鍜治「そしたら、どんな風に言ふの？」
乾「ねぢのないのに氣が附いたらしい、と言はなければなりません」
淺田「さうです。私も乾さんや杉原さんと同じ批評を持つてゐるのですが、五十八頁の終りから五行目に、『父も喜んだ。子どもも喜んだ。しかも一番喜んだのはねぢであつた』と書いてあるし、五十七頁の終りにも『三人はさん〲探し廻つて見附からないのでがつかりした。ねぢもがつかりした』と書いてあるでせう。これなんか見ると、誰が作者になつて誰の心の中をかいてゐるのかさつぱり解りません——乾さんは黑板の前を去り、自分の席に戻る——それであの、こんなことは綴り方の時にも時々批評に出ることで、私達四年や五年のまあ初め頃には、こんなことは何も考へないで、無茶苦茶にかいたけれども、この頃はこんなこと間違ふ人はないと思ひます。小鍜治さん、あなたなぜ？」
小鍜治「私それは解つてるのだけどね、この文のこゝであつたら、どんなに書くのやろと思つたよつて」
話一寸切れる。

先生「みんなそれでよろしいか」
大勢「はい」
淺田「作者の位置なんかぐらついてはいけないと思ひます」
島田力「前に十一卷の『ふか』のところなんか、過去と現在と未來がぐちやぐちやになつてるやうな文もあつたし、またこの文のやうな作者の位置の決まらないやうな文があつたりしますが、教科書になぜこんな文があるのですか」
淺田「文の形が古いんです」
先生「私この作者の位置のことに就いて、前に說明したことがありませんでしたか」
廣瀨「はい、あります。一寸忘れましたけれど、今から三十年程前か何かに、何とかいふ豪い文學者が、それまでの日本の文章では筋の面白さとかいふ風なことを第一に考へて、作者の態度など餘り考へられてなかつたのですが、その何とかいふ、一寸忘れましたけど、その豪い文學者が、そんなことでは立派な文章が作れないといふ意見を出してから、皆もそれを信じて、今ではさういふ文章は、めつたと無いやうになつてゐるのだといふことを聞きました」
先生は立つて、黑板に「岩野泡鳴」と書き、振假名をつけると、一二三人「あ、さうさう」と、返事をした。

先生「一人の作者が、あの人の心の中にもはいつて見、この人の心の中にもはいつて見、くるくる變る書き方を、數元描寫といひ、作者が出て來る人物の中の誰か一人の心に住込んで、他の人々を見て行く態度で書くのを、一元描寫といひます。元が幾本にもなつてゐるか、また一本になつてゐるかといふ意味です。そんなことは別に覺えなくもよろしいが、一元描寫だと、つまり作者が一人と決つてゐると、自分以外の人の心はその表情とか、談話とか、様子とかいふ外に現はれたことから見て想像しなければ、他にこれを知るすべはない筈です。こんな短い文章だと兎に角ですが、ずつと込み入つたものになると、世間の噂とか、その人からの手紙とか日記とかいふ、何かかけ橋になるものがなければ、他人の心はぢかには解らない筈です。しかし數元描寫は絶對に惡いといふのではありませんよ。ずつとこみ入つたものになると、さういふ風に書かれることもあるのですから。しかし、それをする場合にはそれをするで、適當に文の區切りをするとか、一行あけるとか、何かさういつた用意があるべきだと思ひます。その點この文の作者は、大分不注意だと思ひます。文をかく上には、まづ作者の位置といふことが、第一大切なことですから」

皆、默つて聞いてゐる。

先生「ぢや、この問題はこれでよろしいか。もつと附け足したいことはありませんか」

皆、默つてゐる。

先生「それでは次」

大勢「はい〳〵。はい〳〵」と手をあげる。

先生「木本さん」

木本「五十五頁の所『男の子はやがて仕事臺の上の物をあれこれといぢり始めた。女の子は唯ぢつと見まもつてゐたが――男の子は指先でそれをつまもうとしたが』と書いてゐますから、このねぢは男の子が失つたのでせう。それに五十八頁の所に、『仕事臺のそばに、ふさぎこんで下を見つめてゐた女の子がそれを見附けて』とかいてあるでせう。私、この女の子は子供だと書いてはあるけれども、子供やつたら一寸大人みたいなませた子供やと思ひます。私やつたら、自分が落しもしないのに、そんなにふさぎ込んだりなんかしないで、男の子がいぢつて失つた時に、父の所へ言うて行くとか何とかすると思ひます。私は弟と遊んでゐて、弟がまあインキをこぼすとか何とかするでせう。そんな時私はすぐに雑巾をとつて來て拭いてやつたりしないで、

『やあ〳〵。叱られる』とか『やあ、言うてやろ』とか、そんなことが直き言へます。兄弟喧嘩だから、わざとそんなになるのか知りませんけれど」

先生「あゝさう。ハハ……」

市村「私もさう思ひます。五十六頁の所に、『ねぢは仕事臺の脚の陰にころがつた』としてあります。それやのにその次に『此の時大きなせきばらひが聞えて、父の時計師がはいつて來た』とか、『といひながら仕事臺の上を見て、出しておいたねぢの無いのに氣が附いた』とかいてあるでせう。本當だつたら、父の時計師が仕事臺の上を見たりすることが、臺の下の脚の陰にころがつてゐるねぢには見えないはずです。またねぢは初めからこの家のことを知つてゐるのではなくて、初めに暗い箱の中からピンセットでつまみ出された時には、目がまつたり耳が鳴つたりして、何が何やらさつぱり解らなかつたのが、少し落ちつくにつれて、そこが時計屋の店で、自分がふたガラスの上に乘せられてゐることが解つたのですから、大きなせき拂ひを聞いたらそりや男の大人といふことは解ると思ふけれども、脚の陰に居つて頭も見えないのだから、直ぐ、父の時計師が這入つて來たといふことは解らないと思ふの。子供達と話してゐることを聞いてゐるうちに、だん〳〵に、今這入つて來たのは、父の時計師らしいといふことが解ると思ふの。こんなところも、陰から見てゐるのなら、陰から見てゐるらしい本當の樣子を書かなければ、何だか作りごとみたいになつて終つて、つまらないと思ひます」

橋本「私もそれには贊成ですけれども、それでもこの文は、小さいねぢが、自分が小さくて何の役にも立たないことを情ながつてゐたのが、子供達が自分を失つてくれたために、自分は小さいけれども、小さいながらに大きな役目をつとめてゐることが解つて、愉快な心になつた。小さいものにでも、よく考へてみると、大きな役目があるのだといふことを、私達に教へるために書いた文やよつてに、ね、さうでせう」

皆、返事をしない。

橋本「さうと違ひますか」

大勢「さうです」

橋本「そやつたら、今、市村さんの言はれたやうなことは、そりや見えないものを見えるやうに書くのはいけないと思ふけど、一寸位はそんなことは間違つてゐてもよいと思ひます。みんなどう思ひますか」

禪野「私は橋本さんに不贊成です」

浅田「私は橋本さんの言ふことはそれでよく解るけれども、この文章は作者の考へが餘り表へ出て終ひ過ぎてゐて、修身の話みたいな氣がします。例へば終りのところ、

『一日おいて町長さんが來た。

「時計は直りましたか」

「直りました。ねぢが一本いたんでゐましたから、取りかへて置きました。工合の悪いのは其の爲でした」といつて渡した。ねぢは、

「自分もほんたうに役に立つてゐるのだ」

と心から滿足した』

といふ、この文句だけなど取つて終つたらよいと思ひます。そんなことまで言はなくても、それまでのことだけでも、まだうるさい位です」

中川「私もさう思ひます。この話を讀んでゐると、初めにねぢが出て來て、そこへ子供が二人出て來て、ねぢを失つて、父が出て來て、探し出して、そこへうまい工合に日が照り出して、といふやうに、あんまり話が作者の考へ通りにうまいこと行きすぎると思ひます。作者の考へは橋本さんのでよいと思ふけれども、それが餘り表へ出すぎて、それだけを書くために、子供を大人のや

うにしたり、見えないものでも見えるやうにしたりするのは、大層悪いことだと思ひます」

島田ス「この文章では、出てくる人も對話も、大體に不自然だと思ひます」

大勢「さうです」

先生は立つて、「二、自然性」と板書する。

禪野「それから私木本さんに附け足して、子供達がねぢを探してゐる時、父の時計師が來るでせう。その時父の方からねぢのないことに氣がついて、探せ探せと言ひ出すまで、子供達はぼかんとして何してゐたのか知らんけれども、そこにぼんやりしてゐたことになつてゐるでせう。本當の子供やつたら、こんなことはしないと思ひます。父が來たのを見て、叱られると思つて、ぱつと逃げるとか、その場で失うたことを言うて終ふとか、何とかすると思ふんです。こんなところも本當に不自然だと思ひます」

市村「橋本さん。あなたさつき、作者の考へをはつきり書くことが出來たら、その他のことは一寸位嘘であつてもよいと言はれたけれども、そりや一寸位はまあ、嘘であつても大した關係のないやうなことなら、それでもよいかも知れないけれども、作者の考へを書くために、その場面とか、出て來る人々とかゞ不自然になつたらいけないと思ひます」

大勢「さうです」

先生「作者の考へも勿論大切だが、時や場面や人々の様子が不自然であつたり、嘘であつたりしたのでは、文章の、斯ういふ讀物の價値がありません。櫻の枝に梅の花を咲かさうと言つて力んだつて、それは出來ないことでせう。接木でもして假りにさういふことが出來たとしても、眺める人々はその不自然なのを見て厭がるかといつても、それに引きつけられて、自然の美をほめるやうなことはなからうと思ひます。だから植木屋は、よい梅の枝ぶりをつくり、それにより美しい梅の花を咲かせようとしてこそ苦心するけれども、梅の枝に櫻を咲かせようとして苦心するやうなことはしません」

中西ヨ「この作者が、自分の考へ通りに、出てくる人々を勝手に使ひ過ぎてゐると思ひます。それで、出て來る人は皆死んでゐて生きてゐないと思ひます」

島田ス「さうです。それでこの文には、讀みものらしい、これはまあ童話でせう。それに童話らしい味が一寸もなくなつて、私達に言うて聞かすばつかりが主になつてしまつたのです」

先生は立つて「三、味と實」と板書する。

山中「それで讀んでゐても一寸も面白くないし、何となくうるさいです」

今西「餘りよう解り過ぎるのです。讀んでゐても面白くなつて來ません。誰かゞ說教してくれてゐるのを、はいはいと言うて聞いてゐるやうです。讀者が自分から氣がついて、さとつて行くといふやうに書きかへたらよいと思ひます」

乾「さうです。材料はよいのですから、その材料をもつと眞劍になつて、その通りのことを實際によく見て書いたらよいと思ひます。」

この時終業のベルが鳴る。

闘「乾さんは、この材料はよいと言はれたけれども、私は時計の器械といふものは、大きなねぢもあり、大きな齒車や小さい齒車や、ぜんまいや色々のものが組合されて出來てゐるのですから、只、小さいねぢが自分のことを反省するだけやつたら、この材料の特徵が、そんなにも上手につかめてゐないと思ひます」

先生「あゝさう。面白さうな批評ですね。ぢや、今日はこれだけにして置きませう」

一同禮の後解散。

私は池田さんと連れて敎室を出た。池田さんは、滿足したやうな面持で、「子供達はなかなか思切りよく批評するので、汗が出ますよ」と言ひながら、額の汗をふいてゐた。

備考——描寫の元のことに就いて、最近また別な形式論から、泡鳴の說と反對な意見を持つてゐる人もある。だがこの文について言ふ時、私は矢張り一元描寫の形をとることをよいと思ふ——池田

——十月下旬——

第二時

普通に授業始まる。黑板には、子供達の批評の要點をつまみ、先生が板書した、前の時間の分、一、作者の位置。二、自然性。三、味と實。といふのがかきつけられてあつた。その日々々の當番が、さうして授業の準備をすることになつてゐるのだといふことだつた。一回讀方の練習があり、

先生（黑板の板書を一渡り見て）「えーつと、この間の批評は？（板書を讀み上げて）この三つのことに就いてでしたね」

三四人「關さんが批評をお出しになつた時、ベルが鳴つたんです」

先生「さうでしたね。ぢや關さんから。もう一度あなたの批評の要點を話してみて下さい」

關「材料のことゝ」

先生（自分のノートを開き、前の時間に書きつけておいたらしいのに目を配りながら）

「えゝ、さうでしたね。それで」

關「この文の題は「小さいねぢ」で、作者の書かうと思つたことは、どんな小さいものでも悲觀することは要らない。みんなそれぞれに大きな役目を持つてゐるのだといふことを書いて、まあ私達でも、自分は學問は出來ないし、人に比べて本當につまらないものだと悲觀する時があるけれども、少し落ちついて考へてみると、そんなに悲觀なんかしないでも、誰にでもそれぞれ大きな役目を持つてゐるのだから、悲觀なんかせんとよく勉強するやうに、と教へたかつたのでせう。まあさうでせう。さうだつたら、時計のやうなものを材料にとるのはいけないと思ひます。なぜかといふと、誰でも時計といふたら協同とか一致共力とかいふことの方が、強く頭に感じると思ふのです。時計は何も小さいねぢ一つでちやんと器械が動いてゐるわけではないでせう。小さいねぢを失つたら時計が動かなくなるやうに、大きなねぢを失つても時計は動かなくなるでせう。私の兄さんが或時時計の蓋をあけて器械をいぢつてゐるのを見せて貰つたのに、隨分いろ〳〵な道具がはいつてゐました。齒車なんか大きいのや小さいのや幾つも幾つもあつて、それがいろいろに引つかゝるやうになつてゐて、一つが動き出すとみんなも動くやうになつてゐました。ぜんまいの毀れたのを見ましたが、帶皮みたいな長い長いもので、それがきりきり巻になつて、時計の中にはいつてゐると言ふことでした。だから、時計の器械の特徴はやつぱり協同だと思ひます」

禪野「そりやさうかも知れませんけれど、さういふ協同生活やつたら、よけいに小さい者は悲觀し易いし、また考へると自分は小さいけれども、こんな小さい自分一人で、この位こみ入つた時計全體を動かして行くのやからと思つたら、今迄は氣がつかなかつたけれども、矢張り自分は大きな役に立つてゐるのだと強く感じるでせう。だから矢張りこの材料の方がよいと思ひます」

關「それでも、この文にはさう言ふ意味のことは一寸も書いてないでせう。只、小さいねぢ一人だけのことしか書いてないでせう」

廣瀨「私はその批評は持つてないんですけれども、今關さんの話をきいて氣がついたんですけれども、それは關さんの方がよいと思ひます。」この文には何處にも、自分はこんなに小さいものだけれども、小さい自分がゐなかつたら、時計全體が動かないのだから、身體は小さくても、時計全體を動かす大きな力を持つてゐるのだといふことが何處にも書いてないでせう。小さいねぢ一人だけのことしか書いてないでせう。それで關さんは時計の特徴を生かしたら、ねぢの感じがもつと強く出るからよいといふのでせう。私はそれに賛成です。」

關「私は、時計の特徴を生かしたらねぢの感じが強く出るから、さうしたらよいといふのと違ひます。それはそれでもよろしいけれども、小さいねぢが自分の反省をするといふやうなことだけやつたら、もつと他によい材料を持つて來たらよいと思ふのです」

杉原「そしたら關さんは、どんな材料をとつて來ますか」

關「そりや良いか悪いか知りませんけれども、私この間この文を學習しながら一寸家の鍵のことを思ひ出したんです。家の鍵て本當に小さいものでせう。そりや時計のねぢは小さいかも知れませんけれど、時計は家のやうに大きくないのですから、家から言つたら鍵は小さなものでせう。そして家の鍵やつたら金とか銀とかいふ立派な金ではなくて、鐵か、それは何かよく知りませんけれども、まあ一寸見たら黒い粗末なものでせう。私が町を通つてゐたら、大分大きな家の女の人が、大阪か何處かへ買物に行くのか知らんけども、女の子を連れて家の戸を外から鍵を下してゐるのを見ました。その女の人は鍵を下したあとで、それを一寸財布の中に入れて行つたのです。その時私は何だか「鍵の留守番」といふやうなことを思ひました。一寸財布に入れて行けるやうなあんな小さい鍵が、あんな大きな家を一日中留守番するのだと思つたら、身體は小さいけれども、鍵の役目は大きいもんだと思ひました。女の人が一日中家を留守にして、安心して買物に出られるのも、その鍵のおかげでせう。そりや時計のねぢも良いかも知れないけれど、ねぢ一人のことを書くのだつたら、家の鍵などの方が面白いやうに思ひました」

先生は立つて、「四、材料の特徴」と板書し、續いて、

先生「さうですね。鬪さんの今の批評は大變面白いと思ひます。また鬪さんはよい所に氣が附かれたと思ひます。廣瀨さんの言ふ樣に、小さいねぢを協同生活者の中の一人と見て、協同生活といふ事に就いてねぢに反省させるやうにした方が、ねぢの感が強くなるといふ意見にも私は贊成です。鬪さんの言ふ家の鍵などは、少し考へると非常に面白いものになりさうな氣がします。その留守中に、人が訪ねて來た時、鍵はその人にどんな應對をするか。ね。前にウエリントン公爵と少年といふ課があつたでせう。あすこで父の言ひつけを聞いた少年が、誠に氣の利いたことをウエリントン公爵に答へたでせう。まあ、あんな工合のことをね。私なんか始終家を明け勝ちで、出る時には何時もミス（飼犬）に留守を賴みますが、「ミツちやん番ですよ」と言ひ聞かせて出る時には、何か可哀さうな氣がするし、歸つて來た時には、お土產をやつたり、頭を撫でてやつたりして、なかなか感謝します。少し長い旅に出たりする時には、ミスも一緒に連れ

て行くか、ミスを他家に預けるかして、闢さんの言ふ鍵一本に留守をたのんで出ます。長い間こんな生活をしてゐますが、今迄には一度も留守の間に盜難にあつたことはありません。一週間位旅をして歸つて、何事もない無事な我が家の鍵を外す時には、旅の疲れもあるし、ほつとした氣持のするものです。言葉には出さないし、鍵は鍵だと思つてゐるからではありますが、この小さい鍵が若し生き物だとしたなら、その時私は隨分鍵に感謝することでせうね。そして留守中のことなどいろ〳〵尋ねることでせうね。さういふ氣持の中にはいつて、闢さんの言はれた「鍵の留守番」などを考へてみると、何か面白い讀物が書けさうな氣がします」

教室の中はしんみりとして、それぞれの創作慾に何かの感じを受けたやうな面持を見せてゐた。

一寸話が切れた後で、

先生「それから次？」

島田ス「矢張り材料のことで」

先生「はア、よろしい」

島田ス「この文では、時計の持主が町長さんになつてゐるでせう。これがいけないと思ひます。町長さんといふのは町に一人しかない人でせう。この時計屋はそりや田舍の時計屋で、時計屋も一軒しかないのかも知れませんけれど、昔やつたらどうか知りませんけれど、今頃やつたら時計位町長さんでなくとも誰でも持つてゐるのですから、私等の讀むものやつたら、そんな町長さんみたいな人を出して來ない方がよいと思ひます」

淺田「さうです。先の時間にこの文は大層教訓みたいになつてゐて、讀者が自分から氣がついて解つて行くといふやうに出來てゐない。味のない讀物だといふ批評が出たでせう。その時私も一寸意見を出したけれども、こんな材料に町長さんを出して來たりするのは、矢張り大層いけないと思ひます。私のはわけが違ふけれども、島田さんの意見に賛成です」

先生は苦笑しながら、ノートに何か書きつけ、

先生「私なら女學生か何かを出しますね」

二三人「はいさうです。さうです」

先生「女學生、何も女學生に限らない男子の學生でもよいが、さうすると氣持も輕くなるし、氣分も明るくなるし、皆さんの生活にも近くなるし」

禪野「あ、矢張りさうですね、先生」

先生は一寸笑つて、

先生「それが勞働者のやうな、むしりむしりと働く人か何か。さういふ人のものにでもしたら、「時計と働き」といふことがぴつたりと結びついて、物語全體が引き締り、生き生きして來ると思ふがなア」

大勢「矢張りさうです。先生」

先生「みんな一つ作つてみたらどう？」「それの方がよろしい」

二三人「作ります」

先生「世の中の様子を廣く見て、廣く考へてね。何かきつと出來ますよ」

闘「この次の綴方の時まで」

先生「さあ、それはも少し延ばして來週の土曜日位までにして上げてもよろし」

禪野「みんな？」

先生「大抵みんな書いてみたらいゝでせう。書いてみたら尙一層面白い批評もあるのだし、自分にもよく解るのですから、みなさんどうです」

一同「かいてみます」

乾「土曜日までに書けなかつたら、一寸位のばしていただけますの」

先生「今からそんな心を起してみない方がいゝでせう」

乾「はい」

先生「よしく。ぢやこれで大抵よろしいか。もつと他に何か？」

矢野「小さいことですけど、この文にはいらない言葉が大分澤山あつて、隨分くどくどと書いてあると思ひますから、そんなところも餘りよくないと思ひます」

先生「例へば」

矢野「例へば五十五頁の初から三行目に、『不意にばたくと音がして、小さな子どもが二人奥から出て來た。男の子と女の子である』と書いてありますが、男の子と女の子と言へば、二人は小さい子供であると說明しなくとも、それで子供であるといふことが解ります。また小さいか小さくないかといふことは、これからその子供達がしたり言うたりすることを見てゐたら解るのですから、そんなこと說明する必要ないと思ひます。それであんなにくどくどと書かないで『不意にばたくと音がして、男の子と女の子が奥からかけ出して來た』としたらよいと思ひます。子供が二人と說明しなくとも、男の子と女の子と言へば二人だといふことも解ります」

先生「さう。いゝ批評です。この文全體をながめて、今矢野さんが言はれたやうなところを探すと、もつともつといくらもあるでせう」

尾野「五十五頁の終りに、『二度、三度。やつとつまんだと思ふと、直に落してしまつた』といふところ、あすこのところ、二度として點を入れ、三度として○を打つてゐるでせう。何故あんなにしてあるのですか。二度三度と續けてはいけないのですか」

先生「それは二度目いぢつて、また三度目いぢつてと言ふ意味で、二度と三度の間に點を入れてるのでせうね。この間にいぢるのだといふ時間の餘裕つまり、間《ま》を置くやうな氣持で」

教室の中靜か。

先生「もつと他に？――ぢや、これ位にして、も一度讀んで貰ひませう」

齊讀あり、朗讀がある。

先生「書取りしませうか」

一同「やあ、怖いわ」

子供の机が六脚づゝ一組に仕切られてゐるのは、日々の生活が、大體その組が一小團體になつて營まれて行くやうになつてゐるさうで、先生が書取りといふと、各自その組々から一人づつを黒板の前へ送り出した。送り出された九人は、すらりと列ぶと、先生は「道具」「時計」「仕事臺」「役目」といふ順序で口問をはじめた。五言葉程で一區切りにして、先生はそれぐ〜に採點をした。續いて次の子供が出て來、異つた文字の、同じ方法の書取が繰返された。書取は何時もそのやうにやつてゐるさうで、出て來る子供は席順になつてゐるのだと言ふことだつた。

さうしてその日の授業は終つた。

三　綴り方の授業例

朝から降りはじめた雨が、窓の外も内も、しんめりと灰色に冷たかつた。南向の二階で、何時も晴れやかな、あの教室もガラスが曇つてゐようと思つた。

池田さんの後について、教室の戸をあけると、「やあツ」といふ歡迎の聲がいきなり私に向つて浴びせかけられた。雨にいぢけた私の顏は、すつかり崩れてしまつた。

そこには五十二人の子供達があふれてゐた。笊にすくひ上げた小魚が、うつかりすると、一つ〳〵跳ね出して行く、あのキラ〳〵した横腹を見せて、一つをおさへると、外の一つ又一つがとび跳ねる。といふあの様子を私はふと思ひ出して微笑んだ。本當にあのピチ〳〵生きた小魚の様な子供達だ。淡桃色の顔をした、赤いジャケツをきた、おかつぱの、白いエプロンの、丸々した子供達だ。それには笊が――教室が狭すぎる。

黒板を正面に、ぐるりと輪につくつたお席の數が間に合はなくて、笊をはみ出した子供達が五六人、皆の視線の集る眞中に一組を造つてゐる。見れば特別に小さい人達のやうだ。

池田さんは、小鳥棚の前、南窓を背にして椅子につかれ、私はその傍の卓子についた。

「先生、宮崎先生は何なさるの？」

五六人聲を揃へて尋ねた。

「皆さんが綴り方がお上手だから、今日の發表を初めからお終ひまで書き取つて上げようつて」

「やあ、いかんわア」

「うれしいでせう」

「どんなことでもすつかり書きなさるの？」

「えゝさう」

「讀みちがへても？」

「えゝさう」

「やあ、いかんわア」

敬禮がすむと、何處かの小母さんの前で成績を示す娘が、母さんに一寸したことまでも糺して置かなければ、氣のすまぬあの不安だ。私は鉛筆を取り上げながら、どんな微かな陰も屈托も見出すことの出來ない、その人達の顔を見廻した。

その日の發表は、關、杉原、山口、山中、市村、廣瀨、といふ順番にきめられてゐた。

「せつかく宮崎先生に書いて頂くのだから、皆、精一ぱいにいゝ發表をするのね」

かう言つて池田さんは、子供達に一まはり、眞面目な顔つきを見せてから、

「それぢや始めて貰ひます」

と言ふと、子供達は喜び勇んで喝采をした。水色のジャケツの關さんが皆から無言の聲援で押し出された。關さんは皆に會釋をしてから、先づ、鉛筆を握る様な具合にチョークを握って丁寧に「昔と今」と板書した。「むかしといま」題をよみ返して、關さんは讀み始めた。

昔と今

関あや

「ど、れ、み、ふアー、そ、ら、し、どー」

と、私は、大きな聲でうたひました。そばにゐなさつたお父さんは、

「やかましい」と、おつしやつたが、私はかまはず、

「ふアー、み、れ、どー」と、うたつた。

「やかましいと言ふてんのに、まだわからんのか」

と、さつきよりも、強くいひなさつた。

私は一寸こわくなつたが、

「今な、あす唱歌あるさかいに、どれみふアの稽古してるねで。やかまし様に見えたるけど、よう味はつて見たら、いゝ音樂やで、お父さんの耳に、それわからひんねんわ」

と、理窟をいつた。

お父さんは、さつきのこわい顔を、一寸やさしくして、

「小さいくせに、大正の人間やと思うて、えらさうに言ふな。お父さんな、そんなお前等みたい

なキタナイ聲聞いたら、用も書き物も何も出來やへん。ボリス・ラッスみたいな人の音樂やつたらいくらでもきゝたいけど」

「お父さん等唱歌といふもん習はひんやろ」

「そんなことあるものか。そら唱歌は習うたけど、言ひ方がちがふんねが」

とおつしやつた。私はまけん氣で、

「そしたら、歌つてみいさ、猫の聲みたいなやろ」

「歌つてもえゝが、今日は風ひいて、何も言へへんね」

と言つて、せきを、コン〳〵エヘン〳〵としなさつた。

　私はその時、昔の唱歌が、急にきゝたくなつた。けれども、お父さんはうたつて下さらない。お母さんに聞いたら歌つて下さるかも知れないと思つたので、お父さんのところをはつといて、お母さんのゐなさる奥へ行かうと思ふと、お父さんが、

「あやさん、こゝへお湯入れてきて」とおつしやつた。

　私は、「いらん」と言はうかと思つたが、やつぱり用はしなければいけないと思つて、しぶ〳〵お父さんの土びんを持つて、お湯を入れに臺所へ行つた。お湯を入れるなり、すぐお父さんのところ

へ持つて行つた。

そして奥へいつた。そこではお母さんが、縫物をしてなさつた。私はすぐ、

「お母ちやん、昔の唱歌どう言ふたん」

ときいた。

「あのな、今は、どれみはそらしどやろ。せやけども昔は、ひふみよいむなひーと言ふてんで、ひーていふのはな、お前等の今の、高いどーと言ふのんやで」

と、教へて下さつた。

「やあ、おかしいのん、でや。そいでもやつぱりよう似たるわ」

と私は思つた。

「そしたらお母ちやん本譜知つてる？」

「知らんわ」

「あのな略譜のむづかしいのや」

「略譜のむづかしいのて、わからへんが」

私は、こんなことを教へてあげるのが、うるさくなつたので、

「お母ちやんみたいな、教へても解らへん」

と言つた。

「お母ちやん、うちに昔の人間たんとゐるな」

「せやけど、八兄ちやんやつたら、わかるかも知れへん。一ぺん試驗して來てみ」

私はこら面白いと思つて、兄さんの室へいつた。はいるなり私は、

「八ぼん、本譜しつてるか」

と聞いた。

「おら、そんなん知らん。おせてくれ」

私は机の上にあつた紙をとつて、ペンにインクをつけて、五本長くすぢを引つぱつた。

「あのな、かうするやろ。そしてな、本譜と言うたら、どは何線にあたるといふこときまつたるねん。それで、その線へ、どなら點をうつたらえゝねん。うち等もう、何調は何線ていふことみな暗記してまんで」

とえらさうに言つた。

「さうか。おらあかん」

と、兄さんは言つてなさつたが、一冊の本を出して、頁をめくつて、

「あやさん。そしたらこれ讀んでくれ」

と言つて、私の前へ本を出しなさつた。その本には、むづかしい、私にも讀めない、本譜が書いてあつた。

「やあ、うち、こんなん、何ぼ何でもよう讀まんわ」

と私は言つた。

「やつぱりお前も、そねんえらいことないな」

と言はれて、あほらしかつた。けれども十五人の家内中で、本譜を知つてゐるのが、私と姉さんと八兄ちやんとであると思ふと、うれしかつた。

その晩私の家が、よく着物を縫つてもらふ家の、おふきさんが、着物を持つて來て下さつた。それは私の袷だつた。その時、私は短い洋服を着て、靴下もはかず、とび歩いて、家の中でまりほりをしてゐた。おふきさんは上へ上つて、お母さんやらと、何か話をしてゐなさつた。私はまりほりを止めて、二人の話してゐる中へ、どすんと坐つた。おふきさんは、びつくりしたらしく、

「まあ大きい孃さんと思つたら、こいさんだつか」

といつて、私をひざの上に、抱き上げて下さつた。

「大分大きくならはりましたな。まあ、この足、寒いのに何もはかんと、どうだ。よう寒いことあらしまへんな」

「寒いことなんか一つもない。まだ暑いくらゐや」

「昔やつたら、こんな時分には、おしろいぬつてもろて、三つわげゆうてもろて、喜んでるのに今はもう、短い洋服一つだ」

と、お母さんが言ひなさると、

「ほんまにさうでつさ。もうぢき山上《さんじやう》さんへ女も登れるやうになりまんで。今はもう、女の人でアルプスへ登らりまんが。私らもう、今のこと何もわからへんので、困りまつさ」

と言つて、笑ひなさつた。

私はこの時ふと、前に先生から聞いた、おばあさんの、アルプス登りの話を、教へてやらうと思つた。

「ちよつと〱おふきさん、あのな、うち學校で先生に聞いてんけど、あのな、信州のおばあさんあつてんと、その人もう八十いくつやのにな、アルプスへ登つたんやて。富士山へは十八回もいつてはるねんで。それにくらべたら、お母ちやんらあかんなあ」
「さうだつか。そんな人は又、強い人だんねんな」
と言つて、おふきさんは、笑ひなさつた。

闘さんはニコ〳〵した子供だ。讀み終ると、待ち構へてゐた子供達は、一度にものを言ひたがつて、「ハイハイ」「ハイハイ」と突き出された手を、選りわけるひまもない。闘さんはニッコリ木本さんを指す。

木本「あのね、おふきさんが、まあこの足寒いのに、何もはかないでと言ひなさるところがあるでせう。昔の人は皆、ぢきあゝ言ふことを言ひなさるが、その昔の人らしいところがよく出てゐると思ひました」

左門「さうです。昔の人は昔らしく、今の人は今らしく出てゐます」

中西「でもね、お母さんはお母さんらしく、本譜を知りなさらないし、兄さんは、學校にいつてゐなさるけど、本譜を知らんと言ひなさつたでせう。その時の闘さんは、自分が偉いやうに思つたでせう。そのくせえらさうに思ふ心持が出てゐたら、もつとよかつたと思ふの」

島田「それからね、『昔と今』といふ題は、どんなところからつけたの、どういふ意味で」
作者「始めは『昔』と『今』といふ題で、二つにして、一の方は唱歌、二の方は昔の人と今の人といふ風にしたの。だけど何だか氣に入らないので、先生に聞くと、先生は二つにしないで、一つにつゞけた方がよいと仰言つたので、さうしたのです」
柳生「出て來る場所や人が、はつきりしてゐていゝと思ひます」
廣瀨「材料の取り方がいゝのです」
橋本「文明になつてからと、さうでない昔の時との差が出てゐて、面白いと思ひました」
淺田「私も皆に贊成だけどね、その時の樣子はよく出てゐるけれど、兄さんが本譜を知らぬと言ひなさつたでせう。その時に、自分が偉いやうに思つた心持を入れた方がずつといゝと思ふの」
島田「それからね、あのおふきさんはいくつ位の人なの、二十歳くらゐ？」
大勢「いゝえ、おばあさんです」
島田「私は三十位の人に思ふの。おふきさんといふ人が、生きて出てゐると皆おつしやつたけど、私はさう思へません。昔の人といふことは分るけどもね、私はもつと、どういふ風な人か、書いてほしいと思ふの」

四五人「さうです」

先生（その時得意さうに）「どんな風な人かといふことをもつと細かく説明せよと言ふの。歳はいくつ位で、どんな顔の人でと」

島田「いゝえ、さう言ふ説明と言ふことはないけど」

先生「それぢやどう？」

島田「おふきさんと言ふ人が、闘さんを抱いてあげなさつた時の、顔の皺の寄つたところとか、足を撫でてくれた時に、その手がごわ〳〵してゐたとか、さういふ様子です」

市村「歳が六十八やとか、七十やとか書かずに、想像の出來るやうにです」

禪野「私も島田さんに贊成で、おふきさんは昔の人だから、黒い木綿の着物を着て、帶をだらんと結んでゐたとか、にこ〳〵した顔の様子とか、どんな風な様子だつたかといふことを、もつと分るやうに書いたらいゝと思ふの」

先生「さうね。縫物なんかしてゐる人で、出入してる家のお嬢さんなんかを大變可愛がるといふ様な人で、なつかしい、人の良い顔をしてる人がよくありますね。さういふ人だらうと私は思ふが、そんなところがもつと書き足りないね」

作者「ええ。私とこは大勢家内でせう。それでおふきさんは、内の人の着物をみな縫ひなさるのです。そして兄さんの小さい時の世話もした人です」

先生「ばあやといふ人ね。普通は私なんかだと、あなた達のやうに大きい子供を膝に抱いたりはしないでせうね。小さい時から世話をしてゐた人だから、自然さういふことをするので、さう言ふことがもつとよくわかつてると、もつとなつかしく聞けますね」

廣瀬「私ね、鬭さんが子供みたいな氣がするの、私なんかだつたら、平氣で抱いてもらふのが、恥づかしい氣がしないかと思ふの」

先生「それはやはり、さう言ふ人だから、自然になつかしまれるんですね。ぢやこれはそれだけにしませう」

男に生れたら

杉原清《すが》子

「さよなら」

といつて、私の家の前まで來て、木本さんとわかれた。

がらつと、戸をあけて中へ入つた。兄さんは、下駄をはいてゐなさつた。ふと手を見ると、ボ

ールを持つてゐなさつたので、急に遊びたくなつて、お上手言ふやうに、

「やあ、けえちやん。けえちやんのボールやけど、野球しやへんか」

と、何時もとちがふ口調で私は言つた。

「さう言ふけど、お前、野球知つてんのか」

と聞かれたので、なるべく上手言うたら、してもらへると思つて、

「知らんさけ、教へてさ」

と、靴をぬぎながら言つた。兄さんは得意さうに、

「よし。教へてやろ」

と、ボールを放りながら、言ひなさつた。

「やあ、うまいこといつた。出来る〳〵」

と心の中で、おどるやうに思つた。そしてあはててかばんを、茶の間の入口から投げこんだ。そして又靴をはいて、外へ走つて出た。兄さんは、黒い板壁に、ボールを投げては受け、投げては受けしてゐなさつた。私は、

「早よ、しようさ」

と言つて、小倉服のかたい肩をたゝいた。私の手までいたかつた。其の時、兄さんはおこる様な顔だつたので、してもらへなかつたらと思つて、

「やあどうでもえゝわ。まあしよう」

と、早口でごまかした。それで、兄さんも、やう〳〵しようと言ひなさつた。

「二人で野球できやへんし、何かほかのことしたら、どうや」

と、ボールを地に投げつけては、はね返るのを受けながら、兄さんが言ひなさつた。私は、

「ボール投げしよう」

といつて、そこへ丸を書いて、

「うちこゝやで、早よ放つて」

と言つて、せきたてた。

兄さんは、植木棚のはたへ行つて、高いので、私の所へとゞきにくいのを、ぴゆうと放りなさつた。私は、

「やあ」

と言つて、ボールばかし見て走つた。その時何かにつまづいて、私はあほ向けにころんだ。

「いたたた」

と言つて私は起き上つて、下を見ると、石があつた。私は泣きながら走り、もとの所へかけ込むと、お母さんが、

「女でありながら、野球なんかするから」

と言つてしかりなさつた。その時私は、兄さんがあんなボール放るよつてやが、と思ふと、にくらしくなつた。

「けえちやんなら、亂暴してもええのか。男ならええのか、ええ?」

私は、靴の先で、土をつつき〳〵言つた。お母さんは、物を洗ひながら、

「けえちやんは男だから、ええが」

と、おつしやつた。

「やあ、男に生れたら、とくやなあ、おこられる數も少いし、少々やんちやしても、かへつて面白いと、ほめてもらへるくらゐやし」と思ふと、お母さんが、男に產んで下さらなかつたのが、くやしくなつて來た。お母さんは、

「じやまになるから、早く向ふに行つて、勉強しといで」

とおつしやつた。私はだまつて、靴をぬいで上つた。そして、足から少し出てゐる血を、ふいてゐると、電燈がついた。

「やあもう」

と思つてゐると、

「御飯やで」

と言ふ聲がしたので、御座敷へいつた。

あくる日、學校の歸りだつた。ふと門を出て、八百屋の前へ來た時、「男に生れたらとくやなあ」と、昨日思つたことを思ひ出して、

「木本さん、うち昨日、野球してん。けえちやんと。そして、けえちやんの爲に、こんな傷させられてんで」

と言ひながら、靴下を下げて見せながら、自分も見たが、そんなにひどくなつてゐないので、一寸はづかしいやうな氣がしたが、言葉をつづけて、

「そしてなあ、お母さんに言うたら、女のくせにそんなことするよつてや、と言つて、おこらはつてん。それでなあ、うち、男やつたら、ええのかと言うてお母さんにおこつたら、まだましや、

て言はるねんで、かなはんわ」

と、木本さんの答を聞きたいので、顔をのぞきこんでゐると、

「やあ、さうや。私《うち》かてそんなこと、ようあるで。母さんて、氣に入らぬことばかし、しやはんねん。自分が男に生んでくれんといて」

と、木本さんも、私に贊成しなさつた。

「さうや。かなはん。うちな、お母さん、にくいと思つてんけど、考へたら神さんの方が、氣きいてへんのやわ。お母さんかて、やつぱし男の方がええと思うてはんのに、神さん勝手に、女に生まさはつてんが」

と、肩を組んで言ふと、

「うん、せや〳〵。さうや。男やつたら、第一おしやれせいでもええやろ。そして」

と言ひかけなさつたのを、私は横取つて、

「そして、なあ、男やつたら、中學校はまあ女の女學校みたいで、その上に高等學校、大學とあるやろ。女やつたら裁縫ばかし、してんならん」

と、男をうらんで言つた。木本さんも笑ひ笑ひ、

「そして、みてみいさ。あのまあ、うちでも、お父さんの方が、お母さんより、いばれるし、ええやろ。それから、あのげいいしやも、第一女やし」

と顔をしかめて言ひなさつた。

「ほんまにそや。男やつたら、もう年百年中あの小倉服に、帽子はきまつてるし、髪は、女やつたら、斷髪と言うても長いし、ええわ男ほど」

と言ひながら、考へてゆくと考へるほど、男がうらやましくなつて來た。木本さんも、

「せえや。そして、あれあれ」

と、おしろいをつけて、べにをつけて、何と言ふのか知らない髪をゆうて、まるでげいいしやの出來そこないみたいな人が、來るのを指さしなさつたが、

「やあ〳〵」

といつて、私のからだを持つて、かくれまはりなさつた。そして、その人が行き過ぎた時、

「やあ指さした」

と笑ひながら、言つてゐなさつたが、しばらくして、

「知らん奴やさけ、ええわ」

と言つて、うしろをふり向きなさつた。私もふり向くと、その人は大分遠くに、ゐなさつたので、
私は安心して、

「うち等の仲間、あんなやつか」

と言つて、ぢだんだふんだ。そして私が又、

「うち男やつたら、おこられる數少くなるし、大事にしてもらふ數多くなるし」

と、言ひ出すと、

「さうや〳〵、男やつたら、ずつと〳〵得になるわあ」

と、さも惜しさうに言ひなさつた。その時私の家の近くだつたので、

「さようなら」と言つて、走つて中へはいつた。


「ハイハイ」「ハイハイ」といふ素破らしい人氣に、やゝはにかんだ杉原さんは、淺田さんを指名した。

淺田「私ね、杉原さんの文では、男に生れたらよかつたといつて、靴で土を蹴るところがあるでせう。あそこの樣子が大變よく出てると思ふの。男なら怒られなくてもすむし、野球も出來るしと

いふ氣持がね」

柳生「それから、あなたが男に生れたがつてる氣持もよく出てるし、木本さんまでが、男に生れた方がよかつたと言ふでせう。そこのところもよく出てると思ふの」

吉松「道で二人が、男に生れた方がどんなにいゝかと思つてゐると、けつたいな女の人が通つたでせう。その女の人を見てたら、けつたいなので、あんなんが自分等の仲間がと言つて、地團太を踏むところの様子もよかつたと思ふの」

平井「そしてあなたと木本さんとが、肩を組んで話すところが、何時もさうして校門を出なさる時の様子が目に見えて、親友らしい様子がよく出てると思つたの」

禪野「けれどもね、けつたいな女の人を見た時にね、指さしをしたりして、あんな風になりたくないと思つた心はよく出てるけれどもね、その時に、あの人はどんなことを考へてるだらうか。何を思つてあんな風をしてゐるのだらうかと言ふやうな感じ方を書いたら、もつと文が深くなると思ふの」

辻川「あなたがお母さんに叱られて、その次の日すぐ親友に話すところが、自然でいゝと思ひます」

廣瀬「それからね、杉原さんは、男に生れたらよかつたと言ふのは、お母さんに叱られたからさう思つたのですか。それとも、もつと外のことからさう思つたのですか。若しもお母さんに叱られたから、そんな心になつたのなら、その時の様子が、もつとよく出なければいけないと思ふの、お母さんの話ぶりとか、それを聞いた時の、あなたの様子とか」

作者「それはね、前からさう思つてゐたのです。何時か木本さんと喧嘩した時に、藝者が通つたので、喧嘩を止めて見たことがあるの。その時からそんな氣持になつてゐたが、お母さんにさう言つて叱られて、餘計に強く思つたのです」

先生は大分滿足らしく見えた。

先生「それはさうだらうね。始終さう思つてゐたのが、叱られて強くなつたんだと思ひます」

杉原さんが、靜かに微笑んで、教壇を下りると、

先生「杉原さん。のでが大變多いよ。何々したので、どう〳〵したのでつてね。皆取つて〇で切つた方がいゝでせう」

杉原さんは、房々した髮をくるつと振り向けて、うなづいた。

ほかけ舟

山口春子

山口さんは、巻いた大きな畫用紙を持つて出て來た。壇上から、會釋をすませると、「ほかけ舟」と、關さんと杉原さんに列べて板書し、その畫用紙を黑板の眞中へピンではりつけた。それには靜かな波の上を小舟が走つてる繪が描いてあつた。向ふの方に島が一つ、舟が二隻。

「歌です」山口さんはさう言つて、

「ひろい海に
てんてんと
白い帆かけた
舟はしる。
白い帆かけた
舟、二つ」

と讀んだ。皆は押しづまつたやうに、暫くはどこからも聲が出なかつた。山口さんは少しまの拔けたやうな顏をし、先生の方を振り向いて、また皆の顏をながめた。

「はーい」平井さんが元氣に手を上げた。

平井「それでええと思ふけど、何となくもの足りないの」

大勢「さうです」

乾「あなた、それどこの海？」

作者「私、明石の海を思ひ出して作つたのです」

木本「私この夏休みに明石にゐてたが、さうです、そんな様な海です」

禪野「私はお父さんに鳥取の海岸へ連れて頂いたこともあるけど、そりやよく晴れた波のない日もあつたけど、何かしらん、あなたの歌は何だかもの足りない氣がします」

木本「明石の海は、いつでもあんなんです。あの繪もよく出來てゐると思ひます。靜かで、そんなに波なんかありません」

平井「白い帆かけた舟はしる。白い帆かけた舟二つ。て、白い帆かけたといふ言葉が二つもあるでせう。あれは一つにして、走つてゐることがうまく出せたらえゝと思ひます」

稻田「始めの處、もう一ぺん讀んで下さい」

山口「ひろい海に
　　てんてんと
　白い帆かけた

舟はしる

稻田「よろしい。その、ひろい海に、てんてんと、白い帆かけたと言ふところは、何だか歌とちがふ樣な氣がします。文みたいな言ひぶりでせう」

それだけで、批評はきれた。山口さんは少し不滿らしく、壇を下りようともせずに、先生の顏を見て、

「先生何かありませんか」

と、念を押した。

先生「さうですね。繪はよく書けてゐるし、歌も形はそれでいゝでせう。だけどその歌だと伊勢の海といつても差支ないし、鳥取の海だとも言へるし、濱寺だといつてもいゝでせう。だから、そんなところもう少し、明石の海をよく想像してみたらどう？ 明石の海らしい特徴をね。それだけでは、波靜かな晴天らしいといふ想像しか、聞き手の方へ應へませんからね。みなもの足りないと言ふのは、そこんところではないの。ねえ？ 平井さん」

平井「さうです。ひろい波の上を、白い帆かけた舟が走るといふだけでは、海を實際に見ないでも頭の中で考へて作れると思ひます」

四五人「さうです」

山口さんは、それで氣が濟んだらしく、少しく元氣なく壇を下りた。

變つた孝行

山中愛子

月曜日の修身の時間、先生が「なるべくなら雜誌の『伸びて行く』を取つてもらひなさい」と言はれたので、學校がすむと、走るやうにして家に歸つた。

お母さんは、ひまさうに、店の火鉢の横で、手をゐりの中へ入れて、坐つてゐなさつた。私はさつそく、今日學校で言はれたのを、忘れないでおかうと思つて、「たゞ今」も言ふのを忘れてとびこんだ。靴をぬいで、かばんをなほして來て、お母さんの横へでんと坐つた。お母さんは、びつくりしたやうに、

「何や、がさ〳〵と、歸つて來るなり」

といつて、少しいやな顏をしなさつた。

「あのな、今日學校でな、池田先生、つまり、うち習うてる先生な、『伸びて行く』といふ本、取つてもらへて、言ははつてんけど、うち取つてほしいねんけど、お母ちやんに聞かんなん、かなは

んと思うて走つて歸つてん。ああ、しんど」

と言つて、ためいきをついた。

「『伸びて行く』て、どんなんや。やつぱし中に、字書いたんねんやろ」

「ふん」

「そんなん買ふのやつたら、讀本買ひさ」

「讀本なんか、二冊も買はいでもええ」

と言つた。お母さんは、一寸をかしな顔をして、

「そんな『伸びて行く』取つて、どうするねん。なにかに間に合ふのけえ？」

とおつしやつた。

その時、先生が、歳よりと言ふものは、大抵しぶんちやと言はつたが、わたしのお母さんのこと言はつたんやろか。なる程さう言ひなさるはずやと、私は思つた。

「ええ、買うてくれへん？……先生、參考書は買うてもらへて、言はつてんが、もし買うて行かなんだら、先生、怒らはるが」

といつて、お母さんの肩にもたれるやうにした。

「おこらはつたら、そら、どうも仕方がないけど、そんなもん毎月々々とつたら、この時節の悪いのに、家はお前のために、倒れてしまふかわからひん」

「ううん、お母ちやんは、そんなこと思うてるさかいに、あかんのや。うちの池田先生は、五十圓の着物買うたかて、なんともないて、言うてはんのに、もつと馬力かけ〳〵」

と言つた。

「いや。そんなこと、なんぼ言うたかて、いや」

と、のん氣さうに、言つてゐなさつた。

「かなんわあ、買うてくれたらえゝのに。そんなことしたら、人に、にくまれるばつかしや」

「お前、お金ないやうになつたら、どうするねん？お金なかつたらお前こじきに行かんなんでね」

　私は終に、づん〳〵悲しくなつて來た。

「歳よりは、しぶんちや、先生でも言ははつたん、その通りや。お母ちやんのこと、言うてなさるのや」

「お母ちやんの事。先生はそんなこと教へるのやな。ぜいたくな事ばつかり言ははる先生やなあ」

と言つて、お母ちやんは、金火箸で、火をいぢくつてゐなさつた。

「何もぜいたくを教へてやへんが、えろならさうと思うて、言うてはるのやが」

「そんなら、前に國史美談一圓五十錢も出して、買うて上げたん、どうしなはつてん。そんなん、お前ばかしに、買つて上げられへん。兄ちやんも居るのに」

と言ひなさつた。

「お母ちやんは、そんなに錢ほしいのんか。今日修身の時間にな、先生、こんな話してくれはつてんで。それはな、昔々その昔、ある所にな、しぶんちのお母ちやん居やはつてんで、そのお母さんは、二人の男の子と、一人の女の子と、三人の子持ちやつてんて」

と、私はお母さんのこというて居るのに、お母さんは、まじめな顔をして、

「わしとこのうちの家族と、よう似てるのやな」

とおつしやつた。その時、私は、ふき出すやうに面白くなつて來た。

「ふん、よう似てるやろ。それからな。その一人の女の子がな、學校から歸つて來るなり、『伸びて行く』を、毎月取つてくれて、言ははつてんけど、お母さん取つてやらへんねんが。それがな、町内の人に知れて、そこのお母さんは、鬼ばゞやと、言はれたんやといふ話、今日學校で聞いてん。どうも、お母ちやんみたいな人に、よう似てるやろ。お母ちやん、そんなこといはれても買う

てくれへんか」

その時はじめて、自分のことを、言はれてゐるといふことが、わかつたのか、

「うそばつかし。買うてもらはうと思うて、ようそんなうそつけたな。なんぼお母ちやんに、うそ言うたかて知つてんで、おまけに鬼ばゞやと、うそ言ふにも程あるに」

私は、思はずふき出した。

「それでも先生、さう言ははつてんが。さう言うて、『伸びて行く』取つてもらへて、言ははつてん」

と言つた。お母さんは、

「よう先生がそんなろくでもないことばつかし、教《おせ》てはんねんな。子供に、鬼ばゞやて、學校へ何しにやつてんのか、わからへん。お金貰うてるのに」

と言つて、ぷり〳〵おこつてゐなさつた。私はそれを聞いて、池田先生にすまんやうな氣がした。

「買うてさ。そしたら先生にあんばい言うといて上げるわ」

と、笑ひ〳〵言つた。いくら言つてもお母さんは返事をしなさらない。

「もうおこらんとき。ええ？そんな顔して」

と言ふと、お母さんは、少しにこ〳〵顏になりなさつた。

「ほんとに、お母ちやんみたいな、そんな、しぶんちやつたら、うちかて、孝行しようと思うたかて、出來へんやろ」

「そんなに錢出してまで、孝行していりません」

「なんで」

「錢出すくらゐなら、あんましい〳〵」

と言つて、お母さんは肩のところへ、手をやりなさつた。

「あんまで孝行するのか。いやらしよ」

「何がいやらしの。そんなら、お母ちやんは、錢出すのはきらひ」

と言つて、頭をふりなさつた。

「ほんなら、あんまして上げるさかいに、『伸びて行く』取つてや」

と、お母さんの顔をのぞくやうにした。お母さんは、にこ〳〵しながら、

「はあ、よろしや。そしたら二百づつ、毎日學校から歸つて來たら、あんますること、お前の仕事に、きめといて上げよ」とおつしやつた。

「『伸びて行く』取つてくれるか」

「はあ、長い間つづいたら、買うて上げよ」

私は、飛び上るやうにして、お母さんのうしろに坐つて、たゝき出した。私はお母さんの肩をたゝきながら、長い間つゞいたら、『伸びて行く』取つてもらへると思つてゐると、飛び上るやうにうれしかつた。

これは皆をひどく笑はせた。私などは鉛筆を持つたまゝ、一寸啞然とさせられた位だつた。先生は時々恐縮したやうに、顏を赤くした。皆は言ひたいことが一杯で、元氣がよかつた。

杉原「あのね、『伸びて行く』を買はないと、先生がおこらはると言ふところがあるでせう。あそこは私等みたいに知つてる人が聞いたら、山中さんがいゝ加減なこしらへことを言つてゐると言ふことがわかるけれども、若し知らない人だつたら、本當に先生が怒らはるやうに信じるかも知れないから、それが嘘を言つてると言ふことがわかるやうに書かなければいけないと思ふの」

廣瀨「それは、池田先生にすまぬ、と言ふところがあるでせう。あれでわかると思ふの」

橋本「それからね、山中さんが、『伸びて行く』を取つてほしいと思つて、色々とお母さんにたのむところの樣子がよく出てゐますね」

木本「おとぎ話をする時にね、お母さんが、うちの家族とよく似てると言ひなさつたでせう。その時の様子がおもしろいと思ふの」

淺田「それにつけ足して、あんまで孝行するのんか。いやらしよと言つたところや、山中さんが、樂にうまくだましてゆくところが面白いです」

市村「つけ足して、私かつてこの間取つてと言つたら、お母さんが取つたら怒られるなどと理窟を言ははつたんで、取つてと言ふのは買うてと言ふことやと言つて、とう〳〵おしまひに買つてくれはることになつたのです」

吉田「それからね、山中さんは何時もだけれども、會話がうまくて生き〳〵してると思ひます」

先生「會話は實にお上手」

深井「それに讀み方がよかつたと思ふの。それで自然と笑ひたくなつてきました」

先生「先生が『伸びて行く』を買つてもらへと言つたので、走つて歸るところがあるでせう。私あんなことを言つたか知ら」

皆「いゝえ」

先生「伸びて行くを買へとは言はなかつたね。買ふなら伸びて行くがいゝだらうとは言つたけど」

皆「はい」

河野「あのね、私にはわからないの。變つた孝行といふ題は、どういふ所からつけたのですか」

作者「それは普通だつたら、歸つたら、お母さんのお手傳ひをするのが、孝行だけれど、私のは、あんまをすると言ふのが、變つた孝行だと思つたから」

河野「『伸びて行く』といふ題にしたらどうなの」

先生「いや、そりや變つた孝行の方がいゝ」

皆「さうです」

キョトンとしたやうな、青白い顏をして、すまして、お席につく山中さんの後姿を、私は一寸不思議な心で、見送つた。

（紙數の都合上、一時間中に發表した全部のものを、こゝに紹介することが出來ませんのでこの位で切上げることにします。——池田）

そこまで續いた時、終業の鐘がなり、發表會は終りになつた。私は池田さんと連れて、階段を降りながら、

「山中さんの『變つた孝行』には、苦笑させられるのね。あの子は何だか少し不思議ね」

と言ふと、

「一人娘で、すつかり甘やかされてゐるんで、教室ではいゝ人氣だけで、悪くすると不良になり易い……一寸天才肌ないゝものを持つてるんだけど」と、笑ひながら答へられた。

「ほんとにね。女學校二年位でも、あれだけ生々とした會話は書けないかも知れませんよ。お母さんと言ふのも、随分呑氣らしいのねえ」

「みんなあの通りだもの。うつかりすると手綱を引き切つて駈け出しさうで」

「なかなかの盛會だわ」

「發表を聞いてゐる間に、何か一つ二つづつ氣にかゝる重荷を負はせられた氣がして、ほんとうに、しみじみ子供達の顔を見廻すね。杉原の『男に生れたら』何かでも、随分徹底したところまで考へてませう。子供としては」

「藝者を憎むところなど、随分ひどいのね。女學校の生徒だとあゝいふところは、もう少し藝者の境遇に同情した氣持なんかも出さうだけど」

「五年あたりの子供は、不倫と認めるものに對しては、眞向ふから憎むのですからね。あすこが純潔な子供らしい尊さでせうけど」

「あゝ言ふところとか、山中のやつたなやうなこととかには、何時もあの位の程度の指導しかなさらない？」

「えゝ、まあ、あの位の程度」

「あなたが直接おつしやらなくとも、教室全體の氣分が可なり強く應へるでせう」

「それが何より強いでせう。あんな風だけど山中位仕事氣のある子はゐないんですよ。學習だつて隨分熱心にやるし、お掃除なんかの時の働きと來たら、全く骨惜しみ知らずなのだから、教室ではいゝ人氣ですよ。只母親にだけあんな調子でね」

「杉原さんのは、隨分皆を緊張させたわね」

「さうなの。丁度あの年頃の子でも藝者に向つて直接からかふつてやうなことはしないでせうね。矢張り」

「今のところ、指さしただけでも、少々恐縮してゐるやうなことを書いてゐたから大丈夫でせうよ。あれが變な調子にむくと、やるかも知れないけど。まあ折を見て、あゝいふ人達の境遇なんかも少し話すことね。とにかく、こつちでうまく持つて行かないと、折角のいゝ芽をこわすもの。それよりは、社會制度の不合理なことなど、だん〳〵に解らせて、女としての自覺を考へさせることですよ。今の藝者に同情もいゝが、自覺のない同情だと、一種の慈悲で、やつぱし、胡魔化しに過ぎなくなるもの」

職員室にはいつて、ストーブのそばで暫くもそんな話を續けてから、私は授業に行つた。私は、自分の子供時代と比較して、この頃の子供のだん〳〵變つて來たことを今更のやうに思ひ浮べた。

＊編集上の都合により、底本１３６〜３３５頁は削除した。

昭和四年十月十日印刷
昭和四年十月十五日發行

父母としての教室生活

【定價二圓三拾錢】

著者　池田小菊

發行者　東京市麹町區下六番町四十八番地　岡本正一

印刷者　東京市牛込區山吹町三丁目百九十八番地　山本禎男

印刷所　東京市牛込區早稻田鶴卷町四百三番地　厚生閣印刷部

發兌　東京市麹町區下六番町四十八番地　厚生閣書店
振替東京五九六〇〇番
電話九段三二一八番

解説

学級・学校経営研究のはじまり

橋本美保

周知のように、学校経営・学級経営の原語である"school management"や"classroom management"は、近代教育制度が輸入された明治期の日本にすでに流入していた。とりわけ、"school management"という言葉は、明治初期という早い時期に海外の教育書を通じた啓蒙的経営論と一緒に輸入され、「学校管理」と翻訳されて用いられた。この「学校管理」という用語は、教育制度が確立した明治後期になると、規律による学校教育の統制という経営概念で用いられるようになった。その背景には、シュタイン（Lolenz von Stein）の行政学に代表されるドイツ的教育行政学の影響があり、学校運営にあたって教育法規の適用や解釈、あるいは教育法規から導かれた規則や基準を確立して学校を統制することがマネジメントであるという経営観が普及していたといわれる。明治後期に師範学校で用いられた「学校管理法」の教科書には、法規主義と呼ばれるこうした経営観が色濃く表れている。

一方で、明治後期の教育雑誌には、「教育経営」や「学校経営」という用語が頻繁に見られるようになる。このことは、当時の教育界において「学校管理」とは違う意味合いで「学校経営」という言葉が用いられるようになったことを意味している。一九三六（昭和一一）年に学校経営の概念規定を試みた森岡常蔵は、「学校管理」と「学校経営」の違いは前者がその客観的側面を強調するのに対して、後者は主観的な側面を強調するところにあるとしており、この両側面の「調和合体」によって真の学校経営が可能になると述べている。現実的には、戦前の国家主義体制に基づく教育構造の下では法規主義的な学校経営が支配的であり、森岡が指摘するような調和的な関係は実現しなかった。従来の学校経営史研究では、戦前における近代的な学校経営研究は、法規主義的なそれに妥協するか、従属するものとして、後者が提示する基本的枠組みのなかで方法的、技術的な改善を図る役割を果たしたに過ぎなかったと評価されてきた。しかしながら、現在に至るまで、「学校経営」に関する研究は、客観的側面に重点が置かれており、主観的側面についての研究は少ないため、そのような評価の妥当性は検証されていない。それは、明治末期に、「学校管理」を教師の業務として課す行政的な発想に対して、主観的・理想的な側面から「学校経営」の概念を提起し、その具現化に取り組んだのが「実際家」（あるいは「教育実際家」、「実際教育家」とも称される）たちだったからである。大正期に入り、欧米の新教育情報（ゲーリー・プラン、ダルトン・プラン、プロジェクト・メソッド、社会共同体学校、労作学校など）の流入によって、近代的な学校経営やカリキュラム経営の考え方がもたらされると、実際家たちはそれぞれの実践課題に応じて必要な情報を選択し、それぞれの立場・境遇に合うようにアレンジして、学校改革を試みている。大正新教育運動と呼ばれるこうした学校改革運動は百科総花的な多様性を呈しており、それを担った実際家たちが必ずしも体系的、客観的な記録を残していないため、特殊な例を除いてその実態はほとんど解明されていない。

今回の復刻では、著名な指導者がいた学校はもちろん、地方の学校や公立の小学校で学校改革に携わった教師たちの学校経営論や、その実践に関する資料を取り上げた。彼らが理想とする新学校は、どのように運営されるべきだと考えられていたのか。またその理想がどの程度実現したのかを検討することは、現在の教育改革に通底する普遍的原理や具体的方法、それを阻害する要因などについても、示唆を与えてくれるだろう。

また、就学率の上昇に伴い学年別の学級（「単式学級」）が成立するようになった明治後期には、日本的な「学級」の概念が生成したと考えられる。現在のような生活共同体的な学級がどのようにして成立したのか、その実態については未解明な部分が多いが、実際家たちが残した「学級経営」についての記録が、その研究の端緒となり得る。

一九〇九（明治四二）年二月に『実際的教育学』を刊行した澤柳政太郎は、当時の教育界に普及していたヘルバルト主義教育論を基盤としたいわゆる「講壇教育学」を批判し、「教育の実際」すなわち「教育の事実」に即した教育学の建設をめざして自らの構想を提示した。

『実際的教育学』のなかで澤柳は、教育の単位である「学級」の問題が、従来の教育学のなかではほとんど扱われていないことを指摘し、学級に関する学術的な研究が必要であると説いている。澤柳の問題提起に対し、実際家たちは奮い立ち、実際家ならではの視点から学級の問題に取り組みはじめた。彼らは、学級の構成や進級の方法、教授や訓育の効率、教師と児童の関係性などに注目して、様々な「学級教育」論や「学級改造」論を展開していく。

こうした実際家たちによる学級研究のなかで使われるようになったのが「学級経営」という言葉であった。「学級経営」という用語は、明治末期に"classroom management"の訳語として使われるようになったとみられるが、その経緯は明らかでない。これまでに筆者が確認したところでは、この用語の最も早い使用は、及川平治の論説「学級経営法」と澤正の著書『学級経営』であり、どちらも一九一二（明治四五）年六月に発行されたものである。その後、「学級経営」という言葉は一九一〇年代には多用されなかったが、一九二〇年代に入って東京女子高等師範学校附属小学校や奈良女子高等師範学校附属小学校の主事や訓導たちによる「学級経営」研究が発表されるようになると、一九二〇年代後半に全国に普及した。「学級経営」という語を冠した出版物刊行数の戦前におけるピークは一九三〇年代後半と思われるが、その頃の内容は天皇を中心とした国家有機体説に基づく全体主義的経営論となっている。そのため、今回の復刻は、大正新教育期の実際家たちの研究や実践の内容を垣間見ることができる一九二〇年代に発表されたものを中心に構成した。また、できるだけ多くの訓導の試みのエッセンスを集約するために、大部な文献からはその主要部分のみをあえて抽出して収録した。本選集は大正新教育期における学級経営、学校経営の全体像を提示することを目的としたためである。

第Ⅰ期に収録した高等師範学校附属小学校の学級・学校経営論は、当時日本の教育学研究を主導した主要な教育学者や実際家たちの学級論や学級・学校改革論である。とりわけ、奈良女子高等師範学校附属小学校と東京女子高等師範学校附属小学校の実践改革が実際家たちに与えた影響は大きく、一九二〇年代に「学級経営」研究を普及させる契機となったとみられる。高等師範学校および附属小学校の教員は早くから研究成果の情報を発信しており、その情報に注目することで、日本の学校における近代的な経営概念の形成や普及の端緒の解明が期待される。

第Ⅱ期には公立の師範学校附属小学校、私立学校、公立小学校などで展開された実践改革を担った実際家たちが発表した学級・学校経営に関する研究成果や実践記録を収録した。実際家たちが残した記録には、折々の喜び、失望、愚痴、希望など自身や仲間の実践に対する感想や反省が含まれており、ここに収録した文献から彼らの学級・学校経営に対する意識や思想を看取することができるだろう。

参考文献

大嶋三男「学校経営研究の歴史」細谷俊夫ほか編『現代学校経営事典』明治図書、一九六一年、二一一―二一五頁
志村廣明『学級経営の歴史』三省堂、一九九四年
橋本美保・遠座知恵「大正期における教育学研究の変容」『教育学研究』第八六巻第二号、二〇一九年、二一八―四〇頁
宮坂哲文「日本における学級経営の歴史」『宮坂哲文著作集』第Ⅲ巻、明治図書、一九六八年、二四八―二六九頁
森岡常蔵「学校経営」城戸幡太郎ほか編『教育学辞典』岩波書店、一九三六年、二八二一―二八三頁

第I期　解説

遠座知恵

はじめに

『大正新教育 学級・学校経営重要文献選』第I期「高等師範学校附属小学校における学級・学校経営」には、東京高等師範学校附属小学校、東京女子高等師範学校附属小学校、広島高等師範学校附属小学校、奈良女子高等師範学校附属小学校で活躍した主事や訓導による学級・学校経営に関する著作や論考を収録した。これら四校はいずれもわが国の教育研究を牽引してきた研究実践校であるが、二校の女子高等師範学校は学校全体で新教育に取り組み、大正新教育運動の展開においてとくに重要な役割を果たした。まずは両校における新教育の特色をとらえつつ、学級・学校経営史研究の課題を概観していこう。

奈良女子高等師範学校附属小学校

四校のうち大正新教育の実践校としてこれまで最も注目されてきたのは、木下竹次（きのした たけじ、一八七二－一九四六）が主事を務めた奈良女子高等師範学校附属小学校（以下、奈良女高師附小）であろう。木下の経歴については、木下亀城・小原国芳編『新教育の探求者木下竹次』に詳しい。木下は福井県師範学校卒業後、さらに東京高等師範学校に進学し、一八九八（明治三一）年に同校を卒業した。その後、奈良県師範学校、富山県師範学校、鹿児島県師範学校、鹿児島県女子師範学校、鹿児島県立第二高等女学校、京都府師範学校など数多くの学校に赴任した経験を有している。木下は、そうした経験のなかですでに実践改革にも携わり、富山県師範学校附属幼稚園では時間割を廃止した保育を実施し、鹿児島県師範学校とその附属小学校では「自学主義」を掲げて自習時間を特設した。このような取り組みを経て、一九一九（大正八）年に奈良女子高等師範学校教授兼附属小学校主事となり、以後二十年以上附小の研究と実践改革を主導することとなった。

「学習法」を提唱した木下は、教師が「教授」の目的や教材等を決定し、児童に与えてきた従来の教育を批判し、「自律的学習」の重要性を提起した。奈良女高師附小着任後、木下はすぐに実践改革に着手したが、とりわけ一九二〇年度から実施した合科学習は、時間割や教科の枠組みに縛られない新たな低学年教育実践として、教育界の注目を集めるところとなった。また同時期に学習研究会が組織され、一九二二年からは雑誌『学習研究』の刊行が始まり、木下や附小の訓導の研究成果、実践報告が数多く発表されるようになった。木下の主著『学習原論』（一九二三年）が出版される頃には、附小を訪れた参観者は二万人を超えていたとされ、学習研究会が主催する講習会への参加者も多い年は二千人以上に及んだという。このように、同校は大正新教育の一大メッカともいうべき存在であった。

第五巻と第六巻には、木下や草創期の合科学習を担った訓導、清水甚吾・池田小菊・鶴居滋一・池内房吉・山路兵一による学級・学校経営論を収録した。奈良女高師附小における学級・学校経営の実態や特質を解明する上で、指導者である木下の著作や論考を検討することは欠かせない。木下が『学習原論』のなかで、「立憲国家」を担う国民形成の必要性を説き、「優劣混淆」や「優劣共進」という社会観に基づく学級観を提示したことは早くから指摘されてきた。また木下の学級経営論を分析した志村廣明は、それが学級内に「立憲国家の政治組織をモデルとする自治組織」を設置し、児童自身の自治活動を推進することで「自治的公民」の育成を目指すものであったと評価している。木下の学級・学校経営論については、その文献の多くは、比較的入手が容易である。本選集では、『学習研究』に掲載された「学校経営の概観」「学校進動の原理」「学校の経済的活動」に加え、「新学級経営号」として特集が組まれた同誌第三巻第四号から「学級経営汎論」（いずれも一九二三〜二四年）を収録した。これらは短い論考だが、木下の学級経営観、学校経営観を瞥見することができるだろう。

既述の五名の訓導のうち、合科学習の最初の実践者である清水は、福岡県師範学校の出身で、奈良女高師附小設立時の一九一一年から同校に在職していた。清水は学級内に様々な自治組織や審議機関としての「学級自治会」を設けて自治活動を推進し、木下の学級経営論に基づく実践を展開したとされている。清水については、その代表作ともいえる『学習法実施と各学年の学級経営』正編（一九二五年）から前半部の「学習法と学級経営法」を、続編（一九二八年）から「新時代に於ける訓練の改造」ほかを収録した。これらには、学習法を前提とする清水の学級経営論や彼が学級経営や学校経営の要とする訓練論が展開されている。

彼に続いて合科学習を担当した池田小菊は、和歌山県師範学校卒業後同県内の教員を務め、附小着任数カ月後となる一九二一年度から合科学習を担当した。池田は、「独自学習」や「相互学習」による学習法の形式化を学校の内部から批判した人物としても知られている。木下や清水とは異なり、池田は、親子間の自然な関係を重視した「家庭」モデルの学級観を抱いていたという。池田は家庭から直接入学してきた児童を受け持ち、毎年一〇〜二〇名程度の新入生を迎えて徐々に複式学級を大規模にしていく計画を任されたようであるが、具体的な実践に関しては不明な点も多い。本選集には、『父母としての教室生活』（一九二九年）から、池田が自身の学級観と学習法への批判を表明している冒頭の二章を収録した。

奈良女高師附小に関しては、個々の訓導に着目した実践史研究が比較的進められてきたものの、学級・学校経営の視点からみれば、指導者である木下や清水、池田のような一部の訓導を取り上げた事例研究が着手されているのみである。池田に続いて合科学習に取り組んだ鶴居、池内、山路の学級経営の理論や実践に関しては、本格的な研究が行われていないため、『学習研究』および『学校・学級経営の実際』などの雑誌に掲載された彼らの論考を第六巻に収録した。ことに『学習研究』における既述の「新学級経営号」特集からは、大正期における奈良女高師附小における学校経営観を概観することができるだろう。

鶴居は、香川県師範学校の出身で、一九二〇年末に奈良女高師附小に着任した。低学年学級担任の経験を持たない鶴居は、プロジェクト・メソッドを手がかりに合科学習の準備を進め、一九二二年度に第一学年の担任となった。鶴居の論考「合科学習に於ける学級経営とその功過」は、この時取り組んだ実践に対する彼の反省と今後の課題を論じたものとなっている。

一九二三年度から合科学習に取り組んだ池内は、佐賀県師範学校の出身で一九一九年に附小に着任し、算術教育の分野で活躍した訓導である。池内の「学級経営苦」には、教科指導とは異なる学級経営の困難や低学年学級担任の苦悩が綴られている。さらにその翌年度に合科学習を担当した山路は、既述の清水と同様、福岡県師範学校の出身で一九一八年に附小に着任した。山路の「学級経営案と学級経営」は、彼が合科学習に取り組む前に記した実践者としての省察であり、彼自身の学級経営案と実践との乖離の問題が論じられている。こうした資料は、個々の訓導の教育経験と成長のプロセスに位置づけて読むことが必要であろう。また、木下や各訓導の論考を総合的に検討することで、附小の学校経営の実態や特質を解明していくことも今後の重要な課題である。

東京女子高等師範学校附属小学校

奈良女高師附小で木下が実践改革に着手したのと同時期に、東京女子高等師範学校附属小学校（以下、東京女高師附小）でも新教育研究が開始されていた。同校の研究と実践改革を主導した北澤種一（きたざわ たねいち、一八八〇－一九三一）は、長野県師範学校を卒業し、東京高等師範学校に進学した。同校卒業後まず赴任した福井県師範学校には、篠原助市、手塚岸衛、のちに東京女高師附小でともに研究に従事することとなる藤井利誉らが在職しており、北澤は四年ほど同校に在職した。藤井の招聘により、北澤は一九一〇（明治四三）年に東京女子高等師範学校および同附小に着任したが、この頃から澤柳政太郎らとも研究会を開き、大正新教育史上に名を残す著名な指導者たちと交流を重ねてきた。北澤が同校の教授兼附小主事に就任するのは一九二〇（大正九）年のことであるが、彼はそれ以前から教育研究の指導者として手腕を発揮し、一九一八年に児童教育研究会を創設して雑誌『児童教育』の発行に取り組んだ。

東京女高師附小では、一九一九年から藤井と北澤、数名の訓導によりプロジェクト・メソッドの研究が開始され、その翌年度、第三部を新教育研究のための組織として、第一学年に実験学級が設置された。この研究は、コロンビア大学ティーチャーズ・カレッジ附属ホレース・マン校で行われていた低学年教育の実験をモデルとするものであった。「社会生活」の教育的意義を説くデューイ（John Dewey）思想に学んだ北澤は、ホレース・マン校の実験を、「共働」や「相互扶助」といった理念を「学級といふ社会生活」に実現する取り組みとしてとらえ、一九二二年秋に始まる欧米視察では、海外の教師たちの学級経営者としての姿勢に着目してきた。二年余りで日本に帰国したのち、北澤は日本の教師に足りないのものが、「教授法・教育法」でなく、「学級」に対する「見識」であると指摘し、学級経営論を多数発表していった。第一巻に収めた『学級経営原論』（一九二七年）は、北澤の主著の一つであり、彼が一九二〇年代後半に提唱した作業教育思想を読み解く上でも重要な文献である。

北澤の学級経営論の特質は、年齢や能力ではなく「興味」を集団形成の原理として提示した点にある。北澤は「教授」という概念では「児童生活の全体」をとらえることができないと指摘し、学級経営の本旨が「生活指導」にあることを主張した。彼の学級経営論では、学級を「社会生活」の組織とするために、「共同作業」――集団による目的活動――を通して生活指導を目指すこと、そのために、児童による「交通（コミュニケーション）」と「共働」を教師が支援することの必要性が論じられている。北澤は、予め決められた集団を学級とみることを否定し、「興味」に基づくグループが、それぞれの目的活動の展開のなかで結びつきながら、より大きな集団へと発展する際に学級が始動するという見解を提示した。また、多様な影響関係のもとに、集団やそこに属する個人が成長すると考え、当時実現が望まれていた「少人数学級」とは異なる発想から「多人数」による集団形成の意義を論じた。

こうした学級経営論の提唱に先立ち、欧米視察後の北澤は、東京女高師附小で作業教育の実践改革に着手していた。一九二〇年代半ばに始まるこの改革も北澤が訓導に提示した「興味」概念が出発点となっている。この時彼が示したのは、「興味」が「目的」や「努力」と不可分であるとともに、「関係の概念」や「参加の概念」、端的にいえば「仲間入」を意味するという解釈であり、その社会的な意義に着目したものであった。この解釈を基礎として、同時期の東京女高師附小では、従来の実験学級に限らず、学校全体で新教育研究が展開されるようになっていった。とりわけ低学年においては、従来型の時間割や教科の枠組みが廃止され、ラディカルな実践改革が進められた。低学年教育研究部の訓導たちは、週一回研究会を開き、「興味」に基づく集団形成の研究、生活単元の開発、作業教育の教育観に即した評価の研究などに取り組んでいくこととなった。

作業教育の改革には当初反対論も続出したが、北澤は反対者の排除や独裁的手腕により改革を進めたわけではなかった。北澤は学校全体を「社会生活の場」とすることを掲げ、そのためにはまず教師集団が「真の社会」を構成する必要があると説き、学級経営論とともに学校経営論も展開していった。そこでは、管理主義的な学校経営を批判し、上下ではなく、対等な関係で結ばれた「共働」の重要性が強調されている。実際に、当時の訓導たちにとって、北澤は「安心して喧嘩を吹きかけてよい」指導者であり、彼らの言葉に耳を傾け自説を「もう一遍考へ直さう」と述べる指導者であったという。『学級経営原論』とともに第一巻に収めた『学校経営原論』（一九三一年）は、東京女高師附小の実践改革に取り組む指導者としての在り方を北澤自身が振り返りつつまとめた著作となっている。

なお、第二巻には、低学年教育研究部の一員として、作業教育の実践改革に携わった訓導、坂本豊の著作『低学年教育原理と尋一・二の学級経営』（一九二八年）を収録した。坂本は福井県師範学校卒業後、同附小の訓導となり、北澤の欧米視察時に主事代理を務めた堀七蔵によって一九二四年末に東京女高師附小に採用された。『低学年教育原理と尋一・二の学級経営』によれば、坂本は同校に着任する以前から「低学年教育法の改造」を課題としていたようである。坂本が論じる低学年教育原理のなかには、作業教育の原理である児童の「目的」や「目的活動」といった用語がしばしば用いられている。

東京高等師範学校附属小学校

東京高等師範学校附属小学校（以下、東京高師附小）は、四校のうち最初に創設された最も伝統ある研究実践校である。同校では、初等教育研究会が一九〇四（明治三七）年に雑誌『教育研究』の刊行を開始したほか、講習会の開催にも先駆的に着手してきた。東京高等師範学校附属小学校の資料に関しては、第三巻に同校の訓導、小林佐源治（こばやし さげんじ、一八八〇－一九六四）の著作『自学中心学級経営の新研究』（一九二五年）と『学校経営新研究』（一九二九年）から、それぞれ学級経営、学校経営全般を概説する章を収録した。いずれの著作においても、新教育を意識した小林の教育観や学級経営・学校経営に関する基礎原理が提示されている。こうした点に加え、『自学中心主義学級経営の新研究』からは、尋常科一年生から六年生までの児童の発達に合せた学年別学級経営、『学校経営新研究』からは、多様な学級編成や教員配置の様式、学校内での特色ある実践的取り組みについて論じた箇所を収録した。

小林は、検定試験で准訓導となり、愛知県第二師範学校簡易科を卒業して一九〇一年に同附小の訓導となった。同校在職中に、小林は複式学級などを担任し、ドイツのマンハイム・システムに関心を寄せていたとされる。マンハイム・システムは、学業不振児を当時多数抱えていたマンハイム市で、視学、ジッキンガー（Joseph Anton Sickinger）が提唱した能力別学級編成法であり、国際的にも注目を浴びるようになっていた。その後、小林は一九〇八年に東京高等師範学校附属小学校に赴任し、新設の「特別学級」を最初に任されることとなった。この「特別学級」の設置には、東京高等師範学校教授の樋口長市が関わっていたようである。樋口は、大正新教育の理論家や実践家ら八名が登壇した一九二一（大正一〇）年の講演会、いわゆる「八大教育主張」において「自学主義教育の根底」を論じた人物として知られている。また、樋口は東京聾唖学校の校長を兼務するとともに、『特殊教育学』（一九三六年）などの著作を残しており、わが国における障害児教育の先駆者としても位置づけられている。小林が担任した「特別学級」は、様々な障がいを抱えた児童が在籍する少人数の集団であり、そこでは能力別の分団指導による低能児教育が行われていたという。小林の取り組みについては、今後さらに樋口との関係や彼の影響なども踏まえた分析が期待される。

東京高師附小で学級経営論を提唱した訓導としては、鹿児島登左の存在もあげることができる。第四巻には鹿児島の著作『生活指導学級経営の理想と実際』（一九二八年）を収録した。鹿児島の経歴については不明な点が多いが、同書や為藤五郎編『現代教育家評伝』（一九三六年）によれば、彼は福岡県師範学校を卒業し一九〇七年以降、母校で数年教職経験を積み、東京高師附小に着任したという。東京高師附小では修身科の研究に取り組み、公民教育に関する著作などを残している。同附小には十年ほど在職し、その後は東京府の視学、東京市豊島区長崎第一小学校校長を務めたようである。小林と同様に、鹿児島も複式学級や単級小学校などを含む多様な学級を担任した経験を有しており、同書は第一学年の学級担任を務めるに際して、六年間の教育計画を見通すため、自身の経験を振り返ったものとされている。「新教育について考へさせられて」と題した第一章第一節には、浅薄な理解に基づく新教育の普及に対する反省から学級経営への関心が生まれたとする鹿児島の認識が示されている。同書からは、学級経営の基礎原理に関する鹿児島の記述を中心に収録した。同書をもとに、彼の学級経営論のみならず、新教育に対する理解の内実なども掘り下げていくことが可能であろう。

広島高等師範学校附属小学校

東京高師附小と同様に、広島高等師範学校附属小学校（以下、広島高師附小）も講習会や雑誌の発行を通じて、わが国における教育研究をリードしてきた研究実践校である。雑誌『学校教育』は、広島高等師範学校内で発足した教育研究会の事業を基礎に一九一四（大正三）年に創刊され、やがて附属小学校が同誌の編集のすべてを担うこととなった。この時期に附小の研究の推進や同誌を通じた研究成果の発信に尽力したのが、主事を務めた佐藤熊次郎（さとうくまじろう、一八七三－一九四八）である。

広島高師附小の資料に関しては、佐藤が『学校教育』に発表した「学級論」（一九二八年）を第四巻に収録した。七回にわたった連載は未完のかたちで終わっているが、本稿からは佐藤の学級観を窺うことができるだろう。佐藤は宮城県師範学校、高等師範学校（東京高等師範学校の前身）に進学したのち、一九〇一（明治三四）年に北海道師範学校に赴任した。その後さらに東京高等師範学校研究科で学び、一九〇六年から数年間は長野県師範学校附属小学校の主事を務めた。同校在職中、佐藤は県下連合学年会を開催して、長野県内の小学校教師たちによる実践研究の推進に取り組んだとされる。一九一一年に広島高等師範学校に赴任してその教授兼附属小学校主事となり、これ以後長期にわたり附小の実践研究を主導した。この間、佐藤は一九二二年から二年間、ドイツ、イギリス、フランスを視察した経験を有している。同校でかつて訓導を務めた小原国芳によれば、佐藤はとくにドイツ語が堪能であったという。「学級論」のなかにも、テンニース（Ferdinand Tönnies）によるゲマインシャフトとゲゼルシャフトの定義や、リット（Theodor Litt）の著作『個人と社会』への言及がみられ、佐藤がドイツの学術情報に着目していた様子が窺える。

先述の東京高師附小や広島高師附小では、奈良女高師附小や東京女高師附小のように学校全体での新教育の取り組みは行われなかったと考えられるが、両校ともにその動向は意識していたと思われる。佐藤の「学級論」の冒頭にも、「昨年来教育雑誌の中に学級及び学校経営と題するものが現れてをるが、著作として最も新しいものは北澤氏の学級経営論であろう」とする記述が見受けられる。広島高師附小の実践に関しては、先述の小原が学校劇の実践に取り組んだことが知られているものの、その他の具体相は不明な点が多い。とりわけ学級経営の実践に関する検討はほとんどなされていない状況にあるが、その実態を明らかにするためにも、まずは同校の指導者である佐藤の「学級論」を検討することが必要であろう。佐藤を含め、木下や北澤のような指導者たちが、海外における教育情報をいかに受容して学級・学校経営の原理を提唱していたのかを比較検討することなども、個別事例の特質を明確にする上で重要な課題である。

以上四校の高等師範学校附属小学校は、いずれも講習会の開催や雑誌、著作の刊行を通じて、わが国の教育研究に指導的役割を果たした研究実践校であった。これらの学校における学級・学校経営に対するスタンスは一様ではないが、いずれも自校の実践報告にとどまらず、原理面での研究にも取り組み、実践の基礎づけを担おうとしていた点は共通している。本選集第Ⅰ期に収録した著作や論考は、各校における学級・学校経営論やその実践の特質を読み解く上で必須となるばかりでなく、当時の教育界への影響をとらえる上でも貴重な資料である。

参考文献

浅井幸子『教師の語りと新教育「児童の村」の一九二〇年代』東京大学出版会、二〇〇八年
伊藤朋子『ドルトン・プランにおける「自由」と「協同」の教育的構造』風間書房、二〇〇七年
遠座知恵『近代日本におけるプロジェクト・メソッドの受容』風間書房、二〇一三年
遠座知恵「東京女子高等師範学校附属小学校における作業教育実践の展開　評価概念の導入によるカリキュラム改革の深化」『カリキュラム研究』第二七号、二〇一八年、一五-二六頁
小原国芳『小原国芳自伝（二）夢みる人』玉川大学出版部、一九六三年
唐澤富太郎編著『図説教育人物事典　日本教育史のなかの教育者群像』上、ぎょうせい、一九八四年
木下亀城・小原国芳編『新教育の探求者　木下竹次』玉川大学出版部、一九七二年
志村廣明『学級経営の歴史』三省堂、一九九四年
為藤五郎編『現代教育家評伝』文化書房、一九三六年
冨田博之『日本演劇教育史』国土社、一九九八年
中野光『大正自由教育の研究』黎明書房、一九六八年
奈良女子大学文学部附属小学校『わが校五十年の教育』一九六二年
橋本美保・遠座知恵「大正期における教育学研究の変容」『教育学研究』第八六巻第二号、二〇一九年、二八-四〇頁
橋本美保・田中智志編著『大正新教育の思想　生命の躍動』東信堂、二〇一五年
橋本美保編著『大正新教育の受容史』東信堂、二〇一八年
堀七蔵『教員生活七十年』福村出版、一九七四年
長岡文雄『学習法の源流　木下竹次の学校経営』黎明書房、一九八四年
永田与三郎編『大正初等教育史上に残る人々と其の苦心』東洋図書、一九二六年
渡部政盛編修『日本現代教育学体系』第一一巻、日東書院、一九二八年

編集・解説

橋本美保（はしもと・みほ）

一九六三年生まれ。東京学芸大学教育学部教授、博士（教育学）

主な著書等　『明治初期におけるアメリカ教育情報受容の研究』（風間書房、一九九八年）、『大正新教育の思想　生命の躍動』（共編著、東信堂、二〇一五年）、『文献資料集成　大正新教育』全Ⅲ期・全二〇巻（監修・解説、日本図書センター、二〇一六・一七年）、『大正新教育の受容史』（編著、東信堂、二〇一八年）ほか

遠座知恵（えんざ・ちえ）

一九七六年生まれ。東京学芸大学教育学部准教授、博士（教育学）

主な著書等　『近代日本におけるプロジェクト・メソッドの受容』（風間書房、二〇一三年）、『大正新教育の思想　生命の躍動』（分担執筆、東信堂、二〇一五年）、『大正新教育の受容史』（分担執筆、東信堂、二〇一八年）ほか

大正新教育
学級・学校経営 重要文献選
第Ⅰ期 高等師範学校附属小学校における学級・学校経営
第2回配本 第6巻
奈良女子高等師範学校附属小学校2

編集・解説 橋本美保・遠座知恵

2019年12月25日 初版第一刷発行

発行者 小林淳子
発行所 不二出版 株式会社
〒112-0005
東京都文京区水道2-10-10
電話 03（5981）6704
http://www.fujishuppan.co.jp
組版／昴印刷 印刷／富士リプロ 製本／青木製本
乱丁・落丁はお取り替えいたします。

第Ⅰ期・第2回配本・全3巻セット 揃定価（揃本体54,000円＋税）
ISBN978-4-8350-8287-5
第6巻 ISBN978-4-8350-8290-5

2019 Printed in Japan